KB026114

스튜디오 씽킹으로 시작하는 미술수업

유치원부터 중학교 미술 교육자를 위한
미술수업 안내서

Studio Thinking From the Start
Copyright ⓒ 2018 by Jillian Hogan
First published by Teachers College Press, Teachers College, Columbia University, New York, New York USA.

All rights reserved.
No part of this book may be used or reproduced in any manner whatever without written permission, except in the case of brief quotations embodied in critical articles or reviews.

Korean Translation Copyright ⓒ 2024 Bookorea
Korean edition is arranged with Teachers College Press, Teachers College, Columbia University through BC Agency, Seoul.

이 책의 한국어판 저작권은 BC에이전시를 통해 저작권자와 독점계약한 북코리아에 있습니다.
저작권법에 의해 보호를 받는 저작물이므로 무단 전재와 복제를 금합니다.

스튜디오 씽킹으로 시작하는 미술수업
유치원부터 중학교 미술 교육자를 위한 미술수업 안내서

초판1쇄 발행 2024년 5월 15일
초판3쇄 발행 2024년 8월 10일

지은이 질리안 호건, 로이스 헤틀랜드, 다이앤 자퀴스, 엘런 위너
옮긴이 손지현, 이혜선, 김경훈, 류미라, 신재윤, 심혜경, 홍혜영
교정교열 정난진 | 펴낸이 이찬규 | 펴낸곳 북코리아 | 등록번호 제03-01240호
주소 13209 경기도 성남시 중원구 사기막골로 45번길 14 우림2차 A동 1007호
전화 02-704-7840 | 팩스 02-704-7848
이메일 ibookorea@naver.com | 홈페이지 www.북코리아.kr
ISBN 978-89-6324-571-3 (93370)

값 23,000원

* 본서의 무단복제를 금하며, 잘못된 책은 구입처에서 바꾸어 드립니다.

Studio Thinking from the Start

스튜디오 씽킹으로 시작하는 미술수업

유치원부터 중학교 미술 교육자를 위한 미술수업 안내서

질리안 호건 Jillian Hogan
로이스 헤틀랜드 Lois Hetland
다이앤 자퀴스 Diane B. Jaquith
엘런 위너 Ellen Winner

손지현·이혜선·김경훈·류미라
신재윤·심혜경·홍혜영 옮김

북코리아

스튜디오 씽킹을 살아있게 하는 교사와 학생들에게 바칩니다.

역자 서문

『스튜디오 씽킹으로 시작하는 미술수업』은 2001년부터 2007년까지 하버드 대학원에서 진행된 스튜디오 씽킹 프로젝트에서 시작되었습니다. 스튜디오 씽킹의 개념은 하버드 대학원의 프로젝트에서 진행된 미술수업을 통한 사고력에서 유래한 것으로, 이는 예술가와 협력한 고등학교 사례 연구를 기초로 합니다. 연구진은 인터뷰, 비디오 관찰, 교사의 교육 전략 분석을 통해 스튜디오 씽킹의 핵심 프레임워크를 개발했고, 이는 학제 간 팀 교육과 모든 연령대에 적용 가능한 교육법으로 확장되었습니다.

역자는 이 책을 접한 이후 스튜디오 씽킹 미술교육 시리즈 출간에 감탄했습니다. 이 책은 『Studio Thinking from the Start: The K-8 Art Educator's Handbook』(2018)을 번역한 것으로 초등학교가 중심이 되어 유치원부터 중학교까지를 대상으로 확대되었습니다. 이 책은 다년간 연구와 실천을 바탕으로, 학교 현장에서 스튜디오 씽킹을 적용할 수 있는 구체적 지침을 제공하고, 미술 작업 과정에서 학습자의 사고와 이를 위한 교사의 실천과 전략을 상세히 제시합니다. 또한 이 책은 스튜디오 씽킹이 어떻게 학부모와 학교 공동체와의 협력을 통해, 미술교육을 강화할 수 있을지 방안을 제시합니다. 이 책을 통해 미술교육의 중요성을 인식하고, 학생들이 예술을 통해 성장할 기회를 제공하는 데 도움이 되기를 기원합니다.

2007년에 처음 출간된 『Studio Thinking: The Real Benefits of Visual Art Education』과 『Studio Thinking 2: The Real Benefits of Visual Art Education』(2013) 이후 스튜디오 씽킹은 전 세계 미술교육 현장에서 광범위하게 활용되기 시작

했습니다. 스튜디오 씽킹 시리즈는 실제 교육 현장에서의 교사와 연구자의 경험을 기반으로, 스튜디오 씽킹이 미술교육뿐만 아니라 다른 학문 분야에도 긍정적인 영향을 미칠 수 있다는 것을 보여줍니다.

이 책은 이러한 연구와 학교 현장 실천을 바탕으로, 스튜디오 씽킹을 적용할 수 있는 구체적인 지침을 제공합니다. 국가 교육과정과 지역, 학교 단위의 교육과정 재구성 과정, 평가 방법, 그리고 다양한 활동을 통해 교사와 학생들이 창의력을 발휘할 수 있는 환경을 조성하는 데 중점을 두었습니다.

미술수업은 어린이들이 가장 좋아하는 학습경험 중 하나로, 어린이집부터 유치원, 방과후 활동을 포함한 모든 연령의 성장에 필수적입니다. 그런데 안타깝게 우리나라는 초등 1, 2학년에서 미술 교과가 없고, 통합 교과 교육과정으로 미술교육이 단절되고, 이후 입시 위주의 학교 교육에서 제대로 이루어지지 않고 있습니다. 공역한 이 책이 미술교육에서 작은 역할을 할 수 있으면 좋겠습니다.

역자로서, 원문의 의미를 정확히 전달하고자 이 책의 번역 과정에 최선을 다했습니다. 미국의 미술교육 현장의 목소리가 한국에도 잘 이어질 수 있도록 최대한 오역이 줄어들 수 있도록 오랜 시간 노력을 기울였습니다. 하지만 원고를 검토할 때마다 어려움을 느꼈으며, 저희의 부족함을 고백합니다. 이 책을 위해 최대한 현장 친화적 용어를 선택했고, 단어 하나하나를 인터넷으로 검색하고, 저자들에게 직접 이메일을 보내기도 했습니다. 부디 이 책이 현장의 미술교육에 조금이나마 도움이 되기를 간절히 희망합니다.

2024년 4월 서초동 연구실에서
역자를 대표하여
손지현

서문

몇 년 전, 『스튜디오 씽킹*Studio Thinking*』이라는 책 한 권을 추천받았다. 음악과 인문학을 가르치는 나에게, 이 책은 예술가이며 학자로서 내가 무의식적으로 교실에 통합하려던 교수법을 설명하고 있었다. 내 교육적 실행을 개선할 수 있는 생각에도 영감을 주었다.

이후 대학 학장으로서 종종 『스튜디오 씽킹』과 그 개정판인 『스튜디오 씽킹 2』를 다양한 전공의 교수들에게 소개하며 추천했다. "여태 보았던 교수법에 관한 가장 유익한 책 중 하나입니다." 그땐 언젠가 내가 저자 중 한 명인 로이스 헤틀랜드Lois Hetland와 일할 수 있는 특권을 갖게 될 줄은 꿈에도 몰랐다.

컬럼비아대학출판사Teachers College Press에서 『스튜디오 씽킹으로 시작하는 미술수업*Studio Thinking from the Start*』의 개정판 서문을 작성해달라는 요청을 해왔을 때 나는 바로 수락했다. 왜냐하면 스튜디오 씽킹 관점의 가치를 굳게 믿었기 때문이다. 그리고 내가 그랬듯, 초등학교 교사뿐만 아니라 성공적인 수업을 위해 필요한 것에 대해 배우고 싶어 할 교장 선생님 및 다른 관리자들에게 진심으로 권하고 싶었기 때문이다.

스튜디오 씽킹은 단순히 미술 수업에 관한 것만이 아니다. '사고력'에 관한 것이다. 미술실에서의 풍부한 상상과 창의적인 작업은 사고력 없이는 제대로 존재하지 않으며, 최고의 사고력 또한 상상력과 창의성 없이 제대로 존재하지 않는다. 이 작업의 보편적 가치는 배움이 예술이라는 사실에서 비롯된다.

가르치는 것도 예술이며, 훌륭한 교사는 항상 자신의 기능을 연마한다. 표준화된 시험으로 인해 교사들이 지나치게 결과에 집중할 수밖에 없는 시대에 스튜디오 씽킹은 과정의 중요성을 일깨워준다. 이 책을 통해 예술을 포함한 모든 학습에서 과정을 격려하는 방식을 알 수 있게 되어 감사하다. 학습은 인간의 '보는' 능력, 즉 관찰하고 포착하고 상상하는 것에서 시작된다. 최근 교사와 관리자에 대한 요구를 참고해본다면, '보는' 능력을 가르치는 것은 환영할만하며, 필수적이라 할 수 있다.

학생들이 생각하고 배우기를 바란다면, 타고난 능력을 개발하는 사고 습관을 갖도록 해야 한다. 자신의 작업실에서 미술가의 습관은 교실에서 학습 방법과 관련한 기술을 가르치는 우리 모두에게 도움이 된다. 관리자에게는 학생, 교사 모두를 위해 학교를 윤택하게 만들 가능성을 깨닫게 할 수 있다.

이 책은 현장 교사의 실행에 기원을 두고 있다. 이 책을 읽는 교사들은 익숙한 점을 많이 발견할 것이다. 저자-연구자는 현직 교사로서, 다른 교사로부터 배운 것들을 현장에 다시 제공했다. 교사들은 해당 연구의 결과를 교실에서 사용한 다음, 연구자에게 더 많은 피드백을 제공했다. 연구자는 초등교육자를 위해 특별히 설계된 이 책에서 해당 연구와 실천의 순환을 공유했다.

질리안 호건Jillian Hogan, 로이스 헤틀랜드Lois Hetland, 다이앤 자퀴스Diane Jaquith, 엘런 위너Ellen Winner는 이미 많은 훌륭한 교사들이 하고 있는 일을 조명하고, 우리에게 진정으로 유익한 일반적인 교수법을 성찰하도록 돕는다. 많은 교사가 암묵적으로 실행하고 있는 교수법들을 명료화하고, 새로운 실행이 될 수 있는 많은 것을 공유해주었다. 저자-연구자는 우리가 새로운 관점으로 교실에 들어갈 수 있도록 도와준다.

행정 분야의 동료, 특히 장학사, 교장과 대학 학장에게 이 책을 추천한다. 시간을 내어 스튜디오 씽킹 관점을 사용해본 다음, 함께 일하는 담임 교사들에게 얼마나 유용할지 생각해보는 것이 좋다. 아마 동료들과 함께 읽고 몇 개의 좋은 아이디어를 시도해볼 수도 있겠다. 스튜디오 사고 습관, 스튜디오 구조, 미술실 실습이 어떻게 수업 자료를 제공하는지를 보라. 모든 어린이가 즐겁게 학습에 참여하는 매력적인 교실을 만들 수 있도록 교사들을 지원하는 방법을 확인하라.

교사의 일 중에서 우리의 어린 시민을 준비시키는 일보다 더 중요한 일은 없다. 교사는 평생 학습을 설계하는 사고 습관을 갖도록 학생들을 가르치지만, 충분한 보상이나 인정, 감사 인사를 받지 못한다.

당신이 교사라면, 이 책이 책 내용 구성을 도운 저자들과 많은 참여 교사들이 선사하는 멋진 선물이 되기를 바란다. 이 책에서 제시하는 지식과 교수법이 당신의 수업에 도움이 될 것이다. 모두가 살고 싶은 세상을 만들 잠재력 있는 학생들과 계속해서 기능을 갈고 닦으면서, 함께 노고의 결실을 즐기길 바란다.

매사추세츠주 보스턴,
매사추세츠 예술디자인대학교 총장
데이비드 넬슨 박사David P. Nelson, Ph. D.

감사의 말씀

우리가 하는 일을 믿어주고 바우만재단을 통해 수년간 지지를 보내준 존 랜드럼 브라이언트John Landrum Bryant에게 감사를 표합니다. 스튜디오 씽킹 틀의 독창적 개발에 중대한 기여를 한 셜리 비네마Shirley Veenema와 킴벌리 셰리단Kimberly M. Sheridan에게도 감사드립니다.

우리는 운 좋게도 미국 전역에 있는 교사들과 만나고 대화하고 이메일과 참고자료를 전달받을 수 있었습니다. 여러분 모두에게 배우는 좋은 기회였습니다. 감사합니다. 이 책의 편집에 시간을 내준 분들께도 특별한 감사를 드립니다.

Dana Adams
David Ardito
Fernando Aguilar
Agusta Agustsson
Caren Andrews
Justin August
Eileen Barnett
Amy Billstrom
Amy Birkan
Tracey Broback
Robin Brooks
Sharron Cajolet
Camille Calica
Hillary Campbell
Carolyn Carr
Alane Paul Castro
Raquel Cardoso
Deborah Clearwaters
Kitty Conde
Rosette Costello
Susan Deming
Brian Dodson
Terri Eichel
Mahsa Ershadi
Alexandra Etscovitz
Caitlin Evans
Demetrius Fuller
Itoco Garcia and faculty of Harder Elementary School
Cynthia Gaub
Judith Goodwin
Lauren Gould
Chrissy Gray – Rodriguez
Gina Griffiths
Alexis Hamilton Green
Stacie Greenland
Laura Grundler
Nicole Gsell

Jeremy Guidry
Caren Gutierrez
Wynita Harmon
Cammie Harris
Melissa Hayes
Steve Heil
Grace Hulse
Ryan Hynes
Ianthe Jackson
Tana Johnson
Catherine Karp
Samantha Kasle
Leslie Keir
Susan Killebrew
Jessica Kitzman
Holly Bess Kincaid
Richard King
Thomas Knab
Celia Knight
Deborah Kramer
Anne Kress
Heidi Kupferman
Mariah Landers
Ann Ledo Lane
Mandy Lockwood
Pam Lucker
Natalie Maine
Nate Manean
Emily Manning–Mingle
Julia Marshall
Linda McConaughy
Sam Miller
Vanessa Miller
Alicia Mitchell
Constance Moore
Louise Music
Brooke Nagel
Bethany Haizlett Narajka
Kate Nesmith
Ashley Norman
Trena Noval
Mary Olson
Marisol Pastor–Cabrera
Sonal Patel
David Patusco
Christine Phillips
Jocelyn Phillips
Meghan Pierri
Gaia Pine
Rosemary Polizotto
Kathryn Potter
Barth Quenzer
Christine Reed
Emily Roberts
Roni Rohr
Stella Santos
Steve Schaffner
Larraine Seiden
Lindsey Shepard
Mizuho Shiomi
Emily Stewart
Jennifer Stuart
Amy Summa
Katherine Thompson
Gabriel Tsuei
Julie Toole
Bernardo Varela
Beth Warner
Ann Wettrich
Diana Woodruff
Cheryl Wozniack
Ceara Yahn
Elizabeth Young
Dale Zalmstra
보스턴대학 예술과 사고 연구소의
보조 연구원들

목차

서론
보이는 곳에 숨겨진 것

1980년대 후반, 영국의 만화가 마틴 핸드포드Martin Handford는 미국에서 '월리Waldo'로 알려진 캐릭터를 만들었다. 흰색 바탕에 빨간색 줄무늬 옷을 입고 큰 안경과 모자를 쓴 월리는 오늘날 대중문화와 관련이 있으며 만화, 연재만화 및 최근에는 핼러윈 의상에 등장한다. 지난 30년 동안 아이들과 어른들은 사람들이 붐비는 그림에 숨겨진 월리를 찾기 위해 핸드포드의 책을 샅샅이 뒤지며 비 오는 오후를 보냈다. 월리를 찾아라!

이 책의 저자 중 한 명인 질 호건Jill Hogan은 1990년대 초 『월리를 찾아라!*Where's Waldo?*』에서 지속적으로 재미를 느낄 수 없다는 점을 발견했다. 어린 시절 그녀는 크리스마스 오후를 보낸 후, 선물로 받은 『월리를 찾아라!』에서 모든 월리를 찾았다. 그런 다음 다시 재미를 느끼고 싶어 첫 페이지로 돌아갔다. 그러나 두 번째로 다시 보았을 때는 첫 번째만큼 재밌지는 않았다. 그랬다! 월리는 여전히 시각적 혼란 속에 숨겨져 있었지만, 반복해서 관찰하니 더 잘 보였다. 일단 한 번 발견하면 정말 쉽게 월리를 다시 찾을 수 있었다. 질은 월리를 찾은 곳으로 바로 시선이 갔다. 그녀는 문제를 해결하며 얻게 된 정보를 기반으로 새롭게 볼 수 있는 시각을 갖게 되었다. 이제 더 이상 그 장면이 신선하게 보이지 않았다.

스튜디오 씽킹: 관점

우리는 모두 각자 나름대로 상황을 해석하는 방식을 가지고 있고 그것을 사고 방식, 관점, 성향 또는 태도 등 다양하게 부른다. 이러한 관점은 우리가 세상에 접근하는 틀을 형성한다. 긍정적 관점을 가진 사람들은 결점을 찾지 않고 모든 사람에게서 바로 좋은 점을 찾는다. 성장 지향적 사고 방식을 가진 사람은 실패의 어려움에 연연하지 않고 개선할 기회를 찾는다. 그리고 『월리를 찾아라!』에서 이미 월리를 찾은 사람은 게임의 답을 찾았기 때문에 더 이상 재미를 느낄 수 없다.

스튜디오 씽킹 틀framework은 교사와 학급의 관찰자(예: 행정가, 연구원, 학부모, 정책 입안자)가 미술 및 일반 교육 환경을 모두 볼 수 있는 관점이다(Hetland, Winner, Veenema, & Sheridan; 2007, 2013). 월리와 마찬가지로 스튜디오 사고 습관(SHoM, Studio Habits of Mind)도 눈에 띄지 않을 수 있다. 미술 작업에서 이러한 사고 성향을 인식하는 방법을 깨닫고 인식에 이를 구조화할 단어가 있으면, 이전의 보는 방식으로 돌아가기 어렵다. 미술 시간을 단순히 '무엇을 하는' 시간으로 보기보다는 미술 시간이 '생각하는' 시간이라는 것을 깨닫기 시작한다. 스튜디오 씽킹은 21세기 시각예술 교육에 매우 중요한 미술적 사고*를 중심으로 한다.

실제로 『스튜디오 씽킹』이 처음 출판된 이후로, 초판과 2쇄(Hetland et al., 2007, 2013)가 1만 7천 부 이상 판매되었으며, 스튜디오 씽킹 틀이 전 세계 학교에서 채택되었다. 미술수업을 바라보는 이 관점은 교사, 학생, 행정가가 미술작품 결과물과 지시에 따르는 학생 행동에 초점을 맞추는 것에서 벗어나게 한다. 쉽게 보이지 않는 학생의 사고 과정에 초점을 맞추도록 하는 것이다. 이 책을 통해 감춰져 있던 사고 과정이 교사, 학생, 학교 공동체에 명확히 인식되어 보이지 않던 스튜디오 사고 습관이 잘 보이게 될 것이다.

* 미술적 사고artistic thinking: '예술적 사고'라는 용어가 더 흔하나, 이 책에서는 스튜디오 씽킹을 통한 미술작품 제작 과정에서 미술가처럼 사고하는 과정을 의미하기 때문에 미술적 사고로 번역함.

교사들의 의견

수업에서 스튜디오 씽킹을 사용하는 교사들의 반응을 보면서 이 틀의 가치를 알게 되었다.

✚ "우린 이미 실천하고 있던 것들이에요."

> 제가 스튜디오 씽킹에서 읽은 모든 것은 바로 제가 이미 실천하고 있던 일이었어요.
>
> – 시에라, 유치원~8학년 미술교사, 히스 학교, 매사추세츠 브루클린 공립학교
>
> 스튜디오 사고 습관이 미술교육과정의 본질이고, 또 본질이어야 한다고 생각해요.
>
> – 아일린, 유치원~5학년 미술교사, 젠킨스 초등학교, 매사추세츠 시추에이트 공립학교

교사들은 수업 과정에서 스튜디오 씽킹 틀에 이미 친숙하다고 말한다. 바쁘고 과중한 업무에 시달리는 교사들에게는 아이디어를 즉시 적용 가능한지가 중요하다. 교사는 끝이 없어 보이는 업무에 시달린다. 교육부, 시·도 교육청, 성취기준부터 해당 학군의 교육과정 지침, 담임 교사와의 통합교육 계획, 개별화 교육 프로그램과 영재를 위한 특별한 고려 사항, 영어 및 제2언어 습득 또는 역량 개발을 위한 학교 교육계획에 이르기까지…. 이처럼 미술 교사에게는 계획하고 가르칠 때 고려해야 할 것이 많다. 스튜디오 씽킹 틀은 고려 사항 목록에 있는 또 다른 항목이 아니라, 미술실에서 이미 진행 중인 과정에 초점을 맞춘다. 이 책의 목적은 교사와 초등학생이 자신의 실행에 대해 메타인지적으로 성찰하면서 그 관점을 사용하는 능력을 개발하도록 돕는 것이다. 우리는 스튜디오 씽킹 틀이 이미 미술수업에 존재한다는 것을 알고 있다. 왜냐하면 초판의 저자들은 고등학교 수업과 교사 인터뷰를 체계적으로 관찰하고 비디오로 녹화하고 코딩하고 분석해 상향식bottom up으로 틀을 개발했기 때문이다. 다른 많은 목록, 계획 및 성취기준은 실제로 발생하는 일에 대한 경험적 분석보다 수행해야 할 일에 대한 이론과 신념에서 생성된 하향식top down

으로 문서화되어 있다. 상향식 접근법과 하향식 접근법 모두 중요하지만, 우리는 경험적 접근으로 한 가지 사실을 발견했다. 우리가 이미 가르치고 있는 예술수업을 통해 광범위하게 잠재적 일반화가 가능한 사고 성향을 학습할 수 있다는 것이다.

✚ "우리에게 새로운 언어와 정당성을 주었어요."

> 저는 교육현장에서 우리가 하는 일이 왜 중요한지 다른 사람들에게도 설명할 수 있다는 점이 너무 좋아요.
>
> – 사만다, 유치원~5학년 교사, 매사추세츠 알링턴 공립학교
>
> 스튜디오 씽킹은 미술수업에서 사고thinking가 일어난다는 것을 관리자들이 깨닫게 하죠.
>
> – 어거스타, 미술교사, 매사추세츠 월탐 공립학교

초등학교 미술 교사가 되는 것은 도전이 될 수 있다. 대부분의 미술 교사는 자신이 하는 일을 깊이 신뢰하고 교사가 되는 과정도 매우 어렵다는 것을 알고 있지만, '주변 교과'를 가르치고 있다고 생각하는 동료들로부터 배신감을 느꼈다고 자주 이야기한다. 스튜디오 씽킹 틀은 초등학교 미술실에서 일어나는 중요한 사고를 설명하는 언어를 제공한다. 교사는 그 언어를 사용하여 학생, 학부모, 동료 및 관리자에게 미술교육의 장점을 설명한다. 반면, 회의적인 동료 교사들은 자신이 '그림을 아주 못 그리는' 혹은 '그림 그리는 것을 끔찍하게 싫어하는' 채로 쭉 성장해왔어도 큰 문제가 없었다고 반문할지 모른다. 관찰, 구상, 성찰을 잘하지 못하는 것을 인정하지 않을 것이다. 명암 넣기 및 색 혼합 같은 기술적인 미술 기능은 성인이 된 이후에도 포기하든, 다시 배우든 할 수 있는 기술 중 하나다. 그러나 미술수업에서 배우는 사고 습관은 모든 면에서 유용하다. 6장에서처럼, 사실상 모든 과목의 교사가 학생들이 스튜디오 사고 습관을 미술실 너머로 확장하는 데 도움을 주기 시작했다.

책 소개

원래 스튜디오 씽킹 프로젝트는 예술 중점 중등학교에서 관찰되는 여덟 가지 사고 습관을 체계적으로 기록했다. 많은 초·중학교 교사들은 자신의 교실에 적용할 수 있는 개념을 찾았고, 스튜디오 사고 습관이 학생들에게 '잘 보이도록' 연령에 적합한 방법을 능숙하게 만들었다. 이 책은 초·중등학생 및 스튜디오 씽킹 틀의 실제 적용에 관심이 있는 모든 사람을 위한 것이다. 우리는 학생들을 대상으로 적합한 아이디어와 자료를 수집했다. 대부분은 자신의 작업을 공유해준 혁신적인 교사들이 만든 것이다. 고등학교 교사도 많은 아이디어를 확장하여 적용할 수 있다.

바로 사용할 수 있는 수업 키트는 제공하지 않는다. 이유는 윌리로 돌아가 설명할 수 있다. 『윌리를 찾아라!』에는 답지가 포함되어 있지 않다. 독자들은 문제를 해결하기 위해 자신의 길을 찾아야 하며 지름길은 없다. 윌리를 찾는 즐거움은 문제 해결 및 문제 해결 과정에서 나온다.

교사는 특이한 문제(윌리를 찾는 문제보다 훨씬 더 도전적이고 어려운 문제)를 지속해서 발견하고 해결하는 전문가다. 그렇게 하기 위해서는 가르치는 내용과 방법을 설계할 수 있도록 하는 존중과 자율성이 필요하다. 연구자들이 교사들에게 정형화된 교육과정을 제공하면, 그 자료는 보통 책꽂이에 방치된다. 그래서 우리는 다른 접근 방식을 취했다. 우리는 스튜디오 씽킹 관점을 도입하기로 한 교사들을 찾아 가장 잘된 것을 공유해달라고 요청했다. 독자가 스스로 자신의 학생과 교실에 맞게 이 책의 아이디어를 활용하여 스튜디오 씽킹 접근을 설계할 때 도움이 될 것이다.

우리는 교사가 각 장의 끝에 있는 '생각해보기'를 잘 활용하기를 권장한다. 이 부분의 질문은 스튜디오 씽킹을 실천하고 있는 교사들의 성찰 및 기록에 도움이 될 것이다. 또한 고등 교육과정 및 전문 스터디그룹에서 토론을 이끌어내기 위한 것이다. 이 책은 스튜디오 씽킹 관점을 통해 자신의 교실을 살펴보고 동료 교사와 관찰 및 아이디어를 공유하려는 교사를 위한 출발점이 되어줄 것이다. 이런 방식으로 숨겨져 있던 사고를 조명해볼 것이다.

관점 개발하기

이 책은 처음부터 끝까지 전체적으로 읽거나, 아니면 관심 있는 주제에 대한 영감을 얻고 교실에서 생겨나는 의문 사항에 참고하기 위해 일부분만 읽어보는 것 모두 가능하다.

1부의 1, 2장에서는 새로운 독자와 원작 『스튜디오 씽킹』에 대한 이해를 넓히려는 모든 사람들에게 스튜디오 씽킹 틀을 소개한다. 이 사고 틀은 매사추세츠주 소재의 유명한 두 예술고등학교인 보스턴 예술 아카데미 및 월넛 힐 예술학교의 다섯 학급에서 경험적 연구를 통해 개발되었다. 이들 학교의 미술실은 다섯 명의 수석 교사 베스 발리로Beth Balliro, 제이슨 그린Jason Green, 캐슬린 마시Kathleen Marsh, 가이 미셸 텔레마크Guy Michel Telemaque, 짐 우드사이드Jim Woodside가 이끌었다. 사고 틀의 개발에 관한 연구에 대해 더 알고 싶다면 책 『스튜디오 씽킹』(Hetland et al., 2007)을 살펴보기를 권장한다.

우리는 강력한 예술교육의 사례로 처음 두 권의 책을 집필하기 위해 학교를 선택했다. 이들 학교에서 교사는 미술가의 작품을 전시하고, 학생들은 예술에 진지한 관심이 있으며, 매주 많은 시간의 예술수업이 있다. 철저한 미술 프로그램이 이러한 사고 방식을 가르칠 수 있는 유일한 방법은 아니다. 그보다는 학생들이 예술수업에서 충분한 시간을 경험하고, 양질의 예술 프로그램 요소가 많이 있어서 선택된 것이다. 물론 이러한 고등학교의 환경은 일반적인 초등학교 미술 프로그램의 현실과는 다르다. 하지만 우리는 교사들로부터 사고 틀 맵이 다른 교과 중점 학교와 모든 연령대의 미술 프로그램에 쉽게 적용된다는 것을 배웠다. 각자의 환경에서 스튜디오 씽킹 원칙을 적용한 많은 초·중학교 미술 교사들의 체계적 방법을 공유하기 위해 이 책을 썼다.

처음 두 장에서는 미술교육을 관찰하기 위해 구성한 두 가지 관점으로 사고 틀을 설명한다. 1장은 스튜디오 사고 습관을 중점으로 한다. 미술작품을 계획하고 만들고 상호작용하고 평가하는 과정과 미술가에게서 나타나는 여덟 가지 뚜렷한 사고 성향을 설명한다(표 1 참조). 2장은 네 가지 스튜디오 구조로, 미술실 수업에서 시간, 공간 및 상호작용이 조직되는 방식을 설명한다(표 2 참조).

2부의 3, 4장은 꾸준히 스튜디오 씽킹 틀을 사용하는 초등학교 미술 교사의 사례를 제공한다. 3장의 실행 사례에서는 세 개의 미술실에서 벌어지는 일을 보고 듣고 감지하고 느끼기 위해 일상적인 하루를 살펴본다. 4장의 계획 사례에서는 교육과정 계획에서 다양한 고려 사항을 협의하는 교사의 사고를 엿볼 수 있다.

3부의 5장에서는 미술수업에서 날로 증가하는 평가 요구에 관한 까다로운 이슈를 다룬다. 교사가 스튜디오 습관 학습을 평가하기 위해 어떻게 과정적 접근을 적용할 수 있는지를 보여준다. 6장에서는 미술 지원, 학부모 교육, 다른 교과와의 통합을 위한 도구로 스튜디오 씽킹 틀을 어떻게 활용하는지에 대한 사례를 살펴본다.

부록 A-E에서는 교사들이 수업에서 스튜디오 씽킹 틀을 명시적으로 시작하거나 지속적으로 사용할 때 영감을 주기 위해 미국 전역의 교사들이 제공한 자료를 공유한다. 우리가 제공하는 활동, 양식, 평가표가 스튜디오 습관을 소개하고, 학생들의 학습을 기록하고, 학습한 것을 성찰하도록 안내하는 데 도움이 되기를 바란다. 부록 F는 국가 핵심 예술 성취기준 위원회National Coalition of Core Arts Standards(2014)와 스튜디오 습관이 어떻게 겹치는지에 대한 참조표를 제공한다.

우리는 공립, 사립, 극빈층, 중산층, 도시, 교외, 시골 등 다양한 유형의 학교에서 교사를 찾는 데 주의를 기울였다. 교사들이 사례를 통해 자신과 자신의 환경을 인식하고, 이를 교실 및 교육과정 계획과 성찰을 위한 영감으로 사용하기를 바란다. 이 그룹 유형에 속하지 않는 교사 여러분에게는 놓쳐서 죄송하다는 말씀을 드린다! 꼭 연락해주길 바란다!

미술을 가르치고 배우고 만드는 것은 사려 깊고 도전적인 과정이다. 『윌리를 찾아라!』와 달리, 미술교육의 답과 해결책, 상황은 끊임없이 진화하고 있다. 어느 비오는 날, 두번 아니 열번이라도 더 읽어 스튜디오 씽킹 틀을 여러분 자신의 것으로 만들기 바란다. 이 책을 통해 유치원, 초등학교, 중학교 교육을 위한 스튜디오 씽킹 틀의 용도와 가치를 이해하게 될 것이다.

표 1 스튜디오 습관의 정의

기능 개발	*기술.* 도구, 재료 및 미술 전통을 활용하는 방법 배우기
	미술실 실습. 도구, 재료, 작품, 공간 관리하기
참여와 끈기	개인적으로 의미 있는 프로젝트를 찾아 몰두하기
구상	새로운 미술작품과 그것에 생명을 불어넣는 단계 상상하기
표현	개인적인 의미를 전달하는 작품을 만들고, 다른 사람의 작품에서 의미 해석하기
관찰	자세히 보고 알아내기
성찰	*질문과 설명.* 학생들의 작업 및 작업 과정에 관해 대화하기
	평가. 자신과 다른 사람의 작품에서 잘된 점과 그렇지 않은 점, 그 이유에 관해 대화하기
도전과 탐구	놀기, 새로운 시도하기, 실수하기, 그리고 이러한 과정에서 배우기
미술계 이해	*영역.* 미술가가 제작하는 것에 대해 배우기
	공동체. 미술가가 종종 협업한다는 사실을 이해하고 협업하는 방법 배우기

표 2 스튜디오 구조의 정의

교사 시연	교사는 종종 학급 전체에 과제나 미술가에 대한 정보를 전달한다.
학생 작업	교사가 교실을 순회하며 형성평가를 위해 학생들과 대화를 나누는 동안, 학생들은 개별적 또는 모둠으로 프로젝트를 진행한다.
미술작품에 관한 대화	학생들은 교실 밖에서 서로의 작품이나 작가의 작품을 보고 설명하거나 비평하는 대화를 나눈다.
전시	작품(초안 및 최종 작품 모두)은 종종 수업 외 시간에 공개적으로 전시되며, 학생들은 전시를 계획하고 설치하며 주관한다.

'교육적 적용'에 대한 출처 표기

이 책에서 소개하는 교육 자료는 개별 교사가 제공한 것이다. 핀터레스트Pinterest, 티처스 페이 티처스Teachers Pay Teachers, 소셜 미디어, 학급 블로그를 사용하는 시대에 정보는 자유롭게 공유된다. 그러한 자료는 교사들에게 엄청난 도움이 될 수 있다. 일반적으로, 이는 기술 발전의 긍정적인 장점이라 할 수 있다. 그러나 책 전체에 걸쳐 우리가 제공하는 자료 중 일부가 어떤 누군가(어쩌면 당신일 수도 있음)의 독창적인 아이디어일 수도 있다는 점에 대해 유감스럽게 생각한다. 가능한 한 출처를 표시하지만, 실수로 일부를 빠뜨리거나 잘못 인용한 것도 있을 수 있다. 만약 당신의 아이디어를 여기서 발견한다거나 출처를 잘못 표시했다면, 긍정적으로 생각해주길 바란다. 인용이 제대로 안 되고, 입소문을 타고 유명해져서 전해진 것이다. 이런 문제가 발생했다는 사실을 알려주신다면 이후 개정판을 낼 때 수정할 예정이다.

더 많은 정보를 찾을 수 있는 곳

운이 좋게도, 많은 교사가 시간을 내서 우리와 대화하고 자신들이 개발한 자료를 보내주며 방문할 수 있도록 교실 문을 열어주었다. 이 책에는 우리가 수집한 대표적인 사례들이 포함되어 있다. 지면의 제약으로 책에 담지 못한 자료는 웹사이트를 방문하여 확인하기 바란다. 또한 스튜디오 습관 및 스튜디오 구조, 그리고 그 정의를 다운로드 및 인쇄할 수 있는 파일, 거론된 미술가 관련 비디오 하이퍼링크 목록, 부록 F(국가 핵심 예술 성취기준 및 스튜디오 습관을 연결하는 참조표)가 포함된 추가 웹 자료를 만들었다. www.studiothinking.org 또는 tcpress.com/studiothinking에서 찾을 수 있다.

UNDER-STANDING STUDIO THINKING

1부
스튜디오 씽킹 이해하기

1장
스튜디오 사고 습관

이 장에서는 여덟 가지 스튜디오 사고 습관에 대해 다룬다(Hetland et al., 2007, 2013). 최근 '사고 습관'이라는 용어가 흔하게 사용된다. 이 장에서는 스튜디오 사고 습관이 우리에게 어떤 의미인지, 어떻게 정의할 수 있는지(표 1.1 참조), 미술실에서 어떻게 나타나는지를 설명한다.

사고 습관이란 무엇인가?

습관이란 바꾸기 어려운 행동이다. 우리 모두 종일 아무 생각 없이 하는 기본 생활 습관(자기 전에 양치질하기, 오후 2시 15분에 간식 먹기, 긍정적 사고하기 등)이 있다. 습관은 보통 자연스럽고 무의식적이며 좋거나 나쁠 수 있다고 여겨진다. 다양한 사고 습관이 있는 아이들이 학교에 온다. 어떤 습관은 도움이 되지만 다른 어떤 습관은 사고를 저해한다. 따라서 교사들이 학습을 지원하는 접근법을 개발하도록 돕는 것이 중요한데, 스튜디오 씽킹 틀이 그 역할을 할 수 있다.

시각예술 학습에 중점을 둔 수업에서 경험적 연구(밀접한 관찰 및 질적 인터뷰)를 통해 스튜디오 사고 습관을 개발했다. 스튜디오 사고 습관은 미술가의 사고방식에서 포착된다. 관람자는 미술에 대한 동시대 담론에서 미술가의 위치[미술계 이해: 영역], 미술가의 제작 의도[표현], 작품 제작에 필요한 것[참여와 끈기; 기능 개발]을 생각한다. 비슷한 맥락에서, 미술가에게 작품을 제작할 때 계획을 구상하도록 상기시킬 필요가 없다. 미술가에게 계획은 작품 제작 과정에서 자연스러운 부분이기 때문이다. 전업 예술가가 되는 학생이 많지 않겠지만, 미술가처럼 생각하는 법을 배우는 것은 누구에게나 도움이 된다.

교사들은 모든 학년, 예술 분야 및 기타 주제, 미술관, 지역 문화센터 같은 학교 안팎의 교육 환경에서 스튜디오 사고 습관을 폭넓게 활용해왔다. 이를 초등학교에서 꾸준히 사용하면, 학생은 사고 습관을 내면화하여 언제든 사용할 수 있다. 교사가 사고를 미술 활동의 중심에 둘 때, 초등학생들은 성찰적이고 전인적인 미술 제작자가 되어 시작부터 긍정적인 사고 습관을 기를 수 있다.

✚ 습관의 세 부분

사고 습관은 '사고 성향thinking disposition'이다. 사고 성향은 기능skill, 의향inclination, 기민성alertness의 세 부분으로 구성된다(Perkins, Jay, & Tishman, 1993). 이들 세 부분은 양질의 사고를 개발하는 데 똑같이 중요하다. 사고를 성향으로 보는 관점에서는 학생들이 깊이 이해할 때 나타나는 행동과 태도를 살핀다. 이는 학습하고 이해하는 동안 학생에게 무슨 일이 일어나고 있는지에 대한 더 완전한 그림을 제공한다. 스튜디오 씽킹 접근 방식은 "학생이 이것을 할 수 있는가?"(기능)라고 물을 뿐 아니라, "학생이 이것을 잘하기 위해 필요한 시간과 노력을 투자할 것인가?"(의향) 및 "학생은 이것을 하기에 적절한 시기와 이유를 알고 있는가?"(기민성)를 묻는다.

우리가 기능에 대해 말할 때는 역량을 의미한다. 아이는 관찰하는 방법을 알고 있는가? 아이는 구상할 수 있는가? 아이는 성찰할 수 있는가? 그러나 이것이 전부는 아니다. 학생이 특정 지시를 받았을 때 수행할 수는 있지만 특정 습관을 스스로 사용하려는 동기(의향)가 없거나 그 습관이 언제, 왜 유용한지 알아차리지 못할 수도 있다(기민성). 사고 습관이 완전히 내재화되어 지시받지 않아도 학생들이 그 습관을 사용하도록 하려면, 기능뿐만 아니라 그 기능을 행동으로 옮기는 태도, 즉 의향(그것을 하고 싶다) 및 기민성(언제, 왜 하는지 알고 있다)도 개발해야 한다. 그림 1.1에서 볼 수 있듯이 기능, 의향, 기민성은 상호작용한다. 학생들이 사고 습관을 내면화할 때, 그 상호작용을 무의식적으로 꾸준히 사용하게 된다.

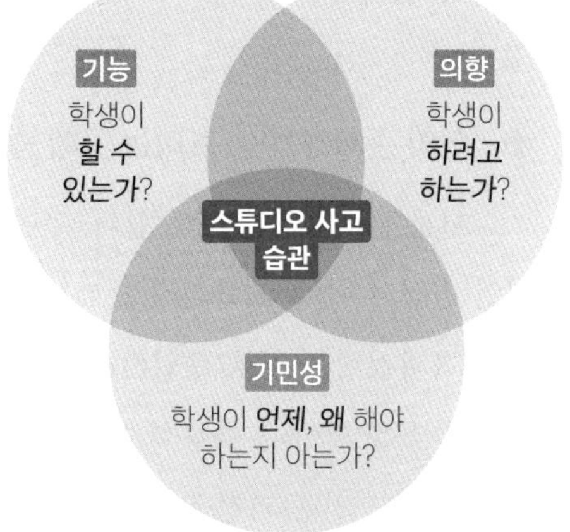

그림 1.1 세 부분으로 구성되는 각 스튜디오 사고 습관: 기능, 의향, 기민성

✚ 미술실 밖에서도 폭넓고, 유용하게

사고 습관은 미술실뿐만 아니라 학교 안팎의 일상생활에서 폭넓게 사용된다. 판화용 판을 준비하거나 색을 혼합하는 것 같은 많은 기능은 미술실 내에서만 사용되는 특정 기술이다. 그러나 **기능 개발** 성향(영역 규칙을 습득하는 것)은 과학, 쓰기, 읽기 또는 기타 모든 분야에서 볼 수 있는 일반적인 사고 습관이다.

미술 시간에 배운 습관은 미술수업 밖에서 일반화될 수도 있고 그렇지 않을 수도 있다. 그 과정이 자동으로 일어나기를 바라기는 했지만, 실험으로는 정신적 과정을 입증하기 어려웠다(Ritchhart & Perkins, 2005; Winner, Goldstein, & Vincent-Lancrin, 2013). 이러한 일반화는 교사가 전 교과를 통틀어 구체적 연결을 할 때만 일어난다('전이를 위한 교육'). 예를 들어, 학생들이 미술수업에서 사고 습관을 배운다면 미술 교사와 소통하는 다른 교과 교사는 미술수업에서 배운 사고 습관이라는 것을 상기시킬 수 있다. 학생들이 미술수업에서 관찰하는 법을 배운 경우, 과학 교사나 담임 교사는 자연 관찰이나 동물의 움직임을 연구할 때 그 습관을 사용하도록 할 수 있다. 아이들에게 읽기 새 책의 시작 단원이 어렵더라도 **참여와 끈기**를 갖고 하도록 상기시킬 수도 있다. 스튜디오 씽킹을 통한 연결은 학교생활 내내 모든 교과에서 이루어질 수 있다(6장 사례 참조).

✚ 이미 존재하지만, 보이는 곳에 숨겨진 사고 습관

서론에서 논의한 바와 같이, 우리는 스튜디오 사고 습관을 미술수업에서 긍정적인 관점의 '숨은 교육과정'으로 여긴다. 우리가 설명하는 사고 성향을 교사가 현재 교육과정에 억지로 주입하려 할 필요는 없다. 이미 교육과정 속에 존재하지만 숨겨져 있을 것이다. 초등학생이 미술수업에서 계획하고 구성하고 만들고 질문하고 수정하고 진행 과정을 기록할 때, 이미 스튜디오 씽킹을 암묵적으로 사용하고 있다. 자신이 생각하는 '방식'을 스튜디오 습관으로 '인식'하는 것은 누군가가 이러한 사고방식을 실제로 가시화할 때다. 초등학생이 스튜디오 습관 목록을 외울 필요는 없다. 발달 단계상 적절하지 않기 때문이다. 그러나 교사는 스튜디오 습관 용어를 좀 더 일반적인 언어로 대체하여 사용할 수 있으며, 학생들이 개념에 익숙해지도록 용어를 게시하여 알려준다. 고학년 학생의 경우, 체계적인 언어로 이러한 개념을 더욱 구체화하면 작품 제작과 관련한 토론에 스튜디오 습관을 활용하는 데 도움이 된다. 스튜디오 습관에 대한 의식적인 이해를 바탕으로 학생은 주도적으로 학습할 수 있다.

역사적으로, 미술교육자는 다양한 매체를 통한 기술 학습에 중점을 둔 **기능 개발** 습관에 중점을 두었다.* 또 다른 시기의 미술교육자는 **도전과 탐구**를 중시하여 학생들에게 더 잘 다듬어보라고 독려하기보다 무엇이든 창작하게 두었다.** 이와 유사하게, 미술수업에서 미술계에 관한 이해를 지도하기 위해 종종 미술 감상에 초점을 두었다. 스튜디오 씽킹은 교사들이 미술수업 시간에 다루는 여덟 가지 사고 성향을 구분한다. 교사가 미술 교육과정에서 스튜디오 사고 습관을 세심하게 인식하기 위해 보고, 표현하고, 계획하기 시작하면, 습관은 숨겨진 구석에서 나타나 미

* 표현 기능 중심 미술교육 시기.

** 창의성 중심 미술교육 시기.

술실과 미술실 밖, 그리고 어린이의 삶 전체에 드러날 것이다.

다음 이야기에서 미술 교사 어거스타 어거스트슨Agusta Agustsson은 정체성에 대한 수업을 진행하면서 미카Micah가 스튜디오 습관을 사용하는 방법을 보여준다.

스튜디오 습관 사용하기: 미카의 자화상

미카가 자화상을 계획하고 그릴 때, 우리는 그가 모든 스튜디오 사고 습관을 사용하는 다양한 예술적 사고 방식을 보여준다는 것을 살펴볼 수 있다.

✚ 1차시

미카와 학급 친구들은 미술실에 오면서 '지금 할 일'이라고 불리는 공통의 학습활동, 즉 목표 과제를 기대한다. 화이트보드의 정해진 위치에서 수업 지시문을 읽고, 정식으로 수업이 시작될 때까지 개별적으로 지시한 과제를 실행한다. 교사 어거스타는 교실에 들어가서, 학생들에게 '나'라는 말을 쓴 후, 자신을 설명하는 3개의 문장을 쓰게 함으로써 스캐폴딩* 한다[구상].

> 화이트보드에 게시된 내용
>
> **단원 목표**: 정체성이 드러난 자화상을 통해 다음과 같이 나를 설명할 수 있다.
>
> - 나는 누구인가?
> - 사람들이 나에 대해 아는 것은 무엇인가?
> - 나를 '나'답게 만드는 것은 무엇인가?

* 스캐폴딩scaffolding: 건축물을 지을 때 높은 곳에서 밟고 일하기 위해 설치하는 비계. 비고스키Vygotsky, L. S.를 포함한 사회적 구성주의에서 소개한 개념으로, 적절한 인지적 도움과 안내를 제공하여 학습을 촉진하는 전략.

어거스타는 수업을 간략히 소개한다. "미술가는 자신이 누구인지, 즉 정체성을 여러 가지로 표현합니다. 여러분은 초상화에 익숙하지요[미술계 이해: 영역]. 만약 다른 사람들이 여러분을 잘 알아볼 수 있는 그림에서는 여러분 자신에 대해 설명할 필요가 없겠죠. 여러분을 나타내는 상징과 함께 '정체성을 나타내는 표시'를 사용할 수 있습니다[구상; 표현]. 다시 말해, 스타일, 즉 여러분이 옷을 입고 머리를 꾸미는 방식[관찰]은 그림 속의 이야기가 될 수 있습니다[표현]." 어거스타는 정체성의 주제를 다루는 미술가들의 이미지를 보여준다[미술계 이해: 영역]. 프리다 칼로Frida Kahlo, 페이스 링골드Faith Ringgold, 케힌데 와일리Kehinde Wiley, 로버트 쉬모라Robert ShiMora, 바브 헌트Barb Hunt, 라미로 고메즈Ramiro Gomez 및 무라카미 다카시Murakami Takashi.

미카는 바로 준비한다. 재료를 준비하고[기능 개발: 미술실 실습], 연습 스케치 없이 종이에 바로 자신의 아이디어를 연필로 그리기 시작한다[구상]. 미카는 '미술가'를 표현하는 도식인 베레모, 이젤, 팔레트, 붓을 사용하여 수염을 기른 얼굴을 묘사함으로써 '나이'를 나타낸다[표현](그림 1.2 참조).

미카는 연필 드로잉이 끝났다고 생각하고[성찰: 평가], 물감 진열대로 간다[기능 개발: 미술실 실습]. 어거스타는 달걀판에 템페라 물감을 덜어내고, 원색에 흰색과 검은색을 더한다. 미카는 병에 든 갈색 물감을 원색이 있는 팔레트에 덜어낸다[구상; 기능 개발: 미술실 실습]. 목에 두른 스카프에 주황색이 필요할 것이므로 주황색을 어떻게 만드는지 질문한다[구상; 기능 개발: 기술]. 교사는 색상환을 들고 어떤 색을 혼합하여 주황색이 만들어지는지 생각하게 한다[관찰; 기능 개발: 기술]. 미카는 미술가의 모습을 표현하기 위한 기본색을 칠한다. 파란 셔츠, 파란 바지, 파란 베레모. 미카는 주황색을 만들어 스카프를 칠한다[기능 개발: 기술]. 그런 다음 자신의 그림을 건조대에 놓고 붓을 씻은 뒤 물감을 반납한다[기능 개발: 미술실 실습].

✚ 2, 3차시

다음 두 차시 동안 미카는 교실에 들어서서 자신의 그림을 찾아[기능 개발: 미술실 실습] 자세히 살펴본다[관찰; 성찰: 평가]. 그는 '미래에 미술가가 된 수염을 기른 나'를 그리고 있다고 말한다[표현; 성찰: 질문과 설명].

그림 1.2 연필 드로잉으로 자신의 자화상을 구상하는 미카

2차시에서는 검은색을 추가하고 갈색을 많이 붓는다[구상; 기능 개발: 미술실 실습]. 어거스타가 묻는다. "오늘은 어떤 크기의 붓이 필요한가요?"[구상; 기능 개발: 기술] 교사는 미카가 그림 속 모든 물체의 테두리를 검은색으로 칠할 것이라고 예상했다. 그가 선호하는 스타일이기 때문이다[표현]. 미카는 여러 가지 붓을 선택하고 신문을 그림 아래에 깔았다[기능 개발: 미술실 실습]. 교실에 함께 있던 보조교사가 유성펜으로 얼굴의 세부 묘사를 멋지게 만들고 싶은지 물었다[구상; 기능 개발: 기술]. 미카는 "아니오"라고 대답하고 자신 있게 작은 붓으로 이젤과 몸의 윤곽을 그리고 검은색 물감을 더 가지러 물감 진열대로 간다[기능 개발: 기술, 미술실 실습; 구상].

미카는 나중에 팔레트를 나타내는 그림 속 작은 부분을 수정하고 싶었다고 말한다[구상]. 이미 얼굴에 작은 붓으로 붓질을 잘해서 사람을 나이 들게 표현했다고 해도[기능 개발: 기술] 자신의 거친 붓질이 제대로 보이지 않을 수도 있다고 생각한다[성찰: 평가]. 마커를 받아[기능 개발: 미술실 실습] 그림을 그린 다음 팔레트에 있는 색을 칠한다[기능 개발: 기술]. 그런 다음 바닥과 이젤 주변의 공간을 칠한다. 남은 것은 이젤과 작은 직사각형 벽뿐이다. 다시, 수업이 끝났다는 말이 없어도 스스로 재료를 정리한다[기능 개발: 미술실 실습].

3차시에서 미카는 자신의 그림 속 이젤의 도화지 위에 뭘 그려야 할지 모르겠다고 말한다[구상; 표현; 성찰: 질문과 설명]. 그런 다음 그는 의도를 가지고 차분하고 고른 붓질에 집중한다. 두 번째 자화상, 즉 더 큰 자화상[표현] 안의 이젤 뒤, 벽에 있는 더 작은 자화상에 붓질한다[기능 개발: 기술; 표현]. 이번에는 검은색 선으로 그리기 시작한다. 미카의 접근 방식 정도를 확신할 수는 없지만, **도전과 탐구**를 사용하는 것으로 보인다. 다음으로 이젤 위에 있는 이미지를 그리기 위해 삼원색을 혼합하여 녹색을 만든다[구상; 기능 개발: 기술]. 미카는 이 그림 속의 그림이 '어른이 되었을 때' 미래의 집이 될 것이라고 확신했다[구상]. 갈색과 검은색 물감을 얻고 달걀판 물감통에 여분의 노란색을 추가한다[구상; 기능 개발: 미술실 실습]. 미래의 집 배경에 세부 묘사를 추가하고 색상을 강화하기 위해 노란색 마른 부분 위에 더 많은 노란색을 덧칠한다[성찰: 평가; 참여와 끈기].

그림 1.3 미카의 자화상 제작 과정에서 모두 분명하게 드러나는 여덟 가지 스튜디오 습관

수업이 끝나기 10분 전, 미카는 자신의 그림이 완성되어[성찰: 평가] 행복하다고 말한다(그림 1.3 참조). 자리를 정리하고 자신의 그림을 건조대에 놓는다[기능 개발: 미술실 실습].

✚ 4차시

미카는 모든 프로젝트가 끝날 때, 수업에서 일상적인 형식을 사용하여 성찰한다[성찰: 질문과 설명].

> 정체성의 어떤 측면을 표현하려고 했나요? [표현]
> "제가 굉장히 예술적이라는 거요."
>
> 어떤 재료/매체를 사용했나요? 그 이유는 무엇인가요? [표현; 기능 개발: 기술]

"저는 조그만 부분을 그릴 때 물감과 마커를 사용했어요." [도전과 탐구]
"저는 물감 색을 다양하게 쓰고 싶었어요." [구상; 표현]

작품에서 가장 먼저 알아차렸으면 하는 것은 무엇인가요? [표현; 관찰]
"제가 매우 잘했다는 것을 (사람들이) 알아주기 바라요." [성찰: 평가]

맞닥뜨린 문제를 어떻게 해결했나요? [성찰: 질문과 설명]
"작고 세밀한 부분을 어떻게 색칠해야 하는지 궁금했어요." [구상]
"그래서 저는 마커를 사용해서 이 문제를 해결했어요." [도전과 탐구; 기능 개발: 기술; 참여와 끈기]

'스튜디오 습관'을 어떻게 사용했는지 그 방법을 설명해보세요. [성찰: 질문과 설명]
"어른이 된 내 모습을 그렸기 때문에 구상을 사용했어요." [성찰: 질문과 설명]

학급의 학생들은 갤러리 워크*를 통해 서로의 작품을 보며 피드백을 제공한다. 미카와 반 친구들은 자신들이 작성한 활동지를 자기 작품 옆 테이블에 놓는다 [기능 개발: 미술실 실습; 성찰: 질문과 설명; 미술계 이해: 공동체]. 학생들은 서로의 작품을 보고 돌아다니며 다른 사람의 활동지에 응답한다. 다음은 미카의 그림에 대한 친구들의 글이다.

처음에 발견한 세부 사항이나 기법을 설명하세요. [관찰]
"물감을 사용해 그림 전체를 그린 것 같아."

이 작품에 대해 더 알고 싶은 것은 무엇인가요? [성찰: 질문과 설명]
"미래의 집 속에 있는 너를 그린 거니?"

이 작품의 제목을 제안하세요. [표현]

* 갤러리 워크Gallery Walk: 고등 사고력과 상호작용을 촉진하기 위해 질문이 게시된 교실 공간을 이동하며 질문과 답변을 공유하는 수업 전략. 완성된 작품을 서로 감상하게 하여 상호 평가와 성찰의 기회를 제공할 수 있음.

이 같은 여러 수업에서 미카를 주의 깊게 관찰한 후, 교사는 미카가 혼자서도 효율적으로 작업할 수 있는 학생이라고 신뢰한다. 교사는 미카가 계속 참여하리라 예상하고, 스스로 미술적 아이디어를 발전시키고, 필요할 때 도움을 요청하리라 생각한다.

비록 당신이 이전에 스튜디오 습관에 대해 생각해본 적이 없더라도 이미 학생들이 이러한 사고력을 계발하도록 도왔을 것이다. 스튜디오 습관은 미카의 경우처럼 당신 교실의 평범한 장면 속에 숨겨져 있을 가능성이 크다.

이제 스튜디오 습관들 각각을 자세히 살펴보겠다. 다음 각 장에서는 학생들이 스튜디오 습관을 배울 수 있도록 돕는 지침이 담긴 표와 정의를 제공한다. 더불어, 두 명의 미술가(역사적 미술가와 동시대 미술가)가 이 특정한 습관을 어떻게 사용하는지 보여주는 사례를 제시한다. 각 습관이 미술실을 넘어 다른 분야에서 어떻게 사용되는지와 학생들이 그러한 습관을 개발하도록 돕는 초등학교 또는 중학교 미술 교사의 상세한 설명도 포함되어 있다.

기능 개발: 기술 및 미술실 실습

> 무엇보다 모든 미술가는 자신만의 특정 재료를 다룰 때 사용되는 재료, 도구 및 기술에 대해 완전히 알고 있는 장인이며 그것을 사용하는 데 능숙합니다.
>
> – 프리먼 패터슨Freeman Patterson(2008)

기능 개발은 **기술**과 **미술실 실습**의 두 부분으로 구성된다. 학생들은 일반적으로 미술 재료와 도구에 매력을 느끼고 그것을 사용하고 싶어 한다. 학생들은 모형 제작, 개인 지도 및 실습으로 도구, 재료 및 예술적 전통을 활용하는 기술을 배운다.

그런 과정을 통해 기술적인 기능이 어떻게 자신을 표현할 수 있는지 알게 된다. 또한 미술실과 재료들을 관리하는 법을 배우게 되면, 필요할 때 그 필요를 충족시킬 수 있음을 알게 된다.

기능 개발: 기술

기술은 미술교육자, 학생, 행정가, 학부모에게 친숙한 영역이다. 기술적 기능* 은 보통 초등학교 미술 프로그램의 핵심 구성 요소이며 수업 계획을 작성할 때 가장 먼저 떠오르는 경우가 많다. 처음 미술실에 들어서면, 가르치고 있는 기술적 기능을 조형 요소와 원리로만 인식하고, 다른 종류의 생각이 일어남을 인식하지 못할 수도 있다.

교실에서 일어나는 일들의 작동방식을 자세히 살펴보면 스튜디오 습관의 하나인 **기능 개발: 기술**만 따로 가르칠 수 없다는 점을 알 수 있다. 학생들은 기술 개발하는 방법을 **관찰**한다. 그들은 **도전과 탐구**를 통해 새로운 재료가 제공하는 것이 무엇인지 배운다. **표현**하고자 하는 의미를 전달하기 위해 어휘와 구문으로 기술을 사용하는 방법을 배운다. 미술가가 작업하는 것을 찍은 비디오는 작품에 성공적으로 기술을 적용하는 방법을 학생들에게 알려준다. 이를 통해 학생들은 미술작품을 감상하거나 **미술계 이해** 방법을 알게 된다. 교사는 색, 선, 형, 질감, 명암, 형태 및 공간을 포함한 미술의 조형 요소를 수업에 적용한다. 또한 균형, 강조, 움직임, 규칙, 반복, 비율, 리듬, 다양성 및 통일성 같은 조형 원리를 통해 기능을 신중하게 활용하여 작품의 의미를 강조하는 방식에 주의를 기울인다. 교사는 학생들이 **표현**하고자 하는 아이디어와 감정을 기술과 연결하도록 돕는다(학생들이 **기능 개발: 기술**을 배우는 데 도움이 되는 지침 표 1.1 참조).

* 기술적 기능technical skills: 미술 제작, 즉 미술과 교육과정의 표현 영역에서 나오는 조형 요소와 원리처럼 작품 제작에 활용되는 기능.

표 1.1 기능 개발: 기술

<table>
<tr><td>

습관에 대해 이야기하는 방법

- 원하는 것을 할 수 있도록 재료 사용법 연습하기
- 도구를 조심스럽게 사용하기
- 기술과 재료로 연습하기

</td><td>

'나는 할 수 있다' 선언문

- 나는 기술을 연습하기 위해 미술 도구와 재료를 사용할 수 있다.
- 나는 미술작품을 더 잘 만들기 위해 제작 기능을 사용할 수 있다.
- 나는 내 생각을 표현하기 위해 특정한 기술을 선택할 수 있다.

</td></tr>
<tr><td colspan="2">

예시 질문 *[ ]는 함께 사용되는 사고습관을 표기함*

- 생각한 이미지대로 작업하기 위해 어떤 재료와 기술을 사용할 수 있나요? [구상]
- 여러분의 '조각'은 여러분의 '드로잉'과 비슷한가요? 어떻게 다른가요? [관찰]
- 꾹 누르거나 살살 눌러 다양한 선을 만들어보세요. 다양한 연필이나 붓을 사용해보세요. [도전과 탐구]
- 드로잉에 사용할 수 있는 다른 '색, 선, 형'은 무엇인가요? [구상]
- 거기에 원하는 색은 무엇이며[표현; 구상], 어떻게 혼합할 수 있나요?
- 그 색이 적절하다는 것을 어떻게 알 수 있나요? [관찰]
- 드로잉이 움직이는 것처럼 느껴지도록 하려면 어떻게 해야 하나요? [구상; 표현]
- 조각에 사용할 수 있는 다른 '형태, 질감, 패턴, 표면'은 무엇인가요? [도전과 탐구; 구상]
- 빛은 어디에서 비추나요? [관찰]
- 직물 작품이 친구들에게 더 재미있게 보이기 위해 '색, 선, 형'을 어떻게 배열하거나 겹칠 수 있나요? [도전과 탐구; 구상]
- 균형을 이용하여 디자인을 더 흥미롭게 만들 수 있나요? [도전과 탐구; 구상]
- 다른 재료나 방법을 시도해볼 수 있나요? 콜라주? 재활용품? 물감? 스텐실? 오리기? 판화? [도전과 탐구; 구상]
- 이 미술가들은 당신의 작업 방식에 영감을 줄 수 있는 '색, 형, 선'을 어떻게 사용하나요? [미술계 이해; 관찰; 구상]

</td></tr>
<tr><td colspan="2">

교사는 어떻게 '기능 개발: 기술'을 지도할 수 있는가?

- 미술 도구와 재료 다루는 방법을 보여준다.
- 최종 프로젝트 시작 전에 학생들이 자료를 탐색하고 연습할 수 있도록 충분한 시간을 계획한다.
- 학생들이 발견한 새로운 기술을 학급 친구들에게 공유하도록 권유한다.
- 미술가들이 교차 해칭*, 음영, 윤곽선 같은 기술, 색을 어떻게 사용했는지 보여준다. 이는 학생들이 자기 작품과 비슷한 점을 볼 수 있게 해준다.
- 학생들이 작업할 때 사용할 추가 재료(예: 다양한 경도의 연필)를 제공한다.

</td></tr>
</table>

* 교차 해칭cross hatching : 직선을 일정한 간격으로 겹쳐 그려가며 대상의 명암을 표현하거나 전체적인 톤을 만드는 기술.

미술가 연계 – 기능 개발: 기술

알브레히트 뒤러 Albrecht Dürer 독일의 르네상스 미술가 알브레히트 뒤러(1471~1528)는 드로잉 기술의 대가다. 〈어린 토끼Young Hare〉(1502), 〈코뿔소Rhinoceros〉(1515) 같이 그가 그린 드로잉 확대 사진에는 모두 섬세하게 그려진 여러 종류의 뚜렷한 선이 보인다. 선을 그리는 다양한 방식은 토끼의 털을 실제처럼 느낄 수 있게 한다. 학생들은 뒤러의 섬세한 선을 배움으로써 선을 신중하게 사용하기 시작한다. 또, 다양한 종류의 질감을 표현해내기 위해 선의 종류를 다양화하기 시작한다.

엘 아나추이 El Anatsui 학생들이 입체 재료나 발견된 오브제를 사용해 작업할 때, 가나 출신의 동시대 미술가 엘 아나추이의 작품을 배우면 좋아할 것이다. 작품을 가까이서 살펴보면 실제로는 무수히 많은 유색 금속 조각이 철사로 묶여 있음을 알 수 있다. 그러나 뒤로 물러나면 무엇으로 만들어졌는지 보이지 않으며, 작품이 매우 다르게 보인다. 사용된 기술이 정말 놀랍다. 이처럼 학생들도 발견된 오브제의 작은 조각으로 큰 입체작품을 만들 수 있다. 자세히 보면 작은 조각들이 연결된 방식과 그 조각들이 무엇인지 알 수 있지만, 멀리서 보면 그 작품은 하나의 큰 입체작품으로 보일 것이다.

✚ 교실에서: 기술과 실험의 균형을 맞추는 데이비드 파투스코

그림 1.4 수업 중 설명하는 데이비드 파투스코

캘리포니아주 샌 린드로의 가필드 초등학교에는 데이비드 파투스코David Patusco의 미술실이 있다. 다양한 문화권의 학생들이 햇볕이 잘 드는 야외 복도를 통해 미술실로 향한다. 데이비드(그림 1.4 참조)가 미술 과목을 가르치는 것은 올해 처음이다. 하지만 그는 여러 해 동안의 담임 경력이 있고 학군 주도의 통합예술전문가 프로그램에 참여했다(6장 참조).

올 1학기에는 5학년 학생들이 드로잉 기능을 개발하기 위해 작업하고 있다. 데이비드는 학생들의 **기능 개발**을 도우면서 한 가지 유형의 학습에만 너무 빠지지 않도록 **도전과 탐구** 활동을 번갈아 사용하는 것을 설명했다. 학생들은 다양한 유형의 선에 대한 탐구로 한 해를 시작한 후, 이제 만화 캐릭터를 그리면서 도형의 체계적인 사용에 대해 배우고 있다. 데이비드는 지금까지 해왔던 것처럼 다양한 유형의 선을 만드는 탐구를 계속할 것이다.

데이비드는 몇몇 학생의 요청에 따라 좀 더 현실적이고 인간과 유사한 캐릭터를 작업할 것이라고 말하면서 오늘 수업을 시작한다. 학생들의 요청을 들어줌으로써 동기를 부여한 것이다. 학생들은 만화 캐릭터의 머리카락, 눈 및 얼굴 특징을 그리는 법을 배운다. 다음 수업에서는 다양한 기능을 결합하여 자신만의 캐릭터를 디자인하게 된다. 데이비드는 학생들에게 몇 가지 명확한 가이드라인을 제시한다.

> 우리는 이것을 여러 조각으로 나눌 거예요. … 우리가 그릴 첫 번째 기준선은 눈을 그리기 위한 것이에요. 머리 중간에서 바로 아래로 수직선을 긋는 거죠. 다음 기준선은 원의 아래쪽부터 눈까지의 중간 부분, 바로 코 부분이죠. 입을 위한 마지막 기준선은 그 선과 맨 아래 선 사이의 중간입니다.

이제 학생들은 얼굴의 특징을 그린다. 또한 만화 모델 중 하나에서 눈을 반짝이게 하는 데 사용된 기술을 관찰한 후 직접 비슷한 눈을 그려본다. **교사 시연** 구조가 마무리되고 **학생 작업** 단계가 시작되면, 기능 개발과 개성 표현의 균형을 위해 학생들에게 모자, 귀걸이 또는 기타 액세서리를 캐릭터에 더 그려보도록 권유한다.

데이비드는 수업에서 그림 그릴 때 기술을 개발하는 것 외에도 다른 스튜디오 습관을 사용할 필요가 있다는 점을 확인한다. 그는 새로운 유형의 미술을 배우는 것이 얼마나 어려울 수 있는지 강조한다. 처음 새로운 것을 시도하면 '망친' 작품이 될 수도 있으므로 학생들에게 어려운 점을 잘 극복해보라고 말한다[참여와 끈기]. 데이비드는 학생들에게 디즈니와 픽사 드로잉 초안 이미지를 사용하여 학생 자신들의 작품이 전문 만화가가 만든 작품과 얼마나 유사한지를 보여준다[미술계 이해].

기능 개발: 미술실 실습

미술실은 매주 많은 학생이 사용하기 때문에 세심한 정리가 필요한 분주한 공간이다. 학생들이 교실에 들어올 때는 그들이 수업을 받을 수 있도록 이미 정리되어 있다. 테이블에 다른 학생들이 하던 작업이 깨끗이 치워지고 재료가 준비되어 모든 학생이 바로 작업을 시작할 수 있다. 미술 공동체의 구성원으로서 학생들의 책임 중 일부는 교실에 들어설 때보다 더 깨끗한 상태이거나 재료가 놓여 있던 상태로 교실을 정리하는 것이다. 교사는 학생들에게 일관되게 정해진 청소 루틴 책임을 부여한다.

학생들이 도구, 재료, 미술작품 및 교실 공간 등 미술실의 모든 영역을 유지·관리하는 방법을 배울 때 **기능 개발: 미술실 실습** 성향을 개발하게 될 것이다. 성인 미술가와 마찬가지로 학생들은 도구와 재료를 사용하고, 지정된 공간에 반납하고, 작업 중인 작품을 보관하고, 미술실을 전반적으로 관리하는 법을 배운다(표 1.2 참조).

표 1.2 기능 개발: 미술실 실습

습관에 대해 이야기하는 방법	*'나는 할 수 있다' 선언문*
• 주변 정리하기 • 너그러운 미술실 구성원 되기 • 도구, 재료 및 미술실 주변을 정리하고 관리하기 • 나, 너 그리고 미술실 존중하기 • 각자의 역할보다 더 많은 일 하기	• 나는 미술 도구, 재료, 작품을 관리할 수 있다. • 나는 내 작업 공간을 정리할 수 있다. • 나는 모든 것을 제자리에 놓을 수 있다. • 나는 작품을 조심스럽게 옮겨 파손되지 않게 할 수 있다.

예시 질문

- 여러분이 도착했을 때 교실은 어땠나요?
- 재료를 정리하는 더 좋은 방법이 있는지 궁금하네요.
- 그림을 그리는 손 바로 옆에 붓과 물컵을 놓으면 그림에 물이 떨어지지 않을까요?
- 수업 시간에 물건이 제자리에 정리되지 않는다면 무슨 일이 생길까요?
- 지난 미술 시간에 사용한 도구들을 반납하지 않았다면 어떻게 되었을까요?
- 어떻게 하면 여러분의 미술작품이 안전하게 보관될 수 있을까요?

교사는 어떻게 '기능 개발: 미술실 실습'을 지도할 수 있는가?

- 각 재료의 종류를 명확히 정하라. 정리 약속을 정해 학생들에게 명시적으로 가르쳐 이러한 약속을 서로 잘 지키도록 요청한다. 정리 약속을 꾸준히 지키게 하라!
- 도구를 관리하는 방법을 직접 보여준다. 예를 들어, 물이 맑아질 때까지 흐르는 물에 붓을 손바닥으로 눌러 씻는 방법을 보여준다. 찰흙 도구는 싱크대가 막히지 않도록 싱크대 옆 양동이에 담아 씻는다.
- 청소를 마친 후 교실에 들어왔을 때와 사용 후 모습을 비교했을 때 도구와 재료가 어떤지 1분 동안 학생들과 함께 둘러본다.
- 학생들에게 뜨겁거나 날카로운 도구(가위, 글루건, 종이 공예칼)를 취급 및 보관할 때 주의를 기울여 자신과 친구들을 배려해야 함을 알려준다.

✚ 다른 분야와의 연계

모든 것에는 반드시 배워야 하는 기능이 있다. 체스, 베이킹, 비디오 게임, 축구 같은 학교 밖에서의 활동뿐만 아니라 읽기, 쓰기, 산수 같은 학교 교과도 마찬가지다. 그리고 모든 것에는 관리해야 하는 도구와 재료들이 있다. 작가는 연필과 공책을 관리해야 하고, 요리사는 냄비와 향신료를 관리해야 하며, 야구 선수는 야구방망이와 글러브를 관리해야 한다. 시각예술 또한 마찬가지다. 분야에 따라 구체적 실행은 다르겠지만, 기능을 개발하는 것은 학생들이 미술실 안에서만이 아니라 삶의 모든 영역에서 실행 가능한 일반적인 습관으로 볼 수 있다.

학생들은 개인적인 관심 분야에서 기능을 개발하는 사람들과 쉽게 관계를 맺을 수 있다. 예를 들어, 올림픽 참가 선수와 기타 전문 운동선수는 학생들에게 잘 알려져 있다. 그들은 자신의 분야에서 기능을 개발시킨 사람들의 훌륭한 본보기다.

2016년 올림픽 체조 종합 금메달리스트 시몬 바일스Simone Biles는 체조협회에서 결정한 기준을 충족하는 정확한 기능을 습득했다. 또한 그녀는 필요한 장비가 준비되어 있는지 확인해야 했다. 탁월한 수준에 도달하기 위해 계속해서 기술을 개발하고 연습한다.

✚ 교실에서: 학생들의 미술실 관리를 돕는 교사 크리스틴 필립스

8월 말의 매사추세츠주 뉴턴, 미술 교사 크리스틴 필립스Christine Phillips는 학교가 지어지는 동안 임시 건물에서 1학년 학생들을 맞이한다. 전체가 모일 때 사용되는 러그 주변 바닥에는 24개의 코팅된 빨간색 점들이 있다. 크리스틴은 학생들에게 '빨간 점이 있는 곳에 양반다리로' 앉으라고 한 후, **미술실 실습**에 중점을 둔 수업을 시작한다. 작년에는 유치원 선생님이 탁자 위에 모든 재료를 준비해주었다. 그렇지만 이제 1학년이 된 어린이들은 재료를 스스로 준비하고 가지고 오는 전적인 책임을 지게 된다. 크리스틴은 '반응이 있는 교실'* 양식(Center for Responsive School, 2016)을 사용하여 화이트보드에 적힌 메시지를 크게 읽으면서 수업을 시작한다.

> 안녕하세요, 미술가 여러분!
>
> 미술가는 재료를 잘 관리해야 합니다. 오늘 여러분은 미술가처럼 선반에서 그림 재료를 선택하는 연습을 할 것입니다. 정리 시간에는 선반에 다시 가져다놓아야 합니다.
>
> ☺ 크리스틴 필립스 선생님

크리스틴은 성인 미술가가 스튜디오 실습으로 기능을 개발할 때와 마찬가지로 학생이 미술실에서 주인의식을 갖기 바란다. 크리스틴은 이 어린이들을 6년 동안

* 반응이 있는 교실Responsive Classroom: 교육과 훈육이 학생 중심으로 진행되며, 사회적이고 정서적인 측면을 강조하여 지도하는 방식.

가르치게 될 것이고, 아이들은 미술실 운영을 위한 좋은 습관을 내재화하게 될 것이다.

"모두 종이를 찾을 수 있는 곳을 가리켜보세요." 아이들은 다양한 크기와 무게의 종이가 들어 있는 선반을 가리킨다. "우리의 모든 그림 준비물이 여기에 있을 거예요." 크리스틴이 여러 세트의 낮은 선반을 가리키며 말한다. "오늘 우리는 두 사람씩 재료를 꺼내고 반납하는 연습을 할 거예요." 그녀의 지시에 따라 시범을 보이는 어린이는 탁자 위에 도화지를 놓는다. 크리스틴은 그림 라벨을 들고 학생들이 일반 마커(상자 안)와 얇은 마커(둥근 컵 안)를 찾아서 가져오도록 연습을 반복한다. 이처럼 학생들은 예상되는 행동을 모델링*하는 연습을 하는 중이다.

"수업이 끝나면 이 모든 걸 누가 치울까요? 단, 선생님은 아니에요!" 크리스틴이 단호하게 말한다. 학생들은 반 친구들이 지켜보는 동안 물건을 선반 제자리에 놓아야 하므로 전체 과정이 역순으로 반복된다. 재료 반납과 모범 예시를 설정한 후, 한 번에 한 명씩 종이와 그림 재료를 선택하게 한다. 한 학생이 마커 보관함을 옮길 때 두 손을 사용하는 것을 잊어버리자, 크리스틴은 친절하게 다시 알려준다. 얼마 지나지 않아 모든 작업 테이블은 그림을 그리고 재료를 함께 사용하는 아이들로 가득 찬다.

1학년 아이들은 새로 맡게 된 책임을 진지하게 받아들인다. 마커가 든 상자가 엎질러지면 여러 어린이가 즉시 달려와 친구가 줍는 것을 도와준다. 잠시 후, 누군가가 전동 연필깎이를 넘어뜨린다. 그러자 한 학생이 크리스틴에게 쓰레받기와 빗자루를 달라고 하여 탁자 위에 떨어진 부스러기를 쓸어 담는다. **학생 작업**이 거의 끝나갈 무렵 크리스틴은 종을 울리며 "러그에 앉아 책을 보기 전에 무엇을 해야 하나요?"라고 물어본다. 한 어린이가 대답한다. "크레용과 마커를 선반 제자리에 올려놓아요." 학생들은 청소를 마치고 집에 가기 전, 다음 수업에도 이어서 작업하기 위해 러그나 선반에 그림을 놓는다. 크리스틴은 학생들이 각 바구니에 붙은 그림 라

* 모델링modeling: 비고츠키의 스캐폴딩 개념의 구체적인 방안으로, 제시한 행동 모방을 위한 설정.

미술가 연계 – 기능 개발: 미술실 실습

조 픽 Joe Fig 동시대 미술가 조 픽은 멋진 미니어처 모델을 제작하는데, 모더니즘 그리고 동시대 미술가의 작업실과 미술가의 작업 테이블을 주제로 한다(검색 엔진을 사용하여 그의 작품을 찾아보라. 〈작업실: 역사적 미술가들Studios: Historical Artists〉, 〈작업실: 동시대 미술가들Studios: Contemporary Artists〉, 〈작업실: 화가의 테이블Studios: Painters' Tables〉, 2013~2016). 이러한 작품은 다양한 미술가들이 작업 공간을 구성하는 방식에 대한 팁을 제공한다. 학생들은 도구와 물감이 잘 정돈된 편리한 공간을 볼 수 있다. 또한 미술가들이 한걸음 뒤로 물러나 자신들의 작품을 관찰하고 있는(아마도 성찰하는 중인) 모습을 보게 될 것이다. 미술가의 작업 공간에 대한 부연 설명은 인터넷을 검색하여 찾을 수 있다.

베티에 사르 Betye Saar 2017년 「로스앤젤레스타임스」와 함께한 작업실 투어 영상에서 그녀의 방에는 라벨이 붙은 보물들이 분류되어 있다(일반적인 초등학교 미술실과 다르지 않다!). 그녀는 '오브제 제작자'(아상블라주와 콜라주 작업)이며, 자기 작품을 위한 아이템 수집가이기도 하다. 그녀는 작업실을 돌아다니며 전시된 오브제를 만지거나 재배치하는 것이 노는 것처럼 자유롭게 느끼도록 해준다고 설명한다. 이것은 때때로 작품의 새로운 시작이 되기도 한다. 사르의 작업실에 있는 수집품들은 작품에 활용되는 상징(시간을 의미하는 시계, 노예선을 뜻하는 배, 분리와 차별을 뜻하는 검은 새, 이전 작품에서 권력자로 탈바꿈한 앤트 제마이마*)에 초점을 둔다. 작업실은 그녀에게 영감을 주고 작품을 만드는 데 도움을 준다.

벨과 선반의 사진이 일치하도록 재료를 제자리에 얼마나 잘 갖다 놓았는지 평가하기 위해 뒤에서 지켜보고 있다. "미술가 여러분, 선생님은 그림 재료 선반을 보고 있어요. 모두 제자리에 잘 갖다놓은 것 같아요. 우리가 다음 시간에도 모든 재료를 잘 찾을 수 있을 거라는 뜻이죠."(그림 1.5 참조)

* 〈앤트 제마이마의 해방The Liberation of Aunt Jemima〉(1972): 인종차별적 고정관념에 도전하며 흑인 인권운동의 일환으로 제작된 베티에 사르의 작품. 백인 아기를 돌보는 흑인 유모를 캐리커처화하고 삽, 주먹, 총 등 강력한 상징을 사용하여 저항의 이미지를 표현함.

매년 초, 크리스틴은 초등학교 전 학년에 걸쳐 미술실 실습을 하고 정기적으로 재교육하는 데 상당한 시간을 보낸다. 교사는 학생들이 미술실 관리하는 방식을 제대로 기억하는지 확신할 수 없으므로 학생들에게 라벨(이름과 사진)을 보여주며 다른 보관 방법을 알려준다. 새로운 재료나 도구가 도입될 때마다 그것을 관리하는 방법을 보여주고 그것이 어디에 속하는지 알려준다. 이미 훈련된 고학년 학생들 대부분은 이러한 '미술실 실습' 내용들을 내재화했으며 청소하라고 말하지 않아도 척척 알아서 한다. 이렇게 체계적이고 효율적인 모형은 정리 시간을 줄여 **학생 작업**과 **미술작품에 관한 대화** 단계에 더 많은 시간을 할애하게 한다.

그림 1.5 1학년 학생이 자료를 제자리에 반납하는 것을 도와주는 크리스틴 필립스

참여와 끈기: 열정을 찾고 계속 유지하기

> 난 아름다운 것들을 만들기를 갈망한다. 그러나 아름다운 것에는 노력, 실망, 끈기가 필요하다.
>
> – 빈센트 반 고흐(1882)

참여와 끈기는 미술가가 어떻게 자신에게 매우 중요한 아이디어와 자료를 찾는지와, 어떻게 장기간에 걸쳐 프로젝트를 완성하는지를 나타낸다. 참여하려면 개인적으로 중요한 작업을 식별하는 것이 필요하다. 이러한 아이디어나 자료는 학생들의 경험과 기억, 또는 예술이나 다른 분야에서 다른 사람의 작품에 관한 관심에서 비롯될 수 있다. 끈기란 도전에 직면해도 계속 나아가며 포기하지 않고 각각의 도전을 통해 배우는 것을 의미한다. 이 두 부분은 서로 긴밀하게 얽혀 있다고 보기 때문에 하나의 스튜디오 습관으로 결합된다. 참여는 끈기를 유발하고, 끈기는 참여를 심화시킨다.

미술가는 자신의 아이디어에 열정적이어야 한다. 깊이 참여하지 않는 한 지속할 수 없다! 의지를 가지고 끝내려고만 하는 것은 일반적으로 효과가 없다. 상황이 어려울 때 의지는 약해진다. 학생들은 약속하지 않으면 어려운 프로젝트를 끝마치는 데 필요한 노력을 다하지 않는다. 교사는 여러 가지 도입부로 수업을 구성하여 학생들이 중요한 아이디어로 연결할 수 있도록 도와야 한다.

미술가 연계 – 참여와 끈기

파블로 피카소 Pablo Picasso 파블로 피카소의 그림 〈게르니카Guernica〉(1937)는 수많은 단계를 거쳤는데, 이는 루돌프 아른하임Rudolf Arnheim의 책 『그림의 기원: 피카소의 게르니카*The Genesis of the Painting: Picasso's Guernica*』(2006)에 모두 기록되어 있다. 그림의 다양한 단계를 보려면 웹 사이트에서 '게르니카 단계'를 검색하면 된다. 변화되는 방식(전사의 팔이 어떻게 똑바로 섰다가 결국 눕게 되었는지, 태양이 어떻게 전등으로 변했는지, 말의 위치가 어떻게 바뀌었는지 살펴보라)을 확인하고 피카소가 이렇게 바꾼 이유(아른하임은 이 책에서 피카소의 답변을 수록했다)에 대해 생각해보는 것도 재미있다. 학생들은 피카소가 초안에 만족하지 못하고 끈질기게 물고 늘어진 이유를 궁금해할 것이다. 전쟁의 공포와 부당함이라는 주제가 피카소를 깊이 참여하게 한 것은 명확하다. 그것이 바로 피카소가 끈기 있게 많은 초안을 그렸던 이유일까?

사라 스제 Sarah Sze 사라 스제는 끈, 철사, 깨진 유리, 컴퓨터 화면, 찢어진 종잇조각 같은 평범한 물체로 대형 구조물을 만든 동시대 미국 조각가다. 그의 작품은 구조가 복잡하고 세심하게 만들어졌다. 「뉴욕타임스」의 로빈 포그레빈의 기사(Robin Pogrebin, 2015)에서는 스제가 전시를 위해 작품을 준비할 때 각 작품의 배치를 생각하며 꼬박 한 달 동안 작품을 어떻게 설치했는지 설명한다. 모든 것이 정확해야 하지만, 동시에 무작위적으로 보이기도 한다. 이는 인내심 있고 헌신적인 끈기의 확실한 사례다.

학생이 포기하지 않도록 하려면, 다른 프로젝트를 진행하거나, 구상을 위해 스케치하거나, 원래 프로젝트로 돌아갈 준비가 될 때까지 도전하고 탐구하는 등 휴식을 제안한다. 학생들이 낙담, 회의 및 좌절을 극복하도록 격려하라(표 1.3 참조).

표 1.3 참여와 끈기

<table>
<tr>
<td>

습관에 대해 이야기하는 방법

- 관심 있는 아이디어에서 영감 얻기(참여)
- 최선을 다하기(끈기)
- 문제를 분석하여 해결하기(끈기)
- 끝까지 완성하기(끈기)
- 의미 있는 작업을 추구하고(참여), 문제가 발생하면 해결하기(끈기)
- 다시 참여하거나 계속해야 할 때를 인식하고, 전략을 세워 다시 원상태로 돌아가기

</td>
<td>

'나는 할 수 있다' 선언문

- 나는 가장 관심 있는 것을 작품으로 만들 수 있다.
- 나는 내 작품과 연결되고 작업에 헌신할 수 있다.
- 나는 내 작품에 더 깊이 들어가기 위해 기술을 사용할 수 있다.
- 나는 난관이 닥쳤을 때, 문제 해결을 통해 미술을 계속할 수 있다.
- 나는 작품을 완성하는 시간을 관리할 수 있다.

</td>
</tr>
<tr>
<td colspan="2">

예시 질문 *[ ]는 함께 사용되는 사고습관을 표기함

- 여러분의 작품에 영감을 준 것은 무엇인가요? [표현]
- 최근에 여러분이 관심 있는 것은 무엇인가요? 무엇에 주목하고 주의를 기울였나요? 사물? 이미지? 사람들? 게임? 쇼? [관찰]
- 이것은 여러분이 한 그림에 6시간 동안 포기하지 않고 작업했던 시간을 떠올리게 해줍니다. 무엇을 배웠나요? [성찰: 질문과 설명]
- 여러분은 스스로 잘한다고 알고 있는 것(수학, 노래, 축구 등)을 계속해서 합니다. 여러분은 그것이 어려워질 때 어떻게 계속해서 해내나요? [구상]
- 이 모든 부품을 연결하여 정말 힘든 일을 해냈어요. 다음 단계에서 어떻게 할 수 있을까요? [구상]
- 머리를 맑게 하려면 하던 일 외에 한동안 어떤 작업을 해볼 수 있을까요? [구상]

</td>
</tr>
<tr>
<td colspan="2">

교사는 어떻게 '참여와 끈기'를 지도할 수 있을까?

- 빠르게 변화하는 세상은 아이들에게 즉각적인 보상을 기대하도록 만든다. 그래서 그들을 열성적으로 만들기도 하지만, 반면에 참을성 없게도 만든다는 점을 기억하라. 학생들에게 속도를 늦추거나 휴식을 취하도록 허락하고, 격려하고 상기시켜주어라. 아니면, 좌절하는 것을 막기 위해 작업의 다른 부분으로 초점을 돌려라.

</td>
</tr>
</table>

- 각 어린이가 최적의 수준에서 작업하고 각 과제에 대한 다양한 시작점을 사용할 수 있도록 의논해서 과제를 개별화하라.
- 색상환이나 명도표와 같이 표현 작업과 관련이 없는 암기 연습을 피하라. 학생들이 주의를 기울인다면 특정 기능을 가르칠 수 있겠지만, 학생들의 강한 흥미를 이끌어내지는 못한다. 학생들은 원하는 것을 하기 위한 준비 과정에서 어떤 것이 필요할 때 가장 잘 참여하고 동기부여된다(예를 들면, 다른 색들을 조합하여 표현 특성을 탐색하는 것).
- 학생들이 자신을 가로막는 것이 무엇인지 알아차리면, 함께 문제를 해결하여 작품 완성을 향한 대안적 방법을 찾는다.
- 모든 단계를 보여주고 학생들에게 지금까지의 성취도를 알려주어라.
- 여러 작업을 동시에 함께하기, 막혔을 때 휴식하기, 게임 과제에 도전하기(예: 행동 목록이 적힌 주사위 굴리기, 회전판 돌리기, 무작위로 카드 뽑기), 그리고 스스로 정한 도전 과제(예: 오른손잡이가 왼손으로 작업하기, 눈을 감거나 가리고 색칠하기, 조각하기 등) 같은 끈기를 개발하기 위한 전략들을 소개하라.

✚ 다른 분야와의 연계

참여와 끈기는 모든 교과목과 삶의 모든 영역에서 중요하다. "포기하는 사람은 결코 이길 수 없다. 승리하는 사람은 결코 포기하지 않는다"는 속담도 있듯, 『해리 포터*Harry Potter*』 시리즈의 작가 롤링J. K. Rowling은 결코 포기하지 않고 **참여와 끈기**를 확고히 실천했다. 그녀는 여섯 살 때 처음으로 소설을 쓰기 시작했고, 첫 소설은 11세에 발표했다(Lavache, 2017). 계속해서 성공을 위한 계획을 세우고, 생계유지를 위해 고군분투했다. 어린 딸이 잠들었을 때 동네 카페에서 소설을 쓰는 데 시간을 보냈고, 여러 번 출판을 거절당했다. 하지만 그 어떤 난관도 그녀가 출판사에 계속해서 원고를 보내는 것을 막을 수 없었다. 롤링의 목표에 대한 집념 덕분에 수백만 명의 어린이가 읽고 사랑한 작품 『해리 포터』 시리즈가 탄생했다.

✚ 교실에서: 드미트리우스 풀러의 '환상적인 미술 세계'

매사추세츠주 첼시에 있는 소콜로프스키 초등학교, 베테랑 미술 교사 드미트리우스 풀러Demetrius Fuller는 그저 단순히 수업만 하는 것이 아니다. 문 밖에 있는 표지판처럼 '환상적인 미술 세계'를 만들기 위해 노력한다. 4학년 학생들은 조용하고 세심하게 드미트리우스의 모든 말을 들을 준비가 되어 있다. 종종 음악에 맞춰져 있거나 이야기에 녹아 있는 드미트리우스의 말은 정말로 재미있다.

드미트리우스는 사고 습관을 미술적 행동을 바라보는 관점으로 본다. 수업 첫해에 그는 학생들을 위해 두 개의 캐릭터를 만들었다. 하나는 '용감한 미술가'[원래는 도전과 탐구, 기능 개발]로, 뭔가 새로운 것에 도전하는 것을 두려워하지 않고 도전하는 사람이다. 그리고 '집중력 있는 완성자'[참여와 끈기]는 일을 끝까지 완수하기 위해 끈질기게 노력하는 사람이다. 그는 이렇게 말한다. "캐릭터는 작업을 하는 가장 좋은 방법이에요. 왜냐하면 아이들은 캐릭터와 노래를 기억하기 때문이죠. 그것은 아이들의 머리에 쏙쏙 들어간답니다."

결국 드미트리우스의 캐릭터는 스튜디오 사고 습관에서 부분적으로 영감을 받아 '호미즈HoMies(Habits of Mind + ies)' 밴드로 확장되었다. 드미트리우스는 이러한 캐릭터를 사용하여 학생들에게 미술가들이 하는 모든 것을 독특한 방식으로 보여준다. 각 '호미HoMie'는 드미트리우스가 연주하는 재미있는 우쿨렐레 주제가를 갖고 있다(그림 1.6 참조). 각 호미와 그에 대한 설명은 그림 1.7에 나와 있다.

그림 1.6 각 호미 캐릭터를 위해 작곡한 우쿨렐레 주제가를 연주하는 드미트리우스 풀러

오늘 4학년 학생들은 조지아 오키프Georgia O'Keeff가 호미의 속성을 어떻게 보여주는지 배우고 있다. 드미트리우스는 오키프가 쓴 가상의 편지를 학생들에게 읽어주고, 가장 닮은 호미를 생각해보라고 한다.

친애하는 환상 미술 세계 여러분에게!

저 조지아 오키프는 새로운 방식으로 그림을 그리기 시작했기 때문에 '호미'가 되어야 한다고 생각해요. 저는 자연 속 사물들을 아주 가까이서 관찰했어요. 그리고 사물을 확대했어요. 그러면 평소에는 눈치채지 못했던 것들을 깨닫게 해주는 것 같아요. 완성한 많은 동물 뼈 그림 중 하나를 들고 있어요. 저는 뼈의 구멍을 통해 하늘을 보여주는 것을 좋아했죠. 작가였던 제 친구 장 투머Jean Toomer는 제가 "뼈의 문을 통해" 우주를 그렸다고 말했답니다. 표현이 멋지죠. 여러분도 그렇게 생각하나요?

진심을 담아
조지아 오키프

드미트리우스가 오키프의 편지를 읽은 후, 학생들은 자신이 생각한 호미들이 무엇인지 발표하기 위해 손을 든다. "오키프는 '최고의 연습왕'[기능 개발]이에요. 왜냐하면 매일 연습하기 때문이에요." "'발명하는 혁신가'[도전과 탐구]예요. 왜냐하면 처음으로 확대해서 그린 사람이기 때문이에요." "'용감한 미술가'[참여와 끈기]예요. 왜냐하면 그녀는 새로운 시도를 하기 위해 열심히 노력했기 때문이에요." 학생들은 고개 숙인 다음, 오키프가 어떤 호미인지 '최고의 선택'에 투표한다. 학생들은 호미의 관점으로 자기 작품을 살펴보고[관찰; 성찰: 평가], 완성 작품을 검토한 다음, 왜 자신을 그 특정 호미라고 부를 수 있는지 근거를 작성한다.

드미트리우스는 캐릭터를 만듦으로써 아이들이 자신의 미술작품과 미술적 행동에 관해 이야기할 수 있는 매력적인 틀을 만들었다. 교사는 캐릭터라는 친근한 용어를 활용해 학생 수준에 맞게 가르칠 수 있고 예술적 노력에 깊이 참여하도록 도울 수 있다.

그림 1.7 드미트리우스 풀러의 '호미HoMie' 캐릭터

주요 아이디어	주요 세부 사항	사랑스러운 호미	스튜디오 사고 습관*
최선을 다했다!	• 비록 망쳤더라도 계속한다. • 실수를 새로운 것으로 바꿨다. • 실수로부터 배웠다.	*용감한 미술가* 	*참여와 끈기* • 미술계 또는 개인적으로 중요 문제 수용하는 법 배우기 • 과제에 집중하고 끈기 있게 임할 수 있는 집중력 기르기
작품으로 이야기했다!	• 이야기하기 위해 작품을 사용했다. • 작품을 설명할 수 있다. • 이야기를 실감 나게 표현했다.	*이야기 마법사* 	*표현* • 아이디어, 느낌 또는 개인적인 의미를 전달하는 작품 만드는 법 배우기
새로운 것을 발명했다!	• 문제에 대한 새로운 해결법을 발명했다. • 무언가를 하는 새로운 방법을 발명했다. • 당신의 작품에 개성이 있다.	*발명하는 혁신가* 	*도전과 탐구* • 자기 능력 너머에 도달하는 법, 선입견 없이 자유롭게 탐색하고, 실수로부터 배울 기회를 받아들이는 법 배우기
상상력을 사용했다!	• 당신의 생각창고에 있는 미술을 시각화했다. • '만약에 이것이 실제로 있다면?'이라고 생각했다.	*상상력 대장* 	*구상* • 직접 관찰할 수 없는 것을 머릿속에 그리는 법 배우기 • 작품 제작이 가능한 다음 단계 상상하기

주요 아이디어	주요 세부 사항	사랑스러운 호미	스튜디오 사고 습관*
연습, 연습, 연습했다!	• 재료를 더 잘 사용하려고 노력했다. • 나태해지지 않았다.	*최고의 연습왕* 	*기능 개발* • 도구, 재료 및 미술적 전통을 사용하기 위해 배우기 • 도구, 재료 및 공간을 관리하는 법 배우기
어떻게 하면 더 잘 만들지 성찰하면서 작품을 점검했다!	• 조용히 작품을 감상할 시간을 가졌다. • "어떻게 하면 이것을 더 좋게 만들 수 있을까? 어떤 부분을 수정해야 할까?"라고 자신에게 질문했다.	*꼼꼼한 검사관* 	*성찰* • 다른 사람들과 함께 작품과 작업 과정의 특징에 대해 생각하고 이야기하는 법 배우기 • 다른 사람들의 작품과 자기 작품 과정을 판단하는 법 배우기
다른 사람의 작품에 숨겨진 단서를 찾았다!	• 세상의 것들을 유심히 보았고 그 안에 숨겨진 세밀한 부분도 찾았다. • 미술작품의 의미에 대한 단서를 찾았다.	*매의 눈 탐정* 	*관찰* • 일상에서 요구되는 '보는 것'보다 더 자세히 시각적 맥락에 주의 기울이기 • 평소에 보이지 않았던 것을 보는 법 배우기
미술사에서 배웠다!	• 유명한 미술가에 대해 배울 때 집중했다. • 유명한 미술가에게서 배울 수 있는 것에 대해 생각했다. • 당신의 작품에 대한 영감을 얻었다.	*비범한 미술사학자* 	*미술계 이해* • 다른 미술가들(예: 교실, 지역 미술 단체, 미술 분야 전반)과 더 넓은 사회 내에서 미술가로서 상호작용하는 법 배우기

* 드미트리우스 풀러 각색(출처: 『스튜디오 씽킹: 시각예술교육의 실제 효과 *Studio Thkinking: The real Benefits of Visual Art Education*』(Hetland, Winner, Veenema & Sheridan, Teachers College Press, 2007)

구상: 상상과 계획

> 나는 보기 위해 눈을 감는다.
>
> – 폴 고갱(Boone, 1992: 278)

교사가 프로젝트에 관해 설명하기 시작하자 학생들은 자기 작품이 어떻게 보일지 상상하기 시작하고 서로 아이디어를 중얼거린다. "나는 공룡을 만들 거야!", "난 빨간색으로 레드삭스팀을 표현할 거야", "난 닌자로 할래. 닌자는 어떻게 그리지?" 시작하고 싶은 의욕이 앞서, 학생들은 가장 먼저 떠오르는 아이디어에 안주하는 경향이 있다. 전략적으로 계획된 일련의 연습(짝 활동 또는 썸네일 그리기)을 하면 뻔한 상상을 더 독창적인 가능성으로 발전시킬 수 있다. 창의적 디자인 사고의 이 단계를 '확산적 사고(모든 사람의 아이디어가 모이는 수렴적 사고와 반대)를 통한 상상하기'라고 부른다. 어린 미술가들은 구상할 때 작업의 변수에 따라 여러 차원을 고려하고 수행할 작업을 시각화한다.

작품에 대한 초기 아이디어가 정해져도 구상은 끝나지 않는다. 미술가들은 미술적 과정 내내 계속 구상한다. 작품이 진행되면서 학생들은 무슨 일이 일어나고 있는지 관찰하고 성찰한다. 그들은 다음 움직임을 구상하기 위해 중간 과정을 계획한다. 이러한 스튜디오 습관은 표 1.4에 나와 있는 것처럼 다음 단계를 구상하는 데 도움이 되는 질문인 "만약에 …라면?"을 예로 들어 학생들에게 직접 가르칠 수 있다. 학생들은 친구들이 아이디어를 개발하는 데 도움이 되도록 이러한 유형의 질문을 주고받을 수 있다.

확산적 사고방식은 다양한 가능성에 사고를 열어주지만, 일단 학생들은 작업을 시작하면 다시 구상하기 싫어한다. 초기 아이디어는 그대로 해야 하는 약속이 아니다. 머릿속이든 스케치된 것이든 변할 수 있으며 일반적으로 작업이 진행됨에 따라 발전한다. 학생들이 작업할 때 잠시 멈춰 관찰하고 성찰한 후 이후 내용을 다시 구상하도록 일깨워주는 것은 다시 구상을 이어갈 수 있도록 도와준다. 또, 새롭

표 1.4 구상

습관에 대해 이야기하는 방법	'나는 할 수 있다' 선언문
• 계획 세우기 • 머릿속에 그려보기 • 최종 작품 상상해보기 • 스케치북에 그린 작품에 대한 여러 아이디어와 작품이 진행되는 다음 단계를 시각화하기 • 작업하면서 계획 바꾸기 • 다음에 무엇을 할지 생각하기(작품에서 주의를 기울여야 할 부분은 어디인가?)	• 나는 내 작품에 대한 아이디어를 머릿속에 그릴 수 있다. • 나는 스케치와 계획을 통해 작품에 대한 아이디어를 얻을 수 있다. • 나는 '만약에 …라면?'이라고 질문하여 다음 단계를 결정할 수 있다. • 나는 작업하면서 내 아이디어를 바꿀 수 있다.

예시 질문 *[ ]는 함께 사용되는 사고습관을 표기함*

- 만약 먼저 찰흙을 가지고 놀면서 몇 가지 아이디어를 시도하고 마음에 드는 것이 무엇인지 확인하면 어떻게 될까요? [도전과 탐구; 기능 개발: 기술]
- 여러분의 아이디어에 대해 옆에 앉은 사람에게 몸을 돌려 이야기해보세요. 그런 다음 그의 생각에 귀를 기울이세요. [미술계 이해: 공동체]
- 교실을 둘러보고 다른 학생들이 무엇을 하고 있는지 확인해보세요. 그것은 다음에 할 것을 구상하는 데 도움이 될 수 있습니다. [참여; 미술계 이해: 공동체]
- 여러분의 계획에 대해 말씀해주세요. 다음은 무엇인가요?
- 만약 밝은 부분이 눈에 띄도록 음영을 추가하면 어떻게 될까요? 대비를 만들 수 있을까요? [기능 개발: 기술]
- 여러분은 이 부분 패턴을 좋아해요. 다른 부분도 말린 후, 그 위에 패턴을 칠한다면 어떨까요? [기능 개발: 기술]
- 구조물이 똑바로 설 수 있도록 모서리와 그 부분의 균형을 맞추면 어떻게 될까요? [기능 개발: 기술]
- 종이를 거꾸로 뒤집어보면 어떻게 될까요? [관찰]

교사는 어떻게 '구상'을 지도할 수 있을까?

- 새로운 과제를 소개할 때 학생들에게 초기 아이디어를 학급과 공유하도록 초대하라.
- 저널, 스케치북, 썸네일 그리기, 모둠 또는 짝 브레인스토밍 등을 주기적으로 구상법에 사용하라.
- 작품을 시작하기 전에 학생들에게 작품이 어떻게 보이길 원하는지 생각하고, 여러 아이디어의 썸네일을 그리거나 모형을 만들게 하라.
- 학생들에게 자신의 작업을 자세히 살펴보고, "내가 이 작품을 다르게 만들기 위해 무엇을 할 수 있을까?"라고 자문해보게 하라.
- 완성된 작품에 이르는 과정에서 초기 아이디어가 변경된 다른 미술가의 작업을 보여주어라.

미술가 연계 – 구상

조르주 쇠라 Georges Seurat 프랑스의 후기인상파 화가인 조르주 쇠라는 '점묘법'이라는 양식을 개발했다. 그림 중 하나를 자세히 보면 각 영역이 순수한 색의 점으로 구성되어 있음을 알 수 있다. 뒤로 물러나서 보면 색상이 서로 혼합된다. 쇠라는 혼색 효과를 만드는 데 사용할 색을 어떻게 알 수 있었을까? 그는 두 가지 색이 혼합되었을 때 어떻게 보일지 마음속으로 상상해야 했다!

크리스 조던 Chris Jordan 동시대 미술가 크리스 조던은 사회적 메시지를 담아 작품을 만든다. 그의 미술은 보기에 매혹적일 뿐만 아니라 우리를 깨우고 행동하게 하기 위한 것이다! 그는 〈달리는 숫자들 IIRunning Numbers II〉의 일부 〈파랑Blue〉(2005)으로 낭비와 오염에 대해 지적하고 있다. 인간의 모습을 그린 것 같지만 자세히 보면 플라스틱병 200만 개로 만들어졌다는 것을 알 수 있다. 완성된 작품이 멀리서 어떻게 보일지 상상할 수 없었다면 미술가가 각 병을 어디에 둘지 어떻게 알 수 있었을까? 학교를 자퇴하는 학생들의 문제를 지적하기 위해 그는 넬슨 만델라가 말한 "교육은 우리가 세상을 바꾸는 데 사용할 수 있는 가장 강력한 무기다"라는 문구가 적힌 어린이 블록 작품을 만들었다. 이 〈블록 쌓기Building Block〉 작품을 확대하면 각 블록이 수천 개의 작은 블록으로 된 작품으로 만들어졌음을 알 수 있다. 여기에는 120만 개의 블록이 사용되었으며, 이는 미국에서 매년 고등학교를 중퇴하는 학생 수를 뜻한다! 조던이 전체를 구상할 수 있는 능력이 없었다면 이러한 블록 각각을 어디에 둘지 알 수 없었을 것이다.

게 떠오른 아이디어에 대해 기민하게 대응하도록 한다. 멀리서 작품을 들고 있도록 하는 것은 학생 미술가가 자신의 관심을 어디에 집중할지 계획하는 데 도움이 된다(**관찰**과 관련). 이처럼 학생 미술가는 자기 작업에 대한 참신한 아이디어로 새로운 힘을 얻어 작업에 더 열심히 참여하고 끈기를 갖게 된다.

✚ *다른 분야와의 연계*

월트디즈니사에서 공원과 놀이기구 및 리조트를 만드는 디자이너, 예술가, 건축가와 기술자처럼 구상을 담당하는 사람들은 특별한 이름이 있다. '상상 기획자'

다. 디즈니의 상상 기획자들Disney Imagineers은 '뜬구름 잡는 생각' 원칙에 따라 상상하는 업무를 수행한다. 즉, 실용성이나 실현 가능성에 대한 제약 없이 맘껏 아이디어를 내는 것이다(Kerzner, 2013). 많은 가능성을 상상하도록 격려받은 경험으로 그들은 상상 이상의 놀이동산 기구들을 만들어냈다. 디즈니 기획자들은 전 세계 수백만 가족이 흥미진진한 상상의 디즈니랜드Disneyland를 방문해 마법 같은 것을 경험할 수 있게 한다. 그렇지만 이것은 그저 수많은 상상력의 결과일 뿐이다(Hench & Van Pelt, 2009).

✚ 교실에서: 로니 로어와 함께 가능성 상상하기

"이것은 무엇일까요?" 뉴멕시코의 엘도라도 지역 학교, 교사 로니 로어Roni Rohr가 6학년 학생들에게 물건 하나를 들고 묻는다. 오늘의 수업은 다른 반의 누군가가 버린 조각품을 위한 미완성 '테이프 마셰taper-mâché(신문지를 테이프로 감기)' 뼈대에서 시작한다. 기이한 꽃과 비슷하며 중앙에 꽃잎 같은 형태가 돌출되어 있다. 학생들은 먼저 분명하게 대답한다. 꽃, 태양, 나무, 공작 등. 로니는 학생들에게 스케치북의 새 페이지를 펴고 테이프 마셰 형태에 대한 아이디어를 그리도록 한다(그림 1.8 참조).

그림 1.8 학생들과 함께 상상과 구상에 관해 이야기하는 로니 로어

학생들은 상상하며 그리고, 곧 모여있던 원으로 돌아와 공유한다. 학생들의 해석은 '이상한 벌레'로 확장되었다. '콧수염이 있는 프랑스 꽃'과 '하이힐과 망사 스타킹을 신은 닭'. 로니는 마지막 아이디어에 미소 짓고 그 아이디어를 확장하는 방법을 시연하며 "하이힐 신은 닭으로 여

러분이 만화를 만들었다고 해봅시다. 하지만 [그다음에] '아니, 저건 진지하진 않은 것 같아'라고 말할 수도 있죠. 그러면 페이지를 넘겨서 닭의 몸을 상상해서 바꾸고 하이힐에 신발 끈을 달아줄 수 있을 거예요." 로니는 자신의 스케치북을 꺼내 새로운 작품을 구상하면서 아이디어를 내는 데 도움을 주는 '진지한 낙서' 그림을 열어 보여준다. 어떤 학생들은 진지한 낙서 접근 방식을 좋아하고 수업 시간 내내 이 작업을 한다. 다른 학생들은 작업을 계속 진행한다.

그날 오후, 로니는 수업의 도입에서 비슷한 상상력과 기발함으로 유치원생들에게 다가간다. 그녀는 조용한 목소리로 "이제 우리 모두 그림을 그릴 거예요. 여러분, 눈을 감고 좋아하는 색을 상상해보세요"라고 말한다. 아이들은 모인 원 주변에서 눈을 감고 좋아하는 색을 외친다. 로니가 "음, 네 색들은 맛있겠는 걸"이라고 킥킥 웃는 5~6세 아이들에게 외친다. 눈을 크게 뜨고 잘 보라고 말하며 계속한다. 아이들은 원 안에 서서 듣는다.

"여러분은 모두 붓을 들고 있어요. 정말 큰 붓을 들고 있죠. 너무 커서 두 손으로 붓을 잡아야 해요. 이제 붓을 물감에 담그세요. 이리저리 저어보세요. 그리고 하늘로 휘둘러보세요." 로니는 움직임을 크게 하면서 말한다. 아이들은 그녀의 행동을 따라 하며 상상 속 물감통에서 붓을 휘두르며 어깨를 편안하게 흔든다.

"우리는 거대한 풍경을 그리고 있어요. 푸른색 하늘이 보여요. 보송보송한 흰 구름, 라벤더 산, 붉은 언덕이 보이네요. 붓을 계속 휘두르세요. 보이는 다른 색상 위아래로 붓을 이동해보세요. 노란색 옆에 있는 파란색이 보이나요? 두 색을 섞으세요. 아름다운 녹색이 보이나요? 붓을 위아래로 움직여 더 많은 색을 섞어보세요. 지금 무엇이 보이나요?" 아이들은 상상 속 풍경에서 색의 이름을 말한다. 로니는 "우리는 풍경을 상상하면서 아이디어를 그리는 중이에요. 오늘 여러분의 작품 아이디어를 어서 보고 싶네요"라고 말하며 마무리한다.

로니는 아이들 그리기, 크고 작은 마커로 '점 찍기', 레고 조립하기 같은 세 개의 코너로 안내하여 선택하도록 한다. 수업이 끝나면 아이들은 자기 작품을 공유하고, 로니는 "작품 좀 보세요! 이걸 다 어떻게 했죠?"라고 열정적으로 말한다. 아이들은 해와 달, 환상의 동물, '하늘을 날아 풍선껌 캔디 세상으로 가는 나와 내 친구를 태운 조랑말', 그리고 오렌지주스 기계를 위해 세심하게 계획된 디자인 등 자기 아이디어를 공유한다. 로니는 "오렌지주스 기계! 맛있고 시원한 오렌지주스 한 잔 마시고 싶은 사람?"이라고 물으며 유치원 수업을 마무리한다.

표현: 의미 찾기

> 기술만 있는 그림은 죽은 것이다.
>
> – 짐 우드사이드Jim Woodside (2004년 가을, 회화수업에서 스튜디오 씽킹 팀의 녹취록)

윌넛 힐 예술학교[첫 번째 『스튜디오 씽킹』(Hetland et al., *Studio Thinking*, 2007) 책에 실린 두 학교 중 하나]에 근무하는 미술가이자 교사인 짐 우드사이드는 표현이 없으면 미술작품은 살아나지 않는다는 점을 학생들에게 명확하게 알려준다. 아이들은 미술작품을 만들 때 개인적인 의미가 필요하다는 것을 알아야 한다. 작품에서 전달하고자 하는 바에 대해 자기 경험을 다시 살피도록 하고, 다른 사람의 아이디어를 경청하도록 함으로써 다양한 표현에 대한 기민성을 키울 수 있다. 자신의 작업이 다른 사람들에게 아이디어, 대화, 감정 및 관점을 조명할 수 있다는 것을 알면 표현하고 싶은 의미를 계속 찾고자 하는 동기가 부여된다. 학생들은 기쁨, 슬픔, 갈등, 분노, 움직임, 시끄러움, 침묵, 공허함 등과 같은 주제를 가장 단순한 것에서 매우 복잡한 요소로 어떻게 배열하는가를 볼 수 있다. 아이들은 물론이고 성인들도 '표현'이라는 개념을 잘못 알고 있다. 표현은 느낌에만 해당하는 것이 아니다. 감정은 미술에서 가능한 많은 의미 중 하나일 뿐이다. 또, 처음의 의미가 바뀌어서는 안 된다고 잘못 생각하기도 한다. 하지만 의미는 종종 작업을 해나감에 따라 발전한다. 다음과 같은 표현의 의미를 고려해보자.

미술가 연계 – 표현

샤지아 시칸데르 Shahzia Sikander 파키스탄의 동시대 미술가 샤지아 시칸데르가 그림을 그리고 있다. 습자지로 그림을 덮고 그 위에 더 많은 그림을 얹고 베일의 여러 겹을 통해 공간을 만든다. 2011년 Art21이 재출간한 〈차만Chaman〉의 인터뷰에서 그녀는 그 이유를 다음과 같이 설명한다. "제 작업의 많은 부분은 매우 개인적이기 때문에 여기에서 숨김과 드러내기의 아이디어가 중요해집니다." 이것은 미술가들이 자신의 강력하고도 중요한 의미를 작업에서 표현하는 좋은 예다.

록산느 스웬첼 Roxanne Swentzell 아메리카 원주민 조각가 록산느 스웬첼이 조각한 찰흙 인물은 보편적인 인간의 감정을 말해준다. 스웬첼은 어린 나이에 찰흙 다루기를 배웠다.

> *나는 산타클라라 푸에블로에서 대대로 도예가인 집안에서 태어났다. 어머니, 할머니, 할머니의 할머니도 도예가였다. 나에게 미술은 첫 번째 언어였다. 어렸을 때 언어 장애가 있어서 언어 대신 나를 표현하는 찰흙 인형을 만들었다. 그렇게 소통을 위해 노력하면서 나의 미술 경력을 시작했다. 그 이후로 말하는 법을 배웠음에도 지금까지 이 형상들은 여전히 내 이야기를 들려준다!*

그녀의 작품에 자주 등장하는 인물 중 하나는 푸에블로 문화의 광대 코샤레koshare다. 코샤레의 역할은 유머와 마임을 통해 공동체 구성원에게 어려운 메시지를 전달하는 것이다. 스웬첼이 만든 인물은 전통을 반영하며 땅을 사용하여 세상과 소통하고 균형을 가져오는, 어떻게 보면 스웬첼 자신과 비슷한 목적을 가진 셈이다(Godrèche, 2013).

- 유치원생이 좋아하는 이모의 결혼식을 그리기로 재현한다.
- 초등학교 3학년 학생이 멕시코 국기의 색상을 직조weaving에 접목하여 가족의 문화와 연결한다.
- 초등학교 5학년 학생이 찰흙으로 만든 말의 동세로 '용기'를 표현한다.

학생 작업 단계에서 교사는 학생의 대조되는 선에 대해 다음과 같이 의견을 제시한다. "여기에 있는 굵은 마커로 그린 사람들이 많이 눈에 띄네요. 뒤에 있는 연필로 그린 사람들과 굵은 선으로 그린 사람들은 어떤 관계인가요?" 이에 대한 응답으로 학생은 '좋은 사람 대 나쁜 사람' 주제에 대해 자세히 말하고 좋은 사람들이 세상을 장악하면서 나쁜 사람들의 힘이 약해지는 것을 연필 선으로 나타내고 싶었다고 설명한다. 작품에서 의미를 탐색하는 것을 어려워하는 학생의 경우 색상과 모양을 설명하는 것부터 시작하도록 한다. 이러한 것은 일반적으로 의미 해석으로 이어진다. 학생들이 미술작품, 특히 매우 개념적인 동시대 미술작품을 반복적으로 감상하고 토론하는 것은 미술수업에서 의미 만들기의 가치를 강화한다(표 1.5 참조).

✚ 다른 분야와의 연계

> 우리 모두 할 말이 많다.

조지 루카스George Lucas의 「스타워즈」에서 사랑받는 캐릭터 요다는 할 말이 많지만, 말을 아낀다. 그러면 우리도 멈칫하지만, 일단 우리의 뇌가 요다의 독특한 언어 사용 방식을 알게 되면, 모든 것을 이해하게 된다.

시각예술은 구어만큼 직접적이지는 않지만, 일종의 만들어진 언어와 같은 의사소통의 한 방식이다. 시각예술을 통해 우리는 조금 더 어렵게 생각하게 하는 표현을 만들고 이해하는 대안적 방식을 알게 된다. 인간은 오랫동안 '복잡하고' '비효율적인' 소통 방식을 썼다. 음악, 「스타워즈」, 「스타트렉」, 「반지의 제왕」 3부작 같은 소설 속 언어, 재미있는 얼굴로 친구 웃기기 등이 이러한 소통 방식이다.

✚ 교실에서: 자신의 정체성을 표현하는 시에라 얀의 학생들

매사추세츠주 브루클린에 있는 히스 학교의 시에라 얀Ceara Yahn의 미술실. 커다란 창문을 통해 나무로 덮인 아름다운 보스턴 교외의 모습이 보인다. 시에라는 브루클린에서 3년 차 정교사다.

표 1.5 표현

습관에 대해 이야기하는 방법	'나는 할 수 있다' 선언문
• 당신이 생각하고 느끼는 것을 보여준다. 즉, 당신의 작품은 당신에게 중요한 것이 무엇인지 다른 사람들에게 알려준다. • 생각, 의견 및 감정을 소통한다. • 당신의 미술작품으로 이야기한다. • 작품에 의미를 추가하기 위해 경험, 관점 및 신념을 사용한다. • 작업이 진행됨에 따라 의미가 커지고 변화하게 한다.	• 나는 나에게 중요한 것을 포함하여 내 작품에 의미를 부여할 수 있다. • 나는 내 작품을 통해 내 아이디어를 소통할 수 있다. • 나는 다른 미술가의 작품에서 의미를 해석할 수 있다. • 나는 작업을 하면서 의미를 발견할 수 있다.

예시 질문 *[ ]는 함께 사용되는 사고습관을 표기함

- 이 작품이 여러분(미술가)에게 얼마나 중요한가요? [참여와 끈기]
- 이 작품에서 생각나는 것이 있나요? 그것에 대해 말해주세요. (생각나지 않는다면, "글쎄, 내가 생각나는 것들은 ~이에요. 이제 아이디어가 떠오를지 몰라요.") [구상; 미술계 이해: 공동체]
- 붓질의 방향은 여러분이 무언가에 대해 어떻게 느끼는지를 보여줄 수 있어요. [기능 개발: 기술]
- 무서운(또는 친근한) 괴물을 보여주기 위해 어떤 색을 선택할 수 있나요? [구상; 기능 개발: 기술]
- 다른 사람들이 여러분의 작품을 보고 어떤 생각을 하길 바라나요? 그 사람들은 왜 그렇게 생각할까요? [성찰: 질문과 설명; 구상]

교사는 어떻게 '표현'을 지도할 수 있는가?

- 학생들이 자기 작품에서 작품 의미에 초점을 맞추는 데 도움이 되고, 아이디어와 기능의 의미 전달 사이가 균형을 이루도록 작품에 관한 대화 질문 틀을 짜두어라.
- 개방형 과제를 계획한 다음 학생들이 개인적인 관심사와 연결하도록 격려하라.
- 학생들이 자기 작품에 만약 부드럽고 단단하고 환상적이고 즐겁고 호기심을 불러일으키는 느낌을 더하면, 더 흥미진진해질 수 있는지 생각해보게 하라. 학생들이 어떻게 할 수 있겠는가?
- 자기 아이디어에 관한 학생들의 이야기를 주의 깊게 경청하라. 다른 학생들에게 친구가 방금 말한 것을 바꾸어 말하게 하고, 그 말이 원래 의도한 것이 맞는지 확인하라.
- 접착 메모지를 이용하여 서로의 작품에 제목을 붙이게 하라.

학기가 시작되는 지금, 시에라가 가르치는 고학년 학생들은 모두 자신을 표현할 상징물을 만들고 있다. 시에라는 지난 하계 올림픽에서 영감을 받았다. 그녀는 유니폼, 국기, 세계의 국가를 나타내는 색상 패턴을 예시로 들며 경기의 풍부한 시각적 효과를 설명한다. 국장* 프로젝트와 연결짓기 위해 접근하기 쉽고 구체적인 출발점으로 올림픽을 활용했다.

이 프로젝트는 학생들이 근대에 만들어진 국기를 자세히 관찰하고 국가 이미지와의 연결에 대해 배우게 하는 것으로 시작되었다. 예를 들어, 볼리비아의 국기에는 그 나라에서 흔히 볼 수 있는 라마와 산이 포함되어 있다. 그런 다음, 시에라는 학생들이 자신에 대해 시각적으로 표현하고 싶은 것을 브레인스토밍하는 데 도움이 되는 간단한 활동지를 나누어주었다. 그녀는 다음과 같이 말했다.

> (학생들은) 자기 집, 이웃, 가족의 이미지를 브레인스토밍하여 자신이 누구인지에 대한 큰 그림을 만들 수 있는 작은 그림들을 많이 모으려고 노력했어요. 그것이 궁극적인 목표였습니다. 자기 표현과 자기 상징… 즉, 어떻게 하면 자신이 선택한 이미지와 그것을 묘사하고 결합하는 방식으로 자기가 누구인지 보여줄 수 있을까요? …

5학년 다프네Daphne는 바다에 대한 사랑을 국장의 핵심으로 묘사한다(그림 1.9 참조). 그녀는 바다의 내부를 어떻게 형상화하고 싶은지 신중하게 결정했다. "저는 바다의 파도를 표현하기 위한 파란색과 흰색 콜라주 종이가 들쭉날쭉하지 않게 하고 싶었어요. 다른 느낌을 주고 싶었거든요. 매끄럽게 흘러야 하니까 곡선을 많이 표현했어요. 바다처럼요." 다프네는 태양 광선과 해안선을 나눌 때도 비슷하게 표현적인 미술적 결정을 했다. "저는 태양 광선이 똑바로 가게 하고 싶지 않았어요. 그런 건 지루할 수 있거든요. 그래서 저는 조금 다르게 만들고 싶었어요. 여러 가지 방

* 국장coat of arms: 개인, 가족, 기업 또는 국가의 고유한 문양 또는 방패.

그림 1.9 국장의 형태로 콜라주를 구성한 다프네

법으로 구상할 수 있죠. 마치 파도가 밀려 내려오는 것처럼, 아니면 그냥 바다인 것처럼. 덕분에 바다에 더 많은 것을 그려 넣을 수 있는 공간도 생겼어요." 다프네는 이 모양이 독특하고 중요하다고 느꼈고, 보는 사람의 눈에 잘 띄도록 오일 파스텔을 사용하여 표현하기로 예술적 결정을 했다고 말했다. 다프네가 바다에 그려 넣은 '것'은 동물, 음악, 의복, 스포츠 같은 자신의 관심사들의 구체적 상징물이다. 감상자는 이것이 다프네에게 중요하다는 것을 어떻게 알 수 있는가? "제가 좋아하는 것들에 (태양)빛을 비추게 해서 그게 좋은 것이란 걸 보여주고 싶었어요."

이 프로젝트에서 학생들은 개인적 표현을 위해 다음 두 가지 방식을 사용할 수 있다. 첫째, 구체적인 소재(다프네가 자신의 관심사를 묘사하는 방식)를 통해서다. 둘째, 감정, 기분 및 상대적 중요성 같은 추상적인 예술적 결정을 통해서다. 즉, 자신이 묘사한 것의 '좋은 점'을 보여주기 위해 파도의 모양을 고심해서 만들거나 태양을 배치한 것 같은 방식이다.

관찰: 자세히 보기

> 끊임없이 주의를 기울이는 것은 하루를 보내는 매우 흥미로운 방법이다.
>
> – 스테픈 쇼어(MoMA, 2017)

관찰은 초등학교 시절에 키울 수 있는 성장 잠재력이 엄청난 스튜디오 습관이다. 아이들은 훌륭한 관찰자가 되기 위한 역량을 가지고 있어 색, 질감, 선, 패턴 및 형태를 잘 구별할 수 있다. 이러한 종류의 관찰은 교사가 학생들이 관찰한 것을 미술작품 제작 과정과 연결하도록 도울 때 향후 작업의 소재가 될 수 있다. 교실에서 미술 교사는 관찰 방법의 모델링을 자주 보여주어 학생들의 관찰 능력을 발달시킨다. 예를 들어, 교사는 교실 창문에서 보이는 형태의 미묘한 변화를 설명하기 위해 눈이 쌓인 언덕을 가로질러 구부러진 그림자를 보도록 학생들의 시선을 집중시킨다. 이러한 유형의 모델링은 학생들에게 보지 않고도 볼 수 있음을 보여준다. 그러나 자세히 보면 이전에는 눈치채지 못했던 것들을 볼 수 있다(표 1.6 참조).

직접 관찰하여 그림을 그리거나 채색하는 것은 손과 눈의 협응[기능 개발: 기술]과 모델의 색, 형태, 질감 및 선을 식별하는 데 아주 좋은 연습 방법이다. 일부 교사는 관찰 중인 대상을 단순화하고 추상화하기 위해 학생들에게 뷰 파인더나 보석 확대경을 사용하도록 한다. 스튜디오 습관에서의 **관찰**은 전통적인 드로잉 방식을 넘어 미술적 탐구에 가치가 있는 세부 사항이나 현상을 알아차리는 다른 방식을 포함한다. 학생들은 관찰한 사물이나 모형 외에 다음과 같은 것들을 관찰할 수 있다.

- 1년 동안 자신들의 작품 변화 과정
- 교사가 설명한, 혹은 **도전과 탐구** 중에 생성된 새로운 과정 및 기술
- 친구들의 작업 방식
- 친구들의 완성 작품
- 동시대와 과거에 선정된 미술작품

✚ 다른 분야와의 연계

인간은 시각적인 동물이며, 특히 시각을 통해 새로운 감각 정보를 받아들이기 위해 끊임없이 민감하게 지각한다. 제리 사인펠드Jerry Seinfeld 및 엘런 드제너러스 Ellen DeGeneres 같은 코미디언은 예리한 관찰을 기록하면서 경력을 쌓았다. 이 코미디언들은 종종 "혹시… 눈치채셨나요?"라고 묻는다. 보기는 했지만, 진정으로 관찰하거나 생각하지 못한 것들에 단순히 주의를 환기시킴으로써 우리를 웃게 만든다.

한편 많은 의과대학에서도 환자를 자세히 관찰하여 진료하기 위해 그림을 천천히 보는 훈련 방식을 도입하기 시작했다(Naghshineh et al., 2008). 의사가 검사 결과를 확인하기 위해 바로 화면을 보는 대신, 머리카락과 피부 상태, 표정, 목소리 톤, 자세 및 질병에 단서를 제공할 수 있는 정성적 지표에 주목하여 환자를 직접 볼 것을 권장한다.

미술가 연계 – 관찰

레오나르도 다빈치 Leonardo da Vinci 르네상스 예술가 레오나르도 다빈치는 인체의 구조에 매료되었다. 그는 뼈와 근육 같은 모든 측면을 연구했고, 인체 해부학에 대한 수많은 스케치를 했다. 스케치는 인체의 구조가 어떻게 구성되어 있는지를 면밀하게 표현하고 있다. 역설적이게도 생명이 없는 몸을 세심하게 관찰한 덕분에 그는 인간의 모습을 생생한 삶의 감각으로 그릴 수 있었다. 검색창에 '다빈치 해부학 드로잉'을 입력하면 많은 예를 볼 수 있다.

아니쉬 카푸어 Anish Kapoor 시카고에 있는 거대한 야외 조각품 〈구름 문Cloud Gate〉(2006)은 인도 태생의 영국 미술가 아니쉬 카푸어의 작품이다. 강철로 만들어졌으며 거울처럼 빛나는 표면을 가지고 있다. 형태에서 '콩'이라는 별명이 붙은 곡면 조각품은 주변 건물과 그것을 보는 관람자의 비춰진 모습을 왜곡한다. 모든 직선이 구부러지고 기하학이 변형되어 우리는 새로운 방식으로 세상을 보게 된다.

표 1.6 관찰

<table>
<tr>
<td>

습관에 대해 이야기하는 방법

- 탐정의 눈으로 보기
- 자세히 보기
- 주의 깊게 관찰하기
- 시간을 충분히 갖고 보기
- 몰입한다는 느낌으로 그 안에 완전히 들어가 보기
- 작은 개미처럼 눈을 앞뒤로 굴려 모든 표면을 샅샅이 보기

</td>
<td>

'나는 할 수 있다' 선언문

- 나는 주변 세상의 세세한 부분까지 알아차릴 수 있다.
- 나는 계속하거나 개선할 부분을 찾기 위해 내 작업을 꼼꼼하게 검토할 수 있다.
- 나는 아이디어를 얻기 위해 다른 미술가들의 작품을 조사할 수 있다.

</td>
</tr>
<tr>
<td colspan="2">

예시 질문

- 이것은 교실 건너편에서 어떻게 보이나요?
- 이 작품에서 여러분의 시선을 사로잡은 것은 무엇인가요?
- 이 작품을 거꾸로 보면 어떻게 될까요?
- 가장 먼저 눈에 띄는 것은 무엇인가요? 왜 그렇게 생각하나요?
- 이 (미술관) 작품을 만질 수 있다면 어떤 느낌이 들까요?

</td>
</tr>
<tr>
<td colspan="2">

교사는 어떻게 '관찰'을 지도할 수 있는가?

- 아이들이 조사하고 그릴 수 있도록 특이한 물건 모음을 바꿔서 호기심 테이블을 관리하라.
- 사물을 도식적으로 그리는 것(예: 머리를 그리기 위한 원)과 사물을 신중하게 그리는 것(예: 머리는 실제로 원이 아니다! 머리의 들어가고 나온 부분을 찾아라)의 차이점에 대해 시범을 보여라.
- 다양한 모양과 크기의 뷰 파인더와 같이 자세히 볼 수 있는 도구와 규칙을 설명하라. 돋보기, 보석 확대경, 현미경, 멀리서 보거나 또는 쌍안경을 통해 보고, 눈을 가늘게 떠서 의도적으로 시야를 흐리게 해서 보게 하라.
- 더 자세히 볼 수 있는 영역을 찾기 위해 학생의 작품에 관해 토론하라.
- 미술가의 작품을 보여주고 미술가가 주제를 얼마나 주의 깊게 관찰했는지 토론하라. 자기 작품에서 세부 사항을 표현할 수 있도록 격려하라.
- 관찰을 격려하는 게임을 하라. (예: "이 작품을 볼 수 있는 시간을 1분 줄게요. 처음에는 보지 못했던 새로운 것을 본 후에 짝과 함께 번갈아 가면서 이야기하세요.")

</td>
</tr>
</table>

✚ 교실에서: 학생들과 함께 배움을 지속하는 크리시 그레이 로드리게스

일리노이주 시카고에 있는 가비 초등학교의 미술 교사인 크리시 그레이 로드리게스Chrissy Gray-Rodriguez는 지속적으로 공식적인 전문성 개발 연수에 참여했다. 학교의 유일한 미술 교사인 그녀는 다른 미술 교육자들과 인맥을 쌓고 이야기를 나누기 위해 지역 박물관 문화 단체에서 운영하는 프로그램을 찾았다. 이러한 전문성 개발 연수에서 그녀는 스튜디오 습관에 대해 더 깊게 생각하게 되었다. 최근에는 그것을 통합하여 고학년을 위한 '출구 티켓'* 을 개발했다.

교실을 둘러보면 스튜디오 습관과 관련된 것들이 많이 보인다. 전면 화이트보드에는 각 스튜디오 습관 기호와 정의가 제시된다. 수업이 시작될 때 크리시는 그 날의 주요한 스튜디오 습관에 별표를 한다. 교실 한켠에는 스튜디오 습관에 대해 설명하기 위해 학생들이 제작한 포스터가 붙어있다(그림 1.10 참조).

오늘은 관찰을 많이 활용하는 수업이 있는 날이다. 3학년 학생들은 앤디 워홀Andy Warhol의 작품에서 영감을 받아 각각 수프 캔을 만들고 있다. 한편 중학생들은 데이비드 고메즈 마에스트레David Gomez-Maestre의 사진에서 영감을 받아 사실적인 자화상을 그리기 위해 노력하고 있다. 학생들이 모델(워홀의 작품 또는 개인 거울에 비친 자신의 얼굴)로 작업할 때는 모델과 자신의 그림을 번갈아

그림 1.10 스튜디오 습관에 관한 안내 포스터가 붙어있는 벽 앞에 서 있는 크리시 그레이 로드리게스. 포스터에는 학생들이 만든 정의, 지시 사항 및 각 습관에 대한 시각적 묘사가 포함되어 있다.

* 출구 티켓exit ticket: 학생들이 수업 시간에 성취한 것, 문제점, 다음 시간의 계획, 필요한 도움 등을 성찰하도록 하는 전략.

가며 본다(그림 1.11 참조). 한 남학생이 "캔 꼭대기가 윌리스 타워와 핸콕 빌딩처럼 보여요!"라고 말했다. 약간의 설명을 듣고 난 후 학생들은 고개를 돌려 캔 윗면의 그림자를 살펴보고 옆면이 도시의 스카이라인과 비슷하다는 것을 발견한다. 크리시는 학생들에게 계속해서 자세히 살펴보고 주의 깊게 관찰하는 전략을 제시한다. "방 건너편에서는 수프가 어떻게 보일지 궁금해요. 화이트보드에 올려놓고 몇 걸음 뒤로 물러서서 관찰해볼까요?", "우리는 안다고 생각하는 것을 그리는 것이 아니라, 관찰한 것을 그리는 거예요!"

그림 1.11 자화상을 그리면서 거울에 비친 자신을 주의 깊게 관찰하는 조바나Jovana

관찰하는 것은 일부 사람들이 당연하다고 여기는 활동이다. 미술은 원래 시각적이고, 보는 것은 너무 뻔하다고 생각하기 때문이다. 그러나 교실에서 크리시는 자신이 소개하는 언어로 **관찰**을 포함한 각각의 스튜디오 습관에 대해 체계적으로 논의한다. 스튜디오 습관을 논의하기 위해 명확하고 일관된 용어를 사용함으로써 이러한 사고하는 방식이 학생의 메타인지에 더 크게 작용하도록 할 수 있다.

성찰: 질문과 설명 및 평가

> 내 작품만큼 심사숙고하는 예술도 없다. 내 작품은 성찰의 결과이며 위대한 미술가를 연구한 결과다.
>
> – 에드가 드가(Moore, 1891: 313)

우리가 자신이나 타인과 계속해서 대화하듯이, 미술가는 **성찰**을 통해 작업하고 평가한다. 미술가들은 자기 작품을 다양한 측면에서 성찰하고 발전시킨다. 초등학교 미술 교사는 학생들이 작업할 때 발생하는 일련의 내적 질문과 결정을 이야기함으로써 진행 중인 작업을 성찰하는 방법을 보여준다. 학생 미술가가 미술실에서 성찰하는 방식에는 두 가지가 있다. 첫째, **성찰: 질문과 설명**은 학생들이 다음 단계를 구상할 수 있도록 자기 작품에서 일어나는 일을 관찰하고 생각할 때 일어난다. 이러한 스튜디오 습관은 학생들이 **미술작품에 대한 대화** 단계에서 자신과 다른 사람들의 작품에 관해 이야기하고 해석할 때 사용한다. 둘째, 학생들은 자기 작품이나 다른 사람의 작품을 판단할 때 **성찰: 평가**의 습관을 사용한다.

성찰: 질문과 설명

학생 작업 단계에서 교사는 교실을 체계적으로 이동하면서 학생들이 질문하고 설명하도록 유도한다. 그렇지 않으면 아이들은 집중하여 생각하지 않고 서둘러 작품 제작만 할 수 있다. **질문과 설명**은 학생 미술가가 작업을 잠시 멈추고 진행 중인 작업을 생각해보게 하여 작업 과정을 늦춘다. **성찰** 습관을 모델링함으로써 마음챙김mindfulness이 작품 제작 과정에 도입된다. "어떻게 진행되고 있는지 말해볼까요?" 또는 "수채화 작업은 잘되어가고 있나요?" 같은 열린 질문을 통해 이 단계의 학생들은 자기 작품에 대해 성찰적 사고를 발전시켜나갈 수 있다. 교사는 수업을 잠시 중단하고 **학생 작업** 단계에서 서로 짝을 지어 이야기를 나누도록 지시한다(표 1.7 참조).

대부분 학생은 작업 중에 스스로 질문하기 방법을 연습하고, 작품 제작 때 습관화하여 결국에는 혼자 할 수 있게 된다. 친구들에게 작품에 관해 이야기하는 것은 지금까지 해온 것을 다른 시각으로 보게 하는 방법이다. 어떤 교사들은 정리한 후가 아니라 수업 도중에 학생에게 성찰적 질문을 하는 것이 가장 효과적이라고 생각하는데, 수업 중 수정할 수 있는 시간을 줄 수 있기 때문이다.

표 1.7 성찰: 질문과 설명

습관에 대해 이야기하는 방법	*'나는 할 수 있다' 선언문*
• 단계를 되돌아보고 뒤부터 거꾸로 생각하기 • 자신이 내린 선택을 생각해보기 • 진행 과정과 완성된 작품을 선택하여 설명하고 탐색하기 • 어떻게 여기까지 왔고 무엇을 했는지 말하기	• 나는 진행 중인 내 작품에 대해 설명할 수 있다. • 나는 작품을 어떻게 만들었는지 성찰할 수 있고 이어서 어떻게 만들지 구상할 수 있다. • 나는 내 결정을 다른 사람들에게 설명하고 내가 한 것을 구체화할 수 있다.
예시 질문 *[ ]는 함께 사용되는 사고습관을 표기함* • 작품의 어떤 부분이 미완성처럼 보이나요? [표현; 관찰; 구상] • 지금까지 한 일과 다음에 할 수 있는 일을 말해보세요. [구상] • 다음 단계는 무엇인가요? [구상] • 그것[도구, 재료, 과정]을 어떻게 사용하고 있나요? [기능 개발: 기술] • 이 작품(학생 자신 또는 다른 미술가의)은 무엇에 관한 것인가요? 여러분이 그렇게 생각하게 만드는 이유, 즉 무엇을 보고 그렇게 생각했는지를 설명하세요. [미술계 이해; 관찰; 표현] • 미술가의 작품을 함께 살펴봅시다. 여러분을 위한 아이디어가 있는 것 같습니다. 이 작품이 여러분의 작품과 어떤 관련이 있는지 말할 수 있나요? [미술계 이해: 영역; 관찰; 구상]	
교사는 어떻게 '성찰: 질문과 설명'을 지도할 수 있는가? • 학생들이 작업하면서 스스로에게 질문할 수 있는 목록을 만들게 하라. 학생들이 읽을 수 있는 목록을 게시판이나 화이트보드에 게시하여 보기 쉽게 하거나 각 작업 코너의 작은 카드에 표시하도록 하라. • 지시 사항이 있든 없든 미술실 시간에 학생들이 간단히 짝을 지어 공유하도록 권장하라. • 학생들에게 자신이 작업하면서 내리는 결정이 어떻게 자신을 잘못된 길로 이끌었는지 깨닫도록 하라. 일단 그것을 알아차리면 수정할 수 있고, 궁극적으로 더 나은 작품을 완성할 수 있다. • 고학년 학생들이 출구 티켓이나 일지에 자신의 작업 과정에 관해 쓰는 것을 일상화하도록 하라.	

작품이 완성되면 학생들은 **미술작품에 관한 대화**에서 작품을 발표하면서 계속 질문하고 설명한다. 학생들은 작품의 배경이 되는 내러티브, 개인적인 의미, 창작 과정 또는 추가 작업의 목표를 설명하는 작품 소개글을 작성할 때 성찰한다. 자

신의 작업에 관해 이야기할 수 있는 반복적인 기회가 있으면, 학생들은 다음 단계를 구상할 때의 성찰 능력이 강화된다. 실수와 성공의 경험 모두 다음 활동에 도움이 된다.

✚ 교실에서: 여러 해에 걸쳐 질문하고 설명하는 앤 크레스

앤 크레스Anne Kress는 매사추세츠주 액턴-박스버러의 메리엄 학교에서 유치원생부터 6학년 학생들에게 미술을 가르치고 있다. 많은 초등학교 미술 교사와 마찬가지로 전 학년 학습자 기대 수준과 과제를 수정한다. 여기에서 우리는 **성찰: 질문과 설명**이 그녀의 교실에서 다양한 연령 수준을 파악하는 데 어떻게 활용되는지를 볼 수 있다.

6월의 습한 아침, 유치원생들은 다가오는 행사로 인한 단축 수업을 위해 미술실로 들어간다. 앤은 이 시간을 활용하여 학생들이 자기 작품에 대해 서로 이야기할 기회를 제공한다. 학생들이 네 명으로 구성된 모둠에서 나눌 대화를 준비하도록, 앤은 '스프로잉Sproing'이라는 손가락 인형으로 미술작품에 관해 이야기하는 방법을 시연한다(그림 1.12 참조). 앤과 스프로잉은 테이블에서 두 작품 중 하나를 선택하는 방법을 보여주고 작품 제작에 대해 무엇을 공유할지 결정하며 친구가 이야기하는 동안 조용히 경청한다. "선생님이 성찰하는 동안 스프로잉은 무엇을 하고 있었나요?" 하고 교사가 묻는다. 학생들은 "아무 말도 안 했어요", "마지막에 '감사합니다'라는 말을 빼고는 아무 말도 안 했어요"라고 재빨리

그림 1.12 손가락 인형 스프로잉과 함께 미술작품에 관한 대화를 시연하는 앤 크레스

미술가 연계 – 성찰: 질문과 설명

빈센트 반 고흐 Vincent van Gogh 빈센트 반 고흐는 동생에게 600통이 넘는 편지를 썼고 많은 부분에서 작품에 대해 생각하고 있었다(van Gogh, 1884). 다음은 그가 색을 혼합하는 방법에 대한 성찰을 보여주는 발췌문이다.

> *어두운 색은 빛처럼 보이거나 오히려 빛과 같은 효과를 줄 수 있다. 이것은 사실 톤의 문제와 더 많은 관련이 있다. 실제 색에서는 빨간색이 아닌 적회색이 옆의 색상에 따라 다소 붉게 나타날 수 있다. 파란색과 노란색도 마찬가지다. 바이올렛이나 라일락 톤 주변에 색을 칠할 때 진노란색으로 보이도록 하려면 색상에 아주 약간의 노랑만 넣어야 한다. 어떤 사람이 주홍색과 크롬색 등을 사용하여 빛을 받은 빨간 지붕을 칠하려고 했던 것을 기억한다! 하지만 그렇게 보이지 않았다.*

페이스 링골드 Faith Ringgold 동시대 미술가인 페이스 링골드는 퀼트를 만들고 그림과 결합하여 이야기를 들려준다. PBS 시리즈 「미국의 공예품Craft in America」에서 링골드는 자신의 작품 〈타르 해변Tar Beach〉 제작에 대해 성찰한다. "미술가로서 전하고 싶은 이야기가 있어요. 그리고 이미지뿐만 아니라 말로도 전해야 한다고 생각해요." 그녀는 자신의 작업 과정을 다음과 같이 설명한다.

> *퀼트를 만들 때마다 먼저 배경색을 결정했어요. 이런 경우에는 파란색 캔버스 조각 전체가 제 스튜디오 벽에 붙어있을 거예요. … 제가 가장 좋아하는 실내 장식품 가게에 가서… 캔버스 천, 촘촘하고 정갈하게 짠 아주 좋은 품질의 캔버스를 사요. 린넨은 안 돼요! 린넨은 젯소 없이 아크릴로 그림을 그리는 데 적합하지 않아요. 그리고 여기에는 젯소가 사용되지 않아요. … 그리고 저는 아주 잘 만들어진 다양한 패턴의 실내 장식용 색 천을 고를 수 있죠. 색바램이나 다른 것에 대해 걱정할 필요가 없었어요(Gunther, 2012).*

대답한다. 이러한 안내는 모든 어린이가 자신의 작업 과정을 빠르게 공유할 기회를 제공하여 모든 사람에게 말할 기회가 생긴다. 앤드루Andrew는 호안 미로Joan Miró에게서 영감을 받은 작품에 대해 친구들에게 이야기한다. "저는 이 작품이 어렵기 때문에 좋아해요. 저는 어려운 것을 좋아하거든요. 이 작품은 아직 완성되지 않았어요. 더 많은 색을 칠해야 해요." 앤이 스크린을 통해 유명한 작품을 보여준다. 작품에서 무엇이 보이는지에 대해 서로 이야기를 나누며 소통하는 것은 전체 학급에서 작품에 대해 더욱 복합적인 대화를 할 수 있게 한다.

수업이 끝난 뒤 앤은 고학년 학생들의 예시를 들어 **질문과 설명**의 형식이 어떻게 수정될 수 있는지 보여준다. 4학년 학생들은 저학년보다 자신의 작업 과정에 대해 체계적으로 글을 쓰고 성찰하는 능력이 훨씬 뛰어나다. 그녀는 작품을 완성하는 데 필요한 단계에 대해 생각하도록 한다. 학생 해나Hannah는 미니북에 코일 단지를 만들 때 필요한 다양한 부분을 성찰하여 작성했다(그림 1.13 참조).

앤은 고학년 학생들이 자기 작품에 대해 더 깊이 생각하기를 기대하며 스튜디오 습관을 사용하고 작품 소개글을 구성한다. 6학년 조나Jonah는 기타리스트의 와이어 조각을 만들고 다음과 같이 말했다. "기타를 칠 때 손이 어떻게 생겼는지 구상하려고 잠시 멈췄어요. 무엇을 해야 할지 몰라서 가끔 멈추기는 했지만 끈기 있게 했어요. 조각품의 한 단계를 끝내고 나서는 제가 한 일과 다음에 해야 할 일에 대해 생각했습니다."

앤의 수업 시연에서 볼 수 있듯이, 스튜디오 습관 중 **성찰**을 사용하는 것은 저학년과 고학년의 경우가 현저하게 다르다. 학생들이 얼마나 깊이 성찰하는지에 대한 앤의 기대치는 학생들이 성장함에 따라 계속 높아진다.

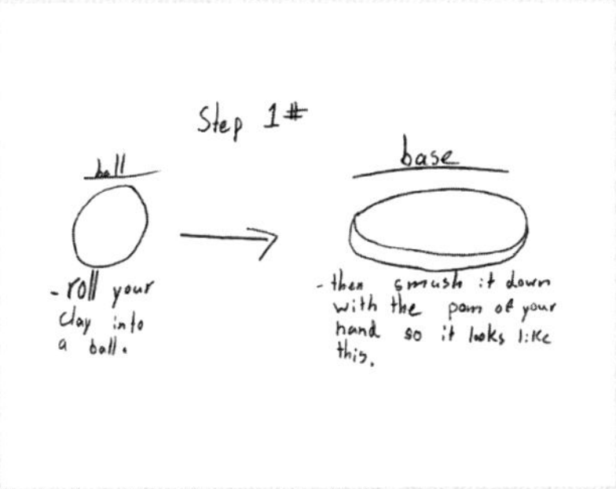

1단계

공 만들기: 찰흙을 공처럼 둥글린다.

받침대 만들기: 손[손바닥]으로 뭉개서 이 그림처럼 만든다.

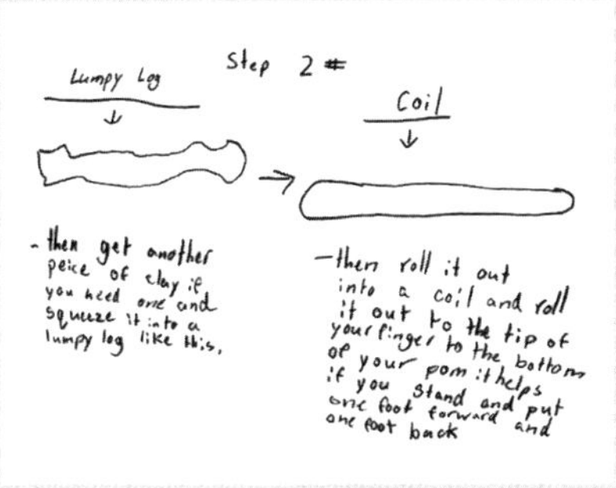

2단계

길게 늘이기: 필요하면 다른 찰흙[조각]을 가지고 꽉 짜서 울퉁불퉁하게 만든다.

코일: 손끝부터 [손바닥] 아래까지 굴려서 코일을 만든다. 서서 한 발은 앞으로 내밀고 한 발은 뒤로 빼면 도움이 된다.

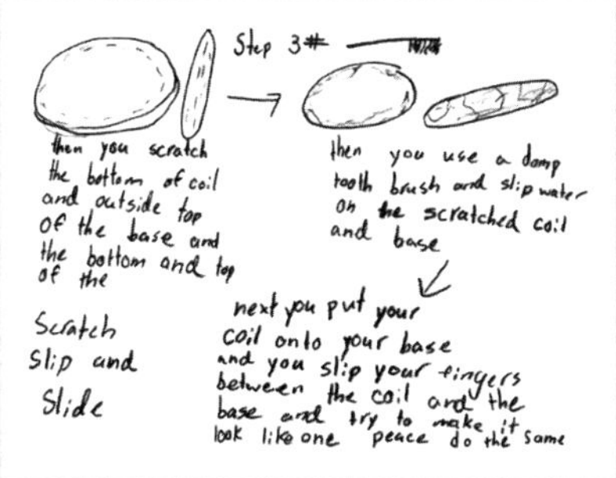

3단계

긁기와 흙물 바르기: 다음으로는 코일의 아랫부분을 긁고 받침대 위쪽[코일을 붙일 면] 가장자리를 긁는다. 그리고 다시 아랫부분과 윗부분… 다음으로, 젖은 칫솔을 사용하여 긁은 코일과 받침대에 흙물을 바른다. 다음에는 받침대 위에 코일을 놓고 코일과 받침대 사이를 손가락으로 눌러 밀면서 잇는다. 한 조각처럼 보이도록 분리되지 않게 만든다.

4단계

단지가 마음에 들 때까지 코일을 계속 만든다.

그림 1.13 찰흙 단지 만드는 과정에 대해 4학년 해나가 만든 미니북

성찰: 평가

스튜디오 습관 중 **성찰: 평가**는 학생들에게 판단을 사용하는 두 가지 방법을 개발하게 한다. 한 가지 방법은 자신의 작업에 대한 다른 사람들의 의견을 듣고 활용 가능한 제안으로 받아들이는 법을 배우는 것이다. 처음에는 그 의견이 건설적이고 도움이 되더라도 학생들은 매우 민감해지며, 칭찬하지 않는 모든 것을 부정적으로 인식할 수 있다. 교사는 평가 과정이 교실 문화에 더 잘 스며들도록 긍정적인 피드백으로 비판적인 제안을 잘 포장할 수 있다. 학생들이 미술실에서 평가하는 두 번째 방법은 다른 사람의 작품을 기준에 따라 판단하는 법을 배운 다음, 솔직하지만 친절하게 자신의 견해를 표현하는 것이다. 두 가지 방법은 '평가'가 아이들을 위한 정교한 성향임을 의미한다. 이러한 성향은 시간이 지남에 따라 점차 발달하게 된다(표 1.8 참조).

교사는 먼저 아이들이 작품을 '좋은' 것과 '나쁜' 것의 이분법으로 표현하기, 즉 '좋아하는' 또는 '싫어하는' 것으로 평가하는 수준을 넘어서도록 도와야 한다. 교사는 학생이 작품을 설명할 때 이름을 붙여보고, 설명할 수 있는 특성과 자질의 수와 유형을 확장하도록 돕는다. 비록 설명하기 어려운 어느 정도의 '직감'이 항상 남아 있을지라도 작품에 관해 많은 것을 설명할 수 있다. 이와 관련하여 '보기/생각하기/궁금해하기See, Think, Wonder'* 또는 '10×2로 보기'** 같은 씽킹 루틴Thinking Routines은 매우 유용하다. 씽킹 루틴에 대한 더 많은 정보는 하버드 교육대학원 '프로젝트 제로Project Zero(n.d. b)'의 '시각적 사고 프로젝트Visible Thinking Project' 웹사이트***에서 찾을 수 있다.

* 보기, 생각하기, 궁금해하기See, Think, Wonder: 무엇이 보이는지, 어떻게 생각하는지, 왜 궁금한지에 대해 질문하는 방법. 주의 깊게 관찰하고 해석하며 호기심을 갖게 하는 데 도움을 주는 씽킹 루틴 중 하나.

** 10×2 보기Looking Ten times Two: 이미지를 30초간 보고 떠오르는 10개의 단어나 문장을 쓴 후, 다시 30초간 보고 10개의 단어나 문장을 추가로 더 써보게 하는 방법. 첫인상과 명료한 특징을 넘어 자세히 관찰하게 하는 데 도움을 주는 씽킹 루틴 중 하나.

*** https://pz.harvard.edu/projects/visible-thinking

표 1.8 성찰: 평가

습관에 대해 이야기하는 방법	'나는 할 수 있다' 선언문
• 작품의 좋은 점 확인하기 • 잘 표현되지 않은 점과 그 이유 확인하기 • 불완전해 보이는 영역 확인하기 • 마음에 들지 않아 바꾸고 싶은 부분 확인하기	• 나는 만족스럽지 않은 점과 그 이유를 생각할 수 있다. • 나는 무엇이 나에게 방해가 되는지, 왜 그런지 생각할 수 있다. • 나는 내 작업을 수정하거나 개선하는 방법을 생각할 수 있다. • 나는 친구에게 도움이 되는 조언, 변경하거나 개선할 방법을 조언할 수 있다.
예시 질문 • 작업의 어떤 부분이 잘 진행되고 있나요? 어떻게 알 수 있나요? • 개선하거나 수정하고 싶은 부분은 무엇이며 어떻게 할까요? • 다시 할 수 있다면 무엇을 다르게 하고 싶나요? • 비슷한 작업을 하고자 하는 사람에게 어떤 조언을 해주고 싶나요?	
교사는 어떻게 '성찰: 평가'를 지도할 수 있는가? • 수업 시작 또는 중간에 작품에 관해 이야기하는 시간을 갖고, 학생들이 친구들과 교사의 제안에 따라 작품을 수정할 수 있도록 하라. • 공허한 칭찬을 피하는 대신, 오히려 학생들에게 교사와 반 친구들이 지적한 구체적인 사항에 대해 생각하도록 하고 잘된 점, 모호한 점, 부족한 점을 이야기하도록 하라. • 구체적 근거에 바탕을 둔 자기평가 방법, 예를 들어 "이 모양이 정말 눈에 띄어. 배경이 다른 색이기 때문이야"와 같은 방법으로 하라. • 처음에는 거부당했지만, 시간이 지남에 따라 높이 평가되는 미술가의 작품을 보여주어라. 하나는 뒤샹의 〈샘Fountain〉, 두 번째는 반 고흐의 작품, 세 번째는 인상파 작품들이다. 평가는 시간이 지나면서 바뀔 수 있다!	

간단한 수준에서 말하자면, 작품이란 관람자에게 의미를 전달하는 정도[표현]만큼 성공한다고 할 수 있다. 즉, 작품으로 그것을 경험하는 사람들의 반응을 불러일으킬 필요가 있다. 학생들은 자기 작품을 다른 사람들이 어떻게 느끼고 생각하는지, 그리고 다른 사람의 작품이 자신을 어떻게 느끼고 생각하게 하는지에 대한 감상을 깨닫고 내면화해야 한다.

교사는 기술이 표현과 의미(기능은 미술가가 의도한 바를 전달하는 데 사용되는 어휘이자 구문이다)를 창작하는 방법을 가르침으로써 학생들이 더 높은 수준의 정교함을 개발하도록 돕는다. 작품에서 기술과 표현의 상호작용으로 학생들은 기능을 습득하는 것이 왜 중요한지 인식하게 된다.

"잘했어!", "대단해!" 등은 의례적인 칭찬이고 활용하기에 구체적이지 않은 공허한 칭찬이다. 교사는 학생의 작품이나 작업 과정에서 학생이 수정할 수 있는 하나 이상의 가시적 특징에 집중하는 것이 더 좋다. 그 예는 다음과 같다.

- "여기 이 부분은 수정이 필요한 것 같아요. 일부러 그렇게 한 건가요? 이 부분은 더 해볼 수 있지 않을까요?"
- "그릇 외부에 겹쳐진 자국이 보이네요. 선택한 유약 색상이 이 패턴을 보는 데 도움이 된다고 생각하나요? 아니면 이 패턴을 보기 어렵게 만든다고 생각하나요?"
- "자신의 조각에 받침대를 추가하는 것을 고려하고 있군요. 조각이 어떻게 변할 거라고 생각하나요?"
- "판화 몇 장은 다른 것보다 더 밝게 나왔네요. 어떤 것이 가장 성공적이라고 생각하나요?"

✚ 다른 분야와의 연계

사람들은 끊임없이 평가하는 결정을 내리고 이를 옹호하려고 노력한다. 저녁 식사로 무엇을 먹을지 결정하는 두 친구의 대화를 살피고 생각해보자.

> "오늘 저녁에 함께 알프레도 레스토랑에 가고 싶은데…."
> "알프레도? 별론데…."
> "이탈리아 음식 싫어해?"
> "이탈리아 음식은 좋아하는데, 저번에 그 식당에 갔을 때 음식이 차가웠어. 그리

미술가 연계 – 성찰: 평가

줄리 메레투 Julie Mehretu 동시대 작가 줄리 메레투는 Art21(2010)에 소개된 막바지 작업 중인 대형 작업 〈벽화Mural〉를 세심히 살피고 있다. 새로운 방식으로 작품을 볼 때까지 그녀가 어떻게 작품이 완성되었다고 느꼈는지 설명한다. 작품은 실내 유리창 앞에 있어서 내부와 외부에서 두 가지 방식으로 작품을 경험할 수 있다. 그녀는 '상충하지 않는지' 확인하고 싶다. 작품이 완성되었다고 생각했을 때 외부에서 작품을 보았고, 거기서 보니 일부 모양의 크기와 비율이 만족스럽지 않았다. 거의 완성되었다고 생각했더라도 작품을 수정하는 것은 작업 과정에서 자연스러운 부분이다.

> *처음부터 완전히 결정된 부분은 없었어요. 항상 시작하는 선과 다음 형태가 있었죠. 그래서 포함하고 싶은 특정 형태를 추가하는 과정이었어요. 하지만 어디에, 언제, 어떻게 포함할지 확신할 수 없었어요.*

메레투의 작업 과정은 현재 상태에 대한 결정을 내리기 위해 자신의 작업을 지속적으로 평가하고 있음을 보여준다.

수잔 로덴버그 Susan Rothenberg Art21 비디오 〈기억Memory〉(2005)에서 동시대 작가 수잔 로덴버그는 자기평가의 훌륭한 예를 보여준다. 그녀는 그림을 보고 뭔가 옳지 않다는 것을 깨닫고 다시 수정한다. 그러나 가끔 그림을 빠르게 수정하지 못하는 경우가 있다.

> *계속 그림을 보면서 왜 제가 마무리하지 못하는지 생각하고 있어요. 그래서 계속해서 검토하고 있는데, 무엇 때문에 석연치 않은지 모르겠어요. 거기 앉아서 바라보면서 배회하고 있는 거죠. 어, 내가 해야 할 일이 있는데… 색을 좀 바꿨으면 좋겠는데… 그런 게 저를 괴롭혔어요. 4~5개월 동안 그 생각을 하며 스튜디오에서 재작업을 해왔어요. … 이제 제가 마무리할 수 있는 순간에 가까워졌어요. 즉각적으로 그리고 그게 그대로 작품이 되는 경우는 거의 없어요.*

고 보통 저녁에는 줄을 서야 하는데 나 지금 너무 배고파. 거기 파스타도 엄청 느끼해서 배불러. 차라리 중국 음식이 나아."

이러한 대화는 친구, 부모와 자녀, 회사 동료 간에 일상적으로 이루어진다. 학생들은 다른 문제에 대해 자신이 내린 평가를 창의성과 정교함의 측면에서 지지한 경험이 있을 것이다. 등교할 때 오래되고 낡았지만 가장 좋아하는 옷을 입어야 하는 이유("난 그것들이 좋아", "편해", "멋져 보여"), 스포츠 경기 관람을 위해 늦게 자야 하는 이유(이러한 상황을 형제자매 간 대화로 상상해보기), 가끔 디저트를 한 번 더 먹어야 하는 이유("많이 걸었고, 정말 배고파") 같은 경우다. 우리 일상에서 상황을 평가하고 그 결정을 변호하는 과정은 끊임없이 일어나는데, 이는 미술 작품과 작업 습관을 평가하는 교실 안의 모습과 매우 비슷하다.

✚ 교실에서: 성찰을 위한 기회를 스캐폴딩하는 어거스타 어거스트슨

매사추세츠주 월섬에 있는 어거스타 어거스트슨의 선택 기반 교실. 두 명의 6학년 여학생이 협업하여 주황색 꽃으로 장식한 판지로 만든 말 조각품 주위를 맴돌고 있다. 방문객은 "완성되었는지 어떻게 알 수 있나요?"라고 묻는다. "다채롭고 독특해서 좋긴 한데, 너무 독특해서 말인지 정확히 무엇을 표현했는지 모르겠어요. 저희는 더 많은 장식을 추가하고 접착제 자국을 지우고 마무리하려고 해요." 옆에 있던 친구는 "함께 작업하면서 더 나은 아이디어를 얻었어요. 저희는 작품을 수정하기도 하고 서로 타협하기도 해요. 친구는 귀를 만들자고 했지만 저는 귀를 만들고 싶지 않았어요. 그래서 귀 말고 다른 걸로 만들었어요. 원래는 목에 이 리본을 달았어요. 그런데 별로여서 리본을 잘라버렸어요"라고 말했다. 설명과 평가가 결합된 이 대화는 학생들이 작업하고 의도한 개념을 얼마나 잘 표현하고 있는지 평가하는 동안 계속된다.

학생들은 또한 신중하게 제작하는데, 개인적이고 독창적인 작품을 제작하기 바라는 교사의 기대에 부응하고 있다. 학생들은 자신의 작업에 대한 글과 사진을 구글 클래스룸(온라인 학습 플랫폼)에 업로드했으며(그림 1.14 참조), 곧 갤러리 워크에 참여하게 된다. 학생들은 갤러리 워크에서 화이트보드의 '무엇을', '어떻게', '왜'라는 표지판에 따라 테이블 위 학생 작품을 보고 서로 피드백한다(Rutherford, 2012).

그림 1.14 작업이 완료되었다고 판단하고 사진을 구글 클래스룸에 업로드하는 학생

- **무엇을**: 미술가는 친구들과 구체적인 피드백을 주고받는다.
- *어떻게*: 미술가는 친구들이 작성해준 구체적인 피드백을 쓰고 읽는다.
- *왜*: 미술가는 다른 사람의 의견을 고려할 때 성장한다.

각 학생의 작품과 함께 '말하기', '질문하기', '조언하기', '제안하기'라는 빈칸이 있는 워크시트가 함께 제공된다. 이는 피드백을 위한 말하기-질문하기-제안하기 Tell-Ask-Give, TAG 모형(Rog & Kropp, 2004)의 변형이다. 학생들은 돌아가면서 네 개의 서로 다른 작품 각각을 검토하고 성찰하기 위해 잠시 멈춘다. 학생들은 작품 옆에 있는 워크시트의 빈칸에 감상평을 쓰고 이름을 기입한다. 각 빈칸에는 다른 유형의 응답을 써야 한다. 배경을 연필로 간단히 스케치하고 새를 그린 수채화(그림 1.15 참조)는 다음과 같은 친구의 감상평을 받았다.

그림 1.15 갤러리 워크에 전시된 작품과 피드백 활동지

말하기: 처음으로 알게 된 세부 사항이나 기술을 설명하세요.
내가 주목한 첫 번째 세부 사항은 수채화에서 물감을 혼합하고 질감을 만드는 방법이다.

질문하기: 그 밖의 작업 과정에 대해 무엇을 알고 싶나요?
배경에 추가로 더 그릴 거야?

조언하기: 개선이 필요한 부분은 어디인가? 미술가는 무엇을 더 할 수 있을까요?
새를 더 예쁘게 만들기 위해서는 깃털에 더 다양한 색을 써야 한다고 생각해.

제안하기: 작품의 제목을 제안하세요. 창의적일 것!
가면을 쓴 벌새.

학생들이 자리로 돌아간 후 어거스타는 가장 도움이 되는 응답에 별표를 하고 워크시트를 개인 폴더에 보관하도록 한다. 학생들은 작품 소개글 양식에 친구들의 피드백을 추가한다. 나중에 학생 미술가는 어거스타의 성찰 사고틀을 이용하여 완성된 새 그림을 성찰한다.

영감: 저는 자메이카의 아름다운 야생 동물에서 영감을 받았어요. 특히 트로킬루스 폴리트무스, 일반적으로 '의사새'라고 불려요. 아름다운 새는 그림의 가장 중요한 부분이에요. 〈뉴잉글랜드의 겨울New England winters〉이라는 수채화 작품에서도 영감을 받았어요. 그 작품의 보라색과 파란색의 풍경을 표현하고 다시 만들 필요성을 느꼈어요.

상상: 목탄 연필과 수채화 물감을 사용했어요. 목탄 연필을 사용하여 그림을 구상할 뿐만 아니라 스케치했어요. 새의 깃털과 새를 둘러싼 나무의 질감을 살리기 위해 수채화를 사용하기로 했어요.

창조: 저는 새뿐만 아니라 주변 풍경의 색을 섞을 때 어려웠지만, 이겨냈어요. 종이에 색칠하고 깨끗한 붓으로 혼합하려고 하면 색이 다른 색과 섞여요. 이런 일이

> 여러 번 발생한 후, 고치지 않기로 결심했어요. 서로 잘 어울릴만한 다른 색을 종이 아래쪽에 가까이 칠했을 뿐인데 두 색이 잘 어울려 보였어요.
>
> 성찰: 이 작품을 만들면서 나 자신에 대해 더 잘 알게 되었어요. '나는 누구인가'라는 메시지가 마음에 와닿았어요. 제가 이민자이고, 때로는 어울리지 않는 것처럼 느껴지는 곳에 있다는 사실이 느껴졌어요. 제 감정을 종이에 그리고 나니, 이런 느낌이 더 와닿았어요.

어거스타는 대화와 사려 깊은 글쓰기를 위한 다양한 기회를 제공하여 학생들이 성찰하며 실행하도록 스캐폴딩한다(부록 B 참조). 학생들이 자신의 표현과 기능을 생각하며 관찰할 때, 성찰의 두 가지 측면인 **질문과 설명**, **평가**가 서로 얽히게 된다. 학생들은 작품의 장점과 개선할 점, 미술가로서 자신의 장점과 개선할 점을 찾아낸다. 연습을 통해 이 실행은 더욱 유동적인 과정이 된다.

도전과 탐구: 놀기, 실수하기, 발견하기

> 내가 뭘 하고 있는지 잘 모르겠다. 어디서부터 시작해야 할지 조금은 감이 잡히고 어떤 일이 끝나면 알 수 있지만, 그 과정에는 많은 전환과 우여곡절이 있다.
>
> – 코넬리아 파커(Howitt, 2013)

사춘기 이전의 아이들은 놀이하는 과정에서 자연스럽게 **도전과 탐구**를 배우게 된다. 미술실은 위험을 감수하고 아이디어를 시작하고, 실수를 새로운 아이디어의 원천으로 사용하는 법을 배우고, 새로운 기술을 발견할 수 있는 안전한 장소여야 한다. 이 모든 것이 **도전과 탐구**다. 이러한 스튜디오 습관은 문제 해결 및 문제 발견의 핵심이 된다. 왜냐하면 놀이에서 학생들은 그 너머에 무엇이 있는지 보기 위해 익숙한 경계를 넘어선다. **도전과 탐구**는 '이것저것 해보는 활동'이다. 학생 미술가들은 이것저것 해보며 종종 실수하기도 하고, 진지한 탐구/놀이를 할 때 오류가 불가피하다는 것을 배운다. 실수를 피해야 할 것으로 보고 사람들이 자신을 '바보'라고 생각할까 봐 걱정하는 대신, 실수를 기회로 보는 법을 배운다. 아이들은 **도전과 탐구**를 사용하는 동안 새로운 생각과 과정에 부딪히는 경우가 많다. 이러한 발견은 호기심과 몰입을 불러일으킬 잠재력을 지닌다. 아이들은 연습을 통해 점차 가능성을 열고 모호함을 쉽게 받아들이게 된다. 놀이는 연습이다.

장기간 작품 제작에 들어가기 전에 놀이할 기회를 주면, 학생들은 창작과정에서 재료로 표현할 수 있는 것과 표현할 수 없는 것 같은 재료의 속성에 익숙해질 수 있다. 저학년 아이들은 탐구적인 초기 난화 자체를 목적으로 본다. 고학년 학생들은 목표를 달성하기 위해 탐색을 활용하여 구상할 수 있다. 일부 교사는 학생들이 새

미술가 연계 – 도전과 탐구

클로드 모네 Claude Monet 클로드 모네는 인상주의 회화의 창시자로, 당시의 매우 사실적인 그림 스타일을 거부했다. 그는 물체의 색상에 대한 빛의 효과를 보여주고자 했다. 또한 안개와 비, 연기와 증기를 통해 사물이 어떻게 보이는지, 그리고 빛이 변화함에 따라 사물이 야외에서 어떻게 다른지 보여주고 싶었다. 하루 시간에 따라 건초더미 연작과 루앙 대성당 연작을 그렸다. 그림은 굵은 붓터치로 사물이 어떻게 보이는지에 대한 인상을 주지만, 사물을 사실적으로 자세히 보여주지는 않는다. 그의 그림들은 근본적으로 새로운 스타일이었기 때문에 비평가들은 조잡하고 미숙하다고 혹평했다. 하지만 지금 인상주의는 인정받는다.

다이아나 알 하디드 Diana Al-Hadid 시리아 태생의 미술가 다이아나 알 하디드는 종종 미술가들과 한 팀을 이루어 함께 작업하면서 대규모 조각품과 설치물을 만든다. 유리섬유, 거품, 왁스, 석고 및 강철 같은 특이한 재료를 사용하여 중력 법칙에 도전하는 작품을 제작한다(Pollack, 2012). 아이디어가 떠오르면, 각 단계에서 자신의 작업을 재평가하고 형태가 어떻게 진화하는지 보면서 계획을 수정한다. 미술가는 알려진 재료를 가지고 새로운 방법에 도전하고 탐색함으로써 예상치 못한 방향으로 깊이 탐구하여 재료와 생각에 대한 이해를 넓힌다(Art21, 2015).

로운 재료로 작업을 시작할 때, 참조할 수 있는 스케치북의 안내 페이지나 도표를 사용하여 '재료 탐색'을 하며 스캐폴딩한다. 확산적 사고는 학생들이 정해진 해결책 이상에 도달하도록 안내한다. 구상하는 동안 사용되는 것과 비슷한 "만약에 …라면?"이라는 질문은 새로운 작업 방식에 변화를 준다.

학생들이 편안함의 영역을 벗어날 때, 쉽고 표면적인 답을 찾기 위해 집착하는 대신 그 너머로 도전하여 사고한다. 어떤 학생에게는 도전이 어려울 수 있다. 한 가지 재료로 성공했다고 느끼는 학생은 새로운 재료를 사용할 때 실패가 두려울 수 있다. 미술 재료와 아이디어로 **도전과 탐구**를 꺼리는 마음을 여는 것은 상당히 어려운 과정이다. 교사들은 부담이 적은 놀이, 유연한 사고, 기꺼이 하려는 마음을 격려하여 좋은 결과가 나올 것이라고 믿게 만든다(표 1.9 참조). 학생들은 스튜디오 습관의 **도전과 탐구**를 통해 실제 미술가가 된 듯한 느낌, 새로운 학습 경험을 갖게 된다. 그리고 잠재적으로, 미술적 과정에서 자신감을 느끼게 된다.

표 1.9 도전과 탐구

습관에 대해 이야기하는 방법	*'나는 할 수 있다' 선언문*
• 자유롭게 질문하기! • 새로운 실수를 하고 그것을 판별하여 새로운 아이디어를 위한 자료로 사용하기 • 놀기 • 실험하고 발견하기 • 가능성에 마음 열기 • 문제를 분석하여 해결하기 • 새로운 작업 방식에 열린 마음을 가지고 일어날 일에 대해 호기심 갖기	• 나는 위험하지만 해보지 않은 일도 시도할 수 있다. • 나는 재료와 기술을 즐기며 새로운 작업 방식을 발견할 수 있다. • 나는 개념을 탐색하여 내 아이디어를 표현하는 새로운 방법을 찾을 수 있다. • 나는 내 실수를 활용하여 새로운 아이디어를 찾고 스스로 제작 방식을 바꿀 부분을 찾을 수 있다.
예시 질문 • 콜라주를 위해 종이의 가장자리를 찢는다면 어떨까요? • 눈을 감고 그리거나, 사용하지 않는 손으로, 또는 거꾸로 그리면 어떻게 될까요? • 땋은 실로 작품을 짜면서 제작한다면 어떻게 될까요? • 풀이나 테이프 없이 종잇조각을 붙이면 어떻게 될까요?	

교사는 어떻게 '도전과 탐구'를 지도할 수 있는가?

- 미술작품이나 프로젝트에 참여하기 전에 새로운 재료를 가지고 놀 수 있는 충분한 시간을 제공하라.
- 탐색 루틴을 계획하라. 무작위로 카드 꾸러미에서 선택하여 다양한 것을 시도하는 방식, 주사위를 굴려서 목록에서 선택하는 방식, 다양한 방법으로 재료를 탐색하기 위한 지침을 카드에 적어두는 방식 등.
- 실패한 경험이 어떻게 여러 가지 새로운 방향으로 이어질 수 있는지 보여주어라.
- 판지 조각을 세우는 다섯 가지 방법 같은 새로운 미디어를 소개하는 미니 도전 게임을 설계하라.
- "만약에 …라면?"이라는 질문을 구조화하고 아이들이 '도전과 탐구'를 할 때 이 질문을 사용하도록 가르쳐라.

✚ 다른 분야와의 연계

일부 최고의 발명품들은 실험의 결과이지만, 때로는 실수에서 시작되기도 한다. 흔히 과학자, 발명가 또는 엔지니어는 원래 의도가 아닌 가능성에 마음이 열려 있을 때 완전히 새로운 것을 생각해낸다. 사실 페니실린의 발견, 플라스틱, 접착 메모지, 전자레인지는 모두 운 좋게 우연히 발명되었다(Cyran & Gaylord, 2012). 관련한 과학자와 발명가 중 누구도 이러한 결과를 만들기 위해 시작하지 않았지만, 실수를 다른 방식으로 활용하는 데 마음이 열려 있었기에 새롭고 강력하며 유용한 제품을 발견하거나 만들었다.

✚ 교실에서: 신시아 가우브의 코너 학습

몇 년 전 학년 말, 신시아 가우브Cynthia Gaub는 자신의 교육과정에 판화 제작을 다룬 적이 없다는 것을 깨달았다. 그녀가 살고 있는 워싱턴주 에버렛에는 초등학교 미술 프로그램이 없었기 때문에 많은 학생들이 신시아의 중학교에서 처음으로 미술 재료와 이를 사용하는 기술을 경험한다. 올해가 가기 전, 신시아는 '코너 학습around-the-room'으로 기초 기능에 초점을 둔 다양한 판화를 도입하기로 한다. 왁스지가 깔린 각 테이블에는 준비물 바구니, 설명서 표지, 4×5인치로 자른 종이가 놓여 있다. 교실 가장자리에는 줄을 걸어 판화 작업물을 집게로 고정하여 건조할 수 있게 했다. 모든 학생들은 찍기, 모노프린트*, 콜라그래프**, 우드록 판화, 스텐실, 실크 스크린, 새기기 기술을 경험한 후 판화 작품 모음을 책으로 묶었다(Gaub, 2016).

코너 학습 방식의 성공은 다음 학년을 시작할 때 더 많은 영감을 주었다. 이 방식을 사용하여 학생들에게 다양한 미술 재료와 기술을 소개했다. 선행 미술 경험이 있든 없든, 학생들은 자신의 수준에 맞추어 활동에 참여할 수 있었다.

신시아는 각 테이블에 놓인 안내판으로 각각의 재료와 도구, 용어 및 사용법을 소개한다. 학생들은 대부분 첫 번째 수업에서 각 테이블을 한 번씩 순회하면서 탐색한다. 매일 수업이 있기 때문에 교사는 바로 다음 날 학생들에게 코너 학습 목표를 상기시키고, 테이블에서 테이블로 이동하면서 중단한 부분부터 다시 시작하게 한다(그림 1.16 참조). 수업이 끝나면, 도전과 흥미로운 발견에 관한 대화를 촉진시킨다.

학생들은 신시아가 광범위한 주제를 제시하기 전에 2시간 동안 드로잉, 그리기, 콜라주에 도전하고 탐구한다. 학생들은 세 가지 재료 가운데 한 가지 재료를 선택한다. 그 후에는 학생들이 주제에 관한 과제를 하기 전 일주일 동안 코너 학습으로 조각과 찰흙을 소개한다. 시간이 되면, 기술, 판화 제작, 섬

그림 1.16 수채화를 탐구하는 학생들과 이야기를 나누는 신시아 가우브

* 모노프린트monoprint: 판화와 회화의 중간 표현 형태인 평판화의 한 종류. 마블링, 데칼코마니 등이 이에 속하며 한 장만 찍을 수 있다는 특징이 있음.

** 콜라그래프collagraph: 두꺼운 종이 등에 종이, 헝겊, 실, 모래 등 다양한 재료를 붙여 콜라주를 만들고, 그 위에 잉크를 칠해 찍은 판화(≒ 지판화).

유도 가르친다.

시간이 지남에 따라, 신시아는 학생들이 기능 개발에서 꾸준히 성장하고 있지만, 미술적 사고는 같은 속도로 발전하지 않는다는 것을 인식했다. 그녀는 학생들이 의사결정을 내리는 다양한 유형의 사고를 스튜디오 습관 용어를 통해 식별하기를 원했다. 그래서 여덟 개의 스튜디오 습관 중 여섯 개의 코너 학습을 설계했다. 학생들은 활동지와 스케치북을 사용하여 참여하면서 용어, 발견한 점, 아이디어를 메모한다(신시아의 수업 지도안은 부록 A 참조).

학생들이 코너 학습의 기대치에 익숙해진 후, 신시아에게 스튜디오 씽킹을 활용한 새로운 버전 실행이 어렵지 않았다. 그녀는 코너 학습 스튜디오 습관 활동이 작품에 대한 학생들 간의 대화를 풍부하게 하고, 전체 학급 갤러리 워크를 위한 더 넓은 맥락을 제공한다는 사실을 학생들이 알게 되기를 바란다. 더불어, 작품 제작이 어떻게 학생들의 사고를 발달시키는지 학생들이 스스로 볼 수 있기를 바란다(Gaub, 2017).

미술계 이해: 영역 및 공동체

> 미술관에 들어서면… 14세기부터 15, 16, 17, 18, 19세기 작품 앞을 쭉 지나가게 된다. 모든 작품은 명작이며 훌륭하다. 우리는 모두 그 작품들을 좋아한다. 그러나 당신은 전체 역사의 시간 속에서 당신의 부재를 예리하게 인식하게 된다. 우리는 미술사의 구조화된 방식을 당연하게 여긴다. 모두가 유럽인이다. 다른 사람들은 언제쯤 이 공간에 들어오기 시작할까?
>
> – 케리 제임스 마셜Kerry James Marshall(2008, Art21)

아이들은 하나의 미술계에 국한되기보다는 다양한 '미술 세계들'(복수형)과의 연결을 형성해야 한다. 미술의 세계는 다양하고 작품을 만드는 방법도 다양하다. 학생들은 미술수업에서 하는 제작 과정과 전문 미술가가 하는 제작 과정을 직관적으로 연결하지 못할 수 있다. 교사가 이러한 연결에 대해 명확히 알고 있어야 다른 미술가들도 각 스튜디오 습관을 학생들 자신이 하는 것처럼 그대로 사용하고 있다는 것을 인식할 수 있다. 이것이 우리가 이 장 전체에 걸쳐 각 스튜디오 습관에서 미술가와의 연계를 포함한 이유다.

초등학교 미술 교사는 학생들에게 이러한 세계를 소개할 중요한 책임이 있다. 소더비 경매에서 개인 수집가와 박물관에 고가에 팔린 순수 미술뿐만 아니라 민속 미술가, 어린이와 청소년, 그래피티 미술가, 미술관이나 책에서 작품을 볼 수 있는 미술가 등 오래전 수백 명의 미술가가 인류 역사 전반에 걸쳐 만든 작품, 그리고 오늘날 미국 외에 전 세계에서 작업하는 미술가의 작품 등. 케리 제임스 마셜이 위에서 언급한 것처럼, 전통적으로 서양 유럽 남성들이 통제하는 순수 미술계가 있다. 비유럽인(및 여성)의 작품은 종종 대부분의 인기 있는 미술관에 전시되지 않기 때문에 그 작품들에 대해 배우지 못한다. 교사가 학생들에게 생각할 수 있는 모든 주제와 모든 민족, 인종, 문화 및 하위문화 미술가들의 미술작품을 소개함에 따라, 학생들은 자신이 관심 있는 모든 것을 미술로 표현할 수 있다는 것을 이해하기 시작한다.

미술 교사는 학생들이 다른 수업에서 배우는 과목을 자기 작품을 위한 소재로 연결하도록 안내할 수 있다. 수학적 개념, 역사·정치적 사건, 문학적 인물, 과학적 방법과 발견 또는 기후 변화 같은 학문 간 통합 문제. 이 모든 것은 미술작품을 통해 탐구할 수 있다. 스튜디오 습관의 **미술계 이해**에는 **영역**과 **공동체**라는 두 가지 관련 구성요소가 있다. 미술의 **영역**이란 수세기에 걸쳐 모든 곳에서 제작된 미술작품을 포함해야 한다. 미술 **공동체**에는 예를 들어 미술을 만들고, 미술을 보고, 어떤 미술작품을 미술관에서 전시할지를 결정하고, 미술 비평과 미술사를 쓰고, 미술을 가르치는 사람들이 포함된다. 학생들은 **미술계 이해**를 위해 스튜디오 습관을 기르게 되고, 다른 미술가의 작품을 경험하는 것을 통해서도 미술계를 이해하게 된다.

미술계 이해: 영역

미술가는 아이디어를 얻기 위해 미술관에 간다. 다른 시간, 장소의 미술가가 한 것을 보며 배우고, 영감과 아이디어를 얻기 위해 다른 미술작품을 참고한다. 다른 미술가의 방식으로 그림을 그리는 것이 아니라, 다른 미술가의 작품과 아이디어에 반응한다.

학생들은 미술의 영역에 대해서도 배워야 한다. 아이디어를 얻어 전문 미술가가 하는 일과 자신이 하는 일을 연결할 수 있어야 한다. 미술수업에서 경험한 것보다 미술의 영역에 훨씬 더 많은 것이 있다는 것을 이해해야 한다. 학생들은 다양한 미술을 접하게 되면서 다양한 양식과 기술, 미술의 의미와 표현의 종류, 미술 행동주의의 한 형태로 미술을 활용하는 많은 방법(예: 피카소의 〈게르니카〉, 또는 앞서 언급한 베티에 사르의 작품) 등 미술의 다양한 가능성에 눈을 뜬다. 목표는 학생들이 미술계 영역과의 관계를 평생 발전시키도록 하는 것이다(표 1.10 참조).

표 1.10 미술계 이해: 영역

<table>
<tr>
<td>

습관에 대해 이야기하는 방법
(괄호는 함께 사용되는 사고습관을 표기함)

- 자기 작품의 새로운 가능성을 위해 역사 속 다른 시대 작품 살피기 (관찰)
- 개인적인 의미와 영감을 찾기 위해 다른 문화의 미술과 연계하기
- 미술작품을 과학, 역사, 문학 같은 다른 과목에 대해 알고 있는 것과 연결하기 (참여와 끈기)

</td>
<td>

'나는 할 수 있다' 선언문

- 나는 다른 미술가와 그들의 과정, 기술, 스토리 및 생각을 통해 소통할 수 있다.
- 나는 다른 사람 작품을 내 작품의 자료로 활용할 수 있다.
- 나는 교실, 미술실, 갤러리, 미술관, 그리고 온라인에서 미술가들의 작품을 발견할 수 있다.

</td>
</tr>
<tr>
<td colspan="2">

예시 질문

- 여러분의 작품을 보면, 우리가 배운 미술가 중 누가 떠오르나요?
- '남북전쟁' 중 (특정 시기나 장소 선택) 사람들이 여러분의 작품에 대해 어떻게 반응할지 상상해보세요.
- (여러분이 관심 있거나 사용하고 있는 아이디어나 기술)에 관심 있는 다른 미술가의 작품을 보고 싶은가요?
- 여러분이 지금 하고 있거나 생각하고 있는 것(작품)과 관련해 선생님에게 떠오르는 (이 작품)을 보여줄게요.

</td>
</tr>
<tr>
<td colspan="2">

교사는 어떻게 '미술계 이해: 영역'을 지도할 수 있는가?

- 미술가, 미술 교사, 큐레이터, 보존가, 미술 비평가와 미술사가, 후원자, 미술관 교육자, 갤러리와 스튜디오를 포함하여 미술을 만들고 지원하는 사람과 기관에 대해 감사의 마음을 키울 수 있는 예시를 보여주어라.
- 동시대의 미술작품을 학생의 작품과 연계하라. 미술가와 작품에 대한 개인적 연결을 보여주는 방법을 지도하라.
- 전통 공예를 하는 학생 부모님과 친구를 포함한 현직 미술가를 초대하라.
- 미술관, 지역사회 단체, 미술 대학 또는 미술학 같은 미술 기관과의 관계 구축 및 부서 견학을 계획하라.
- 작품 제작 자료와 영감을 불러일으킬 미술작품을 온라인에서 찾는 방법을 가르쳐라. Tateshots, Art21 및 National Gallery of Art는 좋은 출발점이다.

</td>
</tr>
</table>

미술가 연계 – 미술계 이해: 영역

가쓰시카 호쿠사이 Katsushika Hokusai 프랑스 인상주의 화가들은 일본 미술가 가쓰시카 호쿠사이가 만든 〈큰 파도Great Wave〉(1832) 같은 목판화를 보고 그림을 그리는 방식을 바꿨다. 1800년대 초반 호쿠사이의 획기적인 작품은 현대 미술의 무대를 마련하는 데 도움이 되었다. 클로드 모네는 일본 판화를 수집하기 시작했고, 지베르니에 있는 집에 일본식 정원을 디자인했다. 호쿠사이가 만든 '연작' 개념은 모네의 건초더미와 성당 그림 연작에 반영되었다. 에드가 드가는 호쿠사이의 선과 구성 사용에서 영감을 받았다. 메리 카사트Mary Cassatt와 앙리 드 툴루즈 로트렉Henri de Toulouse-Lautrec은 호쿠사이의 영향을 받은 판화 작품을 만들었다. 이것은 미술가들이 어떻게 다른 미술가의 작품에서 배우고 가져오고 반응하는지에 대한 좋은 예다(Farago, 2015).

케힌데 와일리 Kehinde Wiley 동시대 미술가 케힌데 와일리는 고전 초상화를 참조하여 재해석하는 초상화를 그렸다. 예를 들어, 자크 루이 다비드Jacque-Louis David의 초상화 〈포토키 백작Count Potocki〉(1871)을 청바지와 빨간 티셔츠를 입은 근육질의 흑인 남성이 멋진 흰색 말에 앉아 야구 모자를 기울이고 약간 귀찮은 듯 관람자를 내려다보는 형태로 그림을 재해석했다. 와일리는 자신의 초상화에 대해 이렇게 말한다.

> *이 작품들은 고전 유럽 회화를 차용하고 있다. 그리고 나는 이러한 언어를 활용하여 핵심을 전하고자 한다. 핵심은 누구든지 이런 종류의 거대한 크기로 주목받을 자격이 있다는 것이다. 이 회화작품들을 거대한 스케일로 확대함으로써 우리 개개인 존재의 연약함뿐 아니라 개인의 가능성도 인식하길 바란다(McDonell, 2017).*

와일리는 다른 미술가로부터 차용·사용·반응하는 미술가의 또 다른 예다.

미술계 이해: 공동체

미술 공동체란 작품을 만들고, 보고, 어떤 작품이 미술관에 들어갈지 결정하고, 미술 비평과 미술사를 쓰고, 미술을 교육하는 사람들을 의미한다. 또한 이 개념은 미술가들이 아이디어를 함께 발전시켜 공동체를 형성하는 방법을 나타낸다. 예시는 다음과 같다.

- 로이스 마일루 존스Lois Mailou Jones, 로메어 비어든Romare Bearden, 어거스타 새비지Augusta Savage, 제이콥 로렌스Jacob Lawrence, 셀마 버크Selma Burke 등 상징적 인물이 포함된 1910년부터 1930년대 중반까지 할렘 인근의 작가, 음악가, 공연자, 미술가 공동체
- 미국에서 모더니즘이 발전함에 따라 1933년부터 1957년까지 노스캐롤라이나주의 블랙 마운틴 칼리지에 조세프와 아니 알버스Josef and Anni Albers, 발터 그로피우스Walter Gropius, 로버트 마더웰Robert Motherwell, 사이 톰블리Cy Twombly, 로버트 라우센버그Robert Rauschenberg, 머스 커닝햄Merce Cunningham, 존 케이지John Cage, 버크민스터 풀러Buckminster Fuller, 루스 아사와Ruth Asawa, 윌렘과 일레인 드 쿠닝Willem and Elain de Kooning, 앨런 긴즈버그Allen Ginsberg 등이 모여 만든 문화

초등학교 학생들은 다양한 방법으로 미술 공동체에서 작업할 수 있다. 미술실 작업 중에 "만약에 …라면?"이라는 질문이나 씽킹 루틴thinking routine을 짝과 공유하면, 질문에 초점을 맞춘 소규모 협업 공동체가 만들어진다. 또, 학생들이 아이디어와 기술을 공유하기 위해 협력하는 것, 전문 제작자들처럼 벽화, 애니메이션, 영화 같은 미술작품을 소모둠으로 직접 함께 작업하는 것을 통해 공동체가 발전하기도 한다. 학생과 교사들은 미술가, 협업가, 보조 작가 등과 비슷한 형태로 찬반 토론에 참여한다. 미술 교사는 동시대 미술가들이 수업과 관련된다거나 미술관 현장 체험

이나 가상 체험을 갈 때마다 학생들이 미술 공동체에 접근할 수 있는 기회를 제공한다. 미술관의 도슨트는 학생들의 작품 감상을 환영하며 미술작품이 우리 모두의 것이라고 이야기한다. **미술작품에 관한 대화**는 다른 사람의 작품에 생산적으로 반응하는 방법을 배울 기회이기 때문에, 학생들은 이를 통해 **미술계 이해: 공동체** 사고 습관을 개발하게 된다. 학생들은 미술실 공동체 수업에서 서로 예술적 관계를 구축함으로써 함께 모여 미술에 관해 대화하고 각자의 관점을 공유한다(표 1.11 참조).

표 1.11 미술계 이해: 공동체

<table>
<tr>
<td>

습관에 대해 이야기하는 방법

- 목표와 관심사를 공유하는 미술가 또는 미술가 단체에 속하기
- 미술가 학습 그룹이나 팀과 협업하기
- '비평하는 친구들critical friends'의 공동체 일원으로서 동료, 교사, 비지팅 아티스트의 말을 듣고 반응하기

</td>
<td>

'나는 할 수 있다' 선언문

- 나는 작품 제작을 위한 기술과 아이디어를 공유하기 위해 친구들과 협력할 수 있다.
- 나는 함께 만드는 작업에 대해 반 친구들의 의견을 듣고, 배우고, 타협할 수 있다.
- 나는 교실 미술 공동체의 일원이 될 수 있다.
- 나는 지금까지 살아온 모든 미술가로 구성된 글로벌 미술 공동체의 일원이 될 수 있다.

</td>
</tr>
<tr>
<td colspan="2">

예시 질문

- 어떻게 서로 협력하고 있나요?
- 친구가 방금 말한 내용을 요약할 수 있나요?
- 친구가 여러분의 모든 아이디어를 충분히 잘 요약했나요?
- 교실에 있는 사람 중에 또 다른 누가 그 문제를 도와줄 수 있나요?
- "세 번 묻고 선생님께 여쭤보세요.": 질문이 있을 때 세 명의 친구에게 각각 물어봐요. 아무도 대답할 수 없으면 손을 들어 도움을 요청하세요.
- (방금 본 작품의 미술가에게) 어떤 말이나 질문을 하고 싶나요?

</td>
</tr>
<tr>
<td colspan="2">

교사는 어떻게 '미술계 이해: 공동체'를 지도할 수 있는가?

- 학급 내 공동 작업에 대한 명확한 기대치와 기준을 강화하라.
- 학생들에게 시각예술 분야의 다양한 진로를 소개하라. 큐레이터, 비평가, 보존전문가, 후원자, 교육자, 역사가, 국회의원 등
- 학생이 특정 기능이나 관심 분야에 대한 '컨설턴트'로서 활동하도록 하라. 교사가 컨설턴트로 임명하면 해당 분야에서 도움이 필요한 학생들에게 도움을 줄 수 있다.

</td>
</tr>
</table>

✚ 다른 분야와의 연계

아이들은 작품을 만들 때 자신이 생각하는 것과 전문 미술가가 생각하는 것, 또한 다른 모든 과목과의 연관성을 볼 수 있어야 한다. 아이들은 과학수업에서 자연을 공부하는 것과 다윈Darwin이 딱정벌레를 연구하고 분류한 방법 사이의 연결을 보면서 학습할 수 있다. 학교에서 자신들이 하는 것과 전문가가 하는 것 사이의 연관성을 인식하는 것은 아이들에게 도움이 된다. 이는 **미술계 이해: 영역**을 과학계로 확장하는 것을 보여준다.

아이들은 미술가들이 프로젝트에서 함께 작업하는 방법을 배우고 혼자서는 어

미술가 연계 – 미술계 이해: 공동체

청기사파The Blue Rider Movement 회화에서의 청기사파 운동은 1911년부터 1914년까지 독일에서 지속되었다. 학교에서 가장 잘 알려진 두 명의 선두주자는 러시아 미술가 바실리 칸딘스키Wassily Kandinsky와 독일 미술가 프란츠 마르크Franz Marc였다. 이 운동은 미술가들이 새로운 회화 방식을 개발하기 위해 (같은 작품은 아니지만) 어떻게 함께 작업했는지를 보여주는 예다. 그들은 색과 형태의 조합을 통해 영적 진리를 표현하는 자연스러운 형태의 그림을 그리고자 했다. 그들은 실제 색을 고집하지 않고 영적인 진리가 전달되는 느낌을 주는 색을 사용했다. 파란색은 가장 영적인 색으로 여겨졌으며, '기사rider'라는 용어는 그들이 기존의 한계를 넘어선다는 것을 의미한다. … 이들은 자신의 새로운 미술 사조의 원칙을 집필했으며, 서로의 그림에 대해 매우 잘 알고 있었다.

카라 워커 Kara Walker 카라 워커는 뉴욕 브루클린의 오래된 도미노 설탕 공장에서 설탕으로 기념비적인 조각품을 만드는 동시대 미술가다. 노예들이 수확했던 사탕수수를 바탕으로 하는 설탕 산업의 힘에 대해 무언가를 보여주기 위해 이 조각품을 만들었다. Art21 영상 〈미묘함, 또는 놀라운 슈가 베이비A Subtlet, or the Marvelous Sugar Baby〉(2014)에서는 작품을 만들기 전에 설탕이 사회에서 차지하는 역할을 조사한 연구를 보여준다(구상의 측면). 그러나 여기서 가장 중요한 것은 이런 종류의 거대한 구조를 만드는 건 한 사람이 할 수 없으며, 미술가와 협력하고 미술가의 시각에 따라 함께 작업하는 보조팀이 필요하다는 것이다.

떤 것도 만들 수 없다는 사실을 알게 된다. 다른 과목도 이와 같은 방식으로 이해할 수 있다. 예를 들면, 과학적 발견이 단 하나의 생각에서 시작되는 경우는 거의 없다.

교사는 미술계를 활용하여 다른 과목을 이해하도록 할 수 있다. 가령, 학생들에게 사회적·역사적 권력이 미술관의 작품 수집과 배치에 어떤 영향을 끼치는지(일부를 유명하게 만들고 그 외의 작품은 배제) 이야기할 수 있다. 조지 워싱턴George Washington은 초상화에서 언덕 위의 말에 탄 남자로 위풍당당하게 표현됐는데, 그것은 미국인이 전 세계에서 자신을 강력한 이미지로 재현하는 방법을 보여준다. 미술작품과 미술적 사고는 모든 분야의 아이디어와 접근 방식을 조명하는 데 사용할 수 있다.

✚ 교실에서: 사만다 캐슬리와 함께 '미술사 GO!'

보스턴 알링턴의 교사 사만다 캐슬리Samantha Kasle의 미술 교육과정에는 저명한 미술가들이 등장한다. 3년 차 교사 사만다는 수업 계획에 대한 영감을 얻기 위해 미술관과 갤러리를 자주 방문한다. 학생들이 (그녀가 하는 것처럼) 미술에 깊이 관심을 갖고 잘 알려진 미술가와 미술작품을 인지하기를 바라며 각 단원에서는 영감을 줄 다른 미술가를 선택한다. 예를 들어 2학년의 '스케치북을 보지 않고 외곽선 그리기' 수업에서는 장 미셸 바스키아Jean Michel Basquiat의 작품을 표현적인 선의 기술로 설명했다. 사만다는 이 미술가를 다음과 같이 소개한다. "바스키아는 아이티 출신인 아버지와 푸에르토리코 출신인 어머니로부터 물려받은 다양한 예술 양식을 결합했어요. 또한 이를 뉴욕에서 자라면서 본 다양한 거리 미술과 결합했답니다." 미술실에서 바스키아의 짧은 비디오 영상을 본 후, 학생들은 작품을 제작하기 시작한다. 사만다는 교실을 돌아다니면서 오일 파스텔 기술을 시연하고, 미술가와 연결시킨다. "이런 표현을 할 때면, 대담한 선으로 표현하는 바스키아의 양식이 떠올라요."

바스키아는 사만다가 디자인한 '미술사 GO!'라는 게임에서 다른 저명한 미술가들과 함께 나온다. 이 게임은 인기 있는 포켓몬 GO 게임을 기반으로 하는데, 휴대폰 게임 안에서 플레이어는 단서를 따라 캐릭터의 복제품을 찾는다. 이 게임은 미술수업 시간에 처음 소개되며, 학생들은 학교 주변에 숨긴 작품을 (각자 자신의 시간에) 찾을 수 있다. 사만다는 미술실에서 멀리 떨어진 곳에 하나의 큰 게시판을 디자인했다. 여기에는 미술가의 간단한 전기와 함께 네 개의 이미지가 모두 게시되었다. 그녀는 학교 주변 여기저기에 이들을 작게 프린트한 작품 출력물들을 숨겼다. 또한 학생들이 각 작품에 대해 답할 질문이 적힌 응답 카드도 놓았다.

- 이 미술작품은 어떤 느낌을 주나요?
- 이 미술작품은 무엇을 생각나게 하나요?
- 이 작품을 볼 때 떠오르는 것을 간단히 스케치하세요.

학생들은 미술수업에 응답 카드를 가져와 '미술사 GO!' 바구니에 담는다. 사만다는 하나하나 읽고 학생들이 자신의 응답과 반 친구들의 응답을 비교할 수 있도록 대형 게시판에 게시한다(그림 1.17 참조).

그림 1.17 벽에 걸려 있는 작품의 감상 카드를 작성하는 학생들

사만다는 이 게임을 3학년 수업 활동으로도 활용하기로 결정했다. 그녀는 수업 시간 이전에 미술가의 영감에서 소개된 네 명의 미술가를 모두 선택했다. 사만다는 학생들에게 같은 작품에 대해 사람들이 매우 다른 반응을 보일 수 있다고 이야기한다. 다른 사람들이 작품에 대해 어떻게 느끼는지 경청함으로써 새로운 관점을 얻는 가치를 강조한다. 또한 미술수업 시간에 응답 카드를 작성하는 소규모 학생들을 관찰할 수 있도록 미술실 맞은편 복

도에 네 개의 작품을 전시했다.

이러한 경험 덕분에 아이들은 학교 밖에서 이루어지는 미술가와의 만남에 더 주의 깊게 관심을 가지게 되었다. 예를 들어, 학생들은 TV 쇼에서 미술가 테오 얀센Theo Jansen의 〈해변 동물Strandbeest〉을 보았을 때 학교에서 배운 것이 TV에 나올 만큼 중요하다는 사실에 기뻐했다.

'미술사 GO!'는 대중문화 및 게임문화를 이용하기 때문에 학생들의 학습 동기를 북돋는다. 사만다는 포켓몬의 학습 동기부여 효과가 곧 사그라들 것을 알고 있다. 현재는 포켓몬 캐릭터 피카츄, 지글퍼프, 리자몽처럼 아이들에게 매력적인 캐릭터를 활용하여 뛰어난 미술가에 대해 배우도록 동기를 부여한다. 이 귀여운 캐릭터들의 인기가 시들해지면 어린이 대중문화에서 새롭게 유행하는 것을 포함하도록 게임을 다시 디자인할 계획이다. 그동안 학생들은 미술계를 이해하기 위해 함께 작업하고 놀면서 열정적으로 미술 영역에 참여한다. 이로써 다양한 미술가에 대해 배우고 미술가 공동체에 참여한다.

스튜디오 습관 묶음

지금까지 스튜디오 습관에 대해 각각 설명했다. 교사들은 종종 저학년 아이들에게 스튜디오 습관을 한 번에 하나씩 소개한다. 그러나 미술 제작 과정이 거의 명확하게 구분되지 않는다는 것을 아는 것 또한 중요하다. 하나의 스튜디오 습관은 실제 미술 작업에서 단독으로 활용되는 경우가 거의 없다.

이 장의 앞부분에 나온 학생 미카를 예로 생각해보자. 교사는 학생 자신들이 정체성과 관련한 작업을 할 것임을 알고 있는 상태에서 정체성을 주제로 활동하는 미술가들의 작품을 보여주었다. 우리는 미카와 다른 학생들이 미술작품에 관한 대화 중에 **미술계 이해**, **참여와 끈기**, **표현**이 모두 통합되고 있었다고 추측할 수 있다. 아마도 바브 헌트Barb Hunt의 작품을 보는 것은[미술계 이해] 미카에게 영감을 주었고

[참여와 끈기], 자기 작품에 대한 아이디어를 만드는 데[표현] 도움을 주었다. 이 세 가지 스튜디오 습관은 함께 묶여 있으므로 그 영역을 정확히 구분하는 것은 어렵다. 나중에 인물의 얼굴에 난 털을 어떻게 표현할지에 대해 생각하면서 미카는 지워지지 않는 마커나 작은 붓 중 어떤 도구를 사용할지 고민한다. 여기에서 그는 **기능 개발: 기술**(미술 도구에 대해 알고 있는 것)과 **구상**(자기가 만들고 싶은 마음속 그림)을 모아 결합한다.

습관은 두 개 또는 묶음으로 사용되고, 미술가는 하나의 습관(예: **관찰**)에서 다른 습관(예: **표현**; **성찰: 평가**)으로 빠르게 이동하기 때문에 내가 보고 있다고 생각하는 습관을 정확히 집어내기 어려울 것이다. 대부분의 미술수업 활동에서 많은 습관을 관찰할 수 있다. 하나의 스튜디오 습관으로 행동을 좁히려고 하는 것이 항상 생산적이지는 않다(하지만 이러한 습관이 서로 어떻게 상호작용하는지에 대해 교사가 논의하는 대화는 학습에 생산적일 수 있다). 한 번에 작동하는 많은 습관이 있을 수 있음을 기억하라.

스튜디오 습관이 한 쌍 또는 묶음으로 함께 나타나는 방식은 다양하다. 어떤 조합은 다른 조합들보다 더 흔하게 나타난다. 교실 문화에서 나타나는 한 쌍 또는 묶음의 패턴을 알아차리는 것이 좋다. 그러면 교사가 어떤 조합이 잘 작동하고 또 어떤 조합을 권장해야 하는지 알 수 있기 때문이다. 5장에서는 실제 작품 제작에서 스튜디오 습관들이 어떻게 상호작용하는지 더 살펴볼 것이다.

도입점으로서의 스튜디오 습관

우리 대부분은 배웠던 방법으로 가르치거나 가장 잘 학습한 방법으로 가르치게 된다. 그러나 학생들은 다채로운 성향을 가지고 있다. 우리의 교육 방법은 교육과정을 설계할 때 여러 도입점을 사용함으로써 이에 적응해야 한다. 스튜디오 씽킹의 관점에서 볼 때, 학생들이 창의적인 제작 과정에서 더 많은 습관을 사용하더라도 하나 또는 한 묶음의 습관에서 수업을 시작하거나 강조할 수 있다. 그러나 처음부터 학생들이 몰입하도록 하려면 가르치는 학생들에게 세심한 주의를 기울이고 그들을 사로잡을 수 있는 특정 스튜디오 습관을 고려해야 한다. 여기에서는 초등 미술수업을 시작하는 두 가지 일반적인 방법을 자세히 살펴본다.

✚ 계획으로 시작하기

교사가 사용하는 도입 방법의 하나는 **구상**이다. 이러한 수업에서 학생들은 최종 작업을 시작하기 전에 신중한 계획을 세운다. 이전에 논의한 것처럼, 일부 학생들은 피카소가 〈게르니카〉를 작업할 때 준비를 많이 했던 접근 방식과 마찬가지로 최종 작업의 첫 붓 터치를 시작하기 전에 의도를 계획해야 할 수도 있다[구상]. 또한 앞서 논의한 바와 같이, 크리스 조던은 픽셀들이 의도한 이미지를 생산하도록 배열하는 방법에 대해 구상하고 신중히 계획했기 때문에, 200만 개의 물병을 사용하여 사람 형체의 이미지 조립이 가능했다.

✚ 실험으로 시작하기

모든 학생이 피카소와 조던처럼 면밀히 계획된 구상 중심적인 접근 방식으로 성공하는 것은 아니다. 그 대신, 그들은 탐색적이고 실험적인 시작[도전과 탐구]에 적극적으로 반응할 수 있다. 이 학생들은 잭슨 폴록Jackson Pollock처럼 옷이 더럽혀지거나 재료를 가지고 놀며 작업할 때 가장 잘할 수도 있다. 많은 미술가들은 빈 캔버스를 두려워한다. 초현실주의 화가들은 구체적으로 작업하기 위해 가끔 주사위나 회전판을 사용하여 작업 목록에서 할 일을 선택하기도 한다. 어떤 미술가는 무작위로 종이에 물감을 튀기거나 종이를 그을린 다음, 그 자국을 이어서 그렸다. 일부 학생들에게는 그러한 도입 방식이 도움이 되며, 미리 작업을 계획하도록 요구하는 프로젝트보다는 부담이 적은 탐구를 선호할 수 있다. 앞서 설명했듯이 동시대 미술가 줄리 메레투는 자신의 '추가' 작업 과정을 설명하며 어떻게 될지 완전히 확신할 수 없는 작업이라고 말한다. 그녀는 놀면서 실험해야 한다.

만약 매번 한 가지 도입 방법을 사용한다면, 완전히 바꿔 다른 스튜디오 습관(또는 구조)으로 시작하기를 권장한다. 그러면 일반적 접근 방식으로는 잘 참여하지 않던 학생들을 끌어들일 수 있을 것이다. 우리가 설명한 두 가지 방법 모두 가치가 있으며, 분명히 다른 방법도 많다. 처음에 일부 스튜디오 습관을 강조하는 것이 학생들의 작업 과정을 형성한다는 점을 고려하기를 바란다. '그물로 더 많은 물고기를 낚을 수 있도록' 학생들이 시작할 때 사용하는 스튜디오 습관을 주기적으로 바꾸는 것에 대해 생각해보자.

교실에서: 모든 것을 하나로 묶는 캐서린 카프의 5학년 학생들

매사추세츠주 리틀튼에 있는 오크 메도우 사립학교. 캐서린 카프Catherine Karp의 미술실에 있는 5학년 벨라Bella, 그레이스Grace, 케이티Katie는 스튜디오 씽킹 연구 참여자다. 이들은 몇 주에 걸쳐 현시대 문제에 답하는 세 폭triptych 협동화 작업을 한다[표현]. 세 학생은 개인적으로 의미 있는 문제인 '기후 변화가 극지방 동물에게 미치는 영향'으로 주제를 빠르게 결정한다[참여와 끈기]. 격렬한 토론과 동시에 작업대를 덮은 크라프트지 위에 스케치를 하면서[구상], 그레이스는 세 폭 협동화를 위해 큰 종이를 세 부분으로 나누어 접는다. 종이를 다시 펴고, 세 학생은 문제점을 파악하며 서로를 바라본다. 등분되도록 종이를 접지 않아서 중간 부분이 양쪽 두 부분보다 크다.

> "아냐, 잠깐! 괜찮아." 벨라가 말한다. "이 부분이 우리의 주제 부분 같은 거니까." [성찰: 평가]
> "그래, 맞아." 케이티가 대답한다. "거의 이만큼이 필요했던 것 같아." [도전과 탐구]

학생들이 주제를 결정함에 따라 대화는 빠르게 진행된다. 그들은 북극에서 떨어져 나가는 빙산을 만들기로 한다. 그러나 학생들은 단순히 기상 현상을 설명하는 데 관심이 있는 것이 아니다. 동물에게 미치는 영향을 보여주는 것, 즉 감정에 호소하는 주제에 가장 관심이 많다[표현]. 주제에 무엇을 포함할 것인지에 대해 간략하게 논의한다[구상].

> "어떻게든 하늘을 표현해야 한다고 생각해."
> "그리고 태양! 왜냐하면 태양은 열기와 아주 뜨거운 걸 상징하잖아." [표현]
> "만약 사람을 표현하려면, 나쁜 역할로 표현하는 것이 좋을 것 같아."
> "사람은 내가 제일 싫어하는 동물이야."
> "나도 싫어."
> "사람들이 우리의 세상을 파괴하고 있어. 내가 싫어하는 이유는 그거야."

학생들은 사람을 그리지 않기로 하고 작품에 넣을 만한 동물이 무엇인지 조사하기 위해 컴퓨터로 다가간다. 몇 가지 검색 후, 자신들이 그릴 수 있고(케이티는 4학년 내내 말과 개를 그리는 법을 배웠다. 여우는 말, 개와 비슷하다)[기능 개발: 기술] 사람들의 감성을 자극하는(너무 귀여운!)[표현] 북극여우를 선택한다. 그들은 종이가 있는 탁자로 돌아가 여우를 그리기 시작한다. 벨라는 '이건 그냥 스케치야'라고 생각하며 태양 초안을 그린다. 광선을 그린 연필 자국을 문지르고, 일자로 뻗어 관통하는 것처럼 보이도록 일부분을 지운다[도전과 탐구; 기능 개발: 기술]. "태양 속을 어둡게 하는 거 마음에 들지?" 하고 혼잣말한다[성찰: 평가]. 케이티는 올려다보지도 않을 정도로 여우에게 몰두한다[참여와 끈기]. 그러나 그레이스는 가까운 모둠에 긍정적으로 대답하며 제안을 해주고 돌아온다[성찰: 질문과 설명; 평가; 미술계 이해: 공동체]. 친구들은 반복해서 질문하거나, 아이디어를 제공하거나, 기술적인 조언을 듣기 위해 돌아다닌다[기능 개발: 기술]. 케이티는 계속해서 여우를 스케치한다[참여와 끈기]. "아, 지금이 더 괴로워 보여."[표현] 벨라는 자신이 한 것을 관찰하고 무엇이 바뀌었는지 질문한다. "입술을 좀 더 동그랗게 만들었어요. 보이죠? 뾰족하게 말고요. 더 슬퍼 보여요."[기능 개발: 기술; 표현; 성찰: 질문과 설명]

스케치가 완료되자 벨라, 그레이스, 케이티는 세 사람이 동시에 어떻게 작업할지 계획한다[구상]. 학생들은 접었던 종이를 버리고, 동시에 작업할 수 있도록 각자 종이를 사용하기로 한다. 그레이스와 벨라는 삼면화의 모든 면에 배경을 그리기로 하고, 케이티는 주로 여우를 담당한다[미술계 이해: 공동체]. 최종 작품을 시작하기 전에 세부적인 계획을 세운다[구상]. 벨라는 가장 왼쪽 면에 빙산을 그리고, 그레이스의 가운데 면과 나란히 맞춘다. 두 면이 만나는 곳에 점을 표시하여 그레이스가 각 부분이 일치하는지 확인하면서 빙산의 맨 아랫부분을 완성할 수 있게 한다[미술계 이해: 공동체; 구상]. 그레이스는 친구들에게 작업을 시작하기 전에 연필의 뾰족한 정도를 확인하게 한다. 연필 선이 너무 두껍거나 얇지 않아야 하기 때문이다[기능 개발: 기술; 미술계 이해: 공동체]. 또한 그들은 최종 주요 주제를 결정한다. 수많은 우여곡절 끝에, 빙산에서 멀리 떨어진 얼음 위에 아기 여우를 그리기로 한다. 이 아이디어에 대한 학생들의 반응은 작품이 얼마나 깊게 호소하는 작품이 되기를 원하는지 보여준다[표현]. 고아가 된 불쌍한 여우의 모습에 대한 열 살 아이의 눈물 어린 반응은 실로 가슴이 미어진다.

아이들은 작업을 시작한다. 고개를 숙이고 작업하다가 한 명씩 고개를 들어 다른 두 명은 무엇을 하는지 비판적으로 살펴본다[관찰; 성찰: 평가]. 가끔 걱정이나 칭찬을 한 후에 다시 작업을 한다[성찰: 평가; 미술계 이해]. 마지막으로 색을 추가할 차례다. 벨라는 몇 가지 가능성에 대해 곰곰이 생각한다. "음, 사람들은 녹는 것은 따뜻한 색과 연결 짓지. … 하지만 빙하는 파란색이랑 연결하잖아."[표현] 케이티가 자신의 그림을 비평하면서 색상 선택에서 난관에 부딪힌다. 그녀는 자신이 그린 여우가 여우로 보일지 걱정한다. 같이 작업한 친구들은 문단 읽기에서도 배경 상황이 있으면 명확해지므로 배경이 여우를 더 확실히 보이게 할 것이라고 말한다. 따로 놓고 보면 여우는 개나 고양이로 보일 수도 있다. 하지만 주변 환경을 고려하여 본다면 분명히 북극여우다[성찰: 평가].

이제, 어려운 색과 스타일을 결정할 시간이다. 그들은 최근 봤던 검은색 테두리가 있는 팝아트 작품처럼 검은색 마커를 사용해 테두리를 그리기로 결정한다[미

술계 이해: 영역]. 그들은 여우의 색을 선택하는 데 상당한 시간을 할애한다. 검색하면서 본 여우는 대부분 흰색이었기 때문에 흰색을 생각한다. 하지만 흰색이 주변의 눈이나 얼음 색과 너무 비슷하다고 판단한다. 그런 다음 이면지에 은색을 그려본다. 그레이스의 의견으로는 은색이 가장 좋아 보이지만, 최종적으로 흰색과 너무 유사하다고 생각한다[성찰: 평가]. 많은 토론과 비판적인 관찰 끝에[관찰; 성찰: 평가] 학생들은 결국 청동색 마커로 여우가 작품에서 적절하게 '돋보이도록' 표시한다[표현]. 케이티는 여우를 색칠하고, 그레이스는 빙하 그림자에 적당한 색을 찾아 그리기 위해 여러 파란색 마커들을 이면지에 칠해본다[성찰: 평가]. 그림 1.18의 최종 작품을 참조하라.

독자들은 여기에 사용된 추가적인 스튜디오 습관의 근거들을 더 보게 될 것이다. 케이티, 그레이스, 벨라는 미술가처럼 생각하고 작업하면서 스튜디오 습관을 매끄럽게 통합하기 때문이다. 그들은 스튜디오 습관을 한 번에 하나씩 연속적으로 사용하지 않는다. 함께 묶거나 매우 빨리 통합하여 사용하기 때문에 동시에 일어나는 것처럼 보인다. 아마도 이러한 작업 방식은 여러분의 미술실에서 본 것과 일치할 것이다. 교실에 처음 온 사람은 학생들이 프로젝트에서 작업하는 것을 그냥 보기만 할지도 모른다. 그러나 스튜디오 습관의 관점에서 보면, 학생들이 다양한 사고방식을 내면화했음을 알 수 있다. 학생들은 이제 스튜디오 습관

그림 1.18 추후 전시 예정인 자신들의 작품 〈녹아내리는 빙하 The Melting Polar Ice Cap〉를 보고 있는 벨라, 그레이스, 케이티

이 자연스러워졌다. 문제 상황에 직면했을 때 학생들이 의도적으로 스튜디오 습관을 사용할 수 있도록 이를 상기시켜줄 수 있을 것이다.

다음 장에서는 미술 교사가 네 가지 스튜디오 구조를 사용하여 시간, 공간 및 상호작용을 구성하는 방법에 관해 이야기하고자 한다.

생각해보기

1. 하나의 스튜디오 습관이 또 다른 습관으로 이끌어줄 수 있기 때문에 같이 사용할 수 있는 스튜디오 습관들은 무엇이라고 생각하는가? 서로 반대되는 습관들은 무엇이라고 생각하는가?

2. 최근에 가르친 단원의 다양한 단계를 되돌아보고, 어떤 스튜디오 습관을 사용했는지 확인하라. 어떤 것이 있으며, 어떤 것들을 함께 묶거나 짝을 지어 사용할 수 있는가? 한 번도 사용하지 않은 것이 있는가? 왜 그렇다고 생각하는가? 특정 단원에서는 사용하지 않는 것이 나을 수 있다. 만약 깜빡 잊었다면 이제 명확히 사용할 수 있다.

3. 스튜디오 습관 중 가르치기 쉬운 것과 어려운 것은 각각 어떤 것인가? 왜 그렇게 생각하는가?

4. 당신은 작품을 만들 때 미리 종이에 계획을 적거나 탐색하면서 시작하는가? 자신의 스타일이 학생들에게 수업을 소개하는 방식과 일치하는가? 어떤 학생에게는 이 형식이 더 잘 맞고 다른 학생에게는 다른 형식이 더 맞을 수 있지 않을까? 수업의 다양한 접근 방식을 어떻게 존중할 수 있는가?

2장
스튜디오 구조

우리의 첫 번째 책 『스튜디오 씽킹』(Hetland et al., 2007)에서는 고등학교 미술수업에서 본 네 가지 스튜디오 구조 '시연-강의', '학생 작업', '비평', '전시'를 설명했다. 이러한 구조는 교사가 미술실에서 시간, 공간 및 상호작용을 구성하는 방식을 나타낸다. 학생들은 이 구조의 도움을 받아 미술가처럼 생각하고 행동하여 진정한 예술적 실천을 할 수 있다. 이 책에서는 이러한 구조의 이름을 어린이에게 적합한 언어로 변경하고, 초등학교 교실에서 어떻게 사용하는지 설명하고자 한다.

초등학교에서 스튜디오 구조 적용하기

초·중학생에게 더 직접적으로 이야기하기 위해 표 2.1과 같이 기존 스튜디오 구조 중 세 개의 이름을 변경했다. 이름은 바뀌었지만 구조의 기본 특성은 모든 학년의 학생들에게 동일하게 유지된다.

우리는 교사들이 이러한 구조를 유연성 있게 활용하여 다양한 발달 수준에 맞게 지도할 것을 권장한다. 예를 들어, 저학년을 위한 **교사 시연** 단계는 짧고 구체적이다. 뒤따르는 **학생 작업** 단계를 위한 스캐폴딩을 포함한다. 고학년 학생들은 더 오랜 기간 참여할 수 있다. 독립적으로 작업할 때 교실 곳곳에 게시된 안내를 참고할 수 있다. **미술작품에 관한 대화** 단계의 빈도, 유형 및 깊이도 학생들의 나이와 미술 제작 과정 및 용어에 대한 친숙도에 따라 다르다.

표 2.1 초등학생을 위한 스튜디오 구조

구조	특성
교사 시연* (고등학교: 시연-강의)	• 모둠 중심 • 시각적 강조 • 즉각적인 관련성 • 간결성 • 연계성
학생 작업 (고등학교: 학생 작업)	• 제작을 통해 사고에 집중 • 독립적인 작업 • 지속적 평가 • 개별적 개입
미술작품에 관한 대화 (고등학교: 비평)	• 학생 작품 중심 • 성찰적 • 언어 중심 • 미래 지향적 • 다양한 형식
전시** (고등학교: 전시)	• 과정과 완성작 보여주기 • 다양한 형식 • 학생 참여 • '현실 세계' 미술과의 연계 • 미술에 대한 지원

초등학교와 고등학교 미술 프로그램은 일반적으로 집중도가 다르다. 늘 부족한 시간은 초등교사가 의사결정을 할 때 항상 고려하는 사항이다. 초등학생은 미술수업이 일주일에 한 번, 드물게는 일주일에 두 번이다. 반면, 고등학생들은 종종 한 학기 또는 1년 내내 매일 수업을 받는다. 초반 연구를 위해 관찰한 고등학교의 수업 시간은 주로 3시간이었다. 이는 한 학년에 총 20~35시간이며, 30~60분인 초등학교 평균 미술수업 시간과 분명한 차이가 있다. 학교 관리자들이 인정하지 않지만, 초등학교와 고등학교 사이의 이러한 큰 시간 격차는 도입할 수 있는 자료의 양과 질, 교실 분위기 조성, 교사가 학생을 평가하는 깊이 등 학습에 확실히 영향을 미친다.

* 원어로 '초·중등: Teacher presents', '고등: Demonstration-Lecture'를 각각 '시연', '시연-강의'로 사용함.

** 원어로 '초·중등: Showing art', '고등: Exhibition'이나, 내용상 유사하여 동일하게 '전시'를 사용함.

초등학교 미술실에서는 시간이 촉박하므로 현명한 교사는 생산적으로 시간 사용하는 법을 연구한다. 교사는 언어와 행동 양식 루틴에 따라 다음 구조로의 진행 전환을 관리하여 효율적으로 시간 손실을 줄일 수 있다. 각 수업을 조직하고 구성하는 방법에 관한 결정은 경험을 통해 더 익숙해진다. 하지만 베테랑 교사도 학생들이 작품 제작 경험을 통해 주도적으로 생각하고 창조하며 성찰할 수 있는 역량을 기르도록 하기 위해 효율성을 새롭게 찾아 구조를 조정해간다.

각 스튜디오 구조에 초점 맞추기

다음 단계에서는 네 가지 스튜디오 구조 각각이 학생의 학습에 어떻게 기여하는지 설명한다. 우리는 교실에서 일반적으로 펼쳐지는 순서대로 구조를 제시한다. 물론 이 순서는 고정된 것이 아니다. 3장에서는 수업 실천 사례에 이러한 구조가 실제로 어떻게 내재화되어 실천되고 있는지 밝히기 위해 직접 교실을 방문할 것이다.

✚ 교사 시연

교사 시연은 교사가 학생들에게 다음 작업(일반적으로 **학생 작업**)을 준비하기 위해 제공하는 시범 또는 지시를 말한다. **교사 시연**은 일반적으로 수업을 시작하면서 그날의 활동을 소개하고, 즉시 사용할 핵심 개념과 기술을 강조하거나 학생들의 생각이나 작업과 연결되는 미술가를 소개한다. 또한 그림 2.1과 같이, 교사는 이 구조를 활용하여 학급을 한데 모아 방향을 재설정하거나, 다음 단계를 소개하기 위해 사용할 수 있다.

때때로 학생들은 **교사 시연**에 적극 참여한다. 교사는 이 구조에서 다가오는 **학생 작업** 단계를 위해 시간을 조절하며 상호작용해야 한다. **교사 시연**에 대한 상호작용적 접근 방식은 대화 또는 학생이 교사와 함께 작업 과정을 따라 해보거나, 개념 설명을 돕거나, 그날의 수업과 관련하여 학생 작품에서 발견한 것을 공유하는 것이다. '교사 시연'은 학생의 집중도를 극대화하기 위해 명확한 목표를 가지고 간략하게 유지해야 한다. 초등학생은 일반적으로 몸을 움직이거나 스스로 무언가를 시도하기 전에 겨우 5~10분 동안만 경청할 수 있기 때문이다.

그림 2.1 수업에서 미술가의 작품을 소개하는 사만다 캐슬리

모둠 중심 **교사 시연**은 전체 그룹에 공유된 경험이다. 학생들은 미술실에 들어갈 때, 수업 시작을 위한 방법과 장소에 따라 정해진 루틴을 따른다. 수업은 새 프로젝트를 발표하거나, 진행 중인 프로젝트의 다음 단계를 간략히 설명하거나, 학생의 진행 중인 작업과 연결되는 동시대 혹은 역사적 미술가를 강조하거나, 학생들이 탐구할 새로운 개념을 소개하거나, 예상치 못한 어려움이 생긴 지난 시간 수업을 다시 가르칠 수 있다.

시각적 강조 시각 정보(이미지, 재료, 도구 및 시연된 과정)는 **교사 시연**의 핵심이다. 교사는 학생이 보기 쉽고 시연하기 용이하도록 시각적 지시 사항과 교구를 신중하게 선택하고 꼼꼼하게 배열한다.

직접적인 관련성 교사는 이 구조에서 추후 작업에 대한 모호한 언급을 피한다. 그날 작업과 직접적으로 관련이 있는 지금-여기 활동에 계속해서 초점을 둔다. 이는 학생들의 주의력을 높인다. 학생들은 교사가 말하는 정보가 **학생 작업** 단계에 유용할 것이라고 인지할 때 **교사 시연**에 집중할 가능성이 더 크다.

간결성 **교사 시연**은 작업을 시작하는 데 충분한 정보를 제공하지만, 학생이 주의력을 잃을 정도로 오래 진행하지 않고 짧고 간결하게 한다. 교사는 **학생 작업** 단계가 될 때까지 소모둠 및 일대일 수업은 뒤로한다. 다단계 프로젝트의 경우, 교사는 전체 학급에게 다음 단계에 관한 빠른 설명을 하기 위해 **학생 작업** 단계를 잠시 멈출 수 있다.

연계성 교사는 이전 수업을 명시적으로 참조함으로써 지난 학습을 강화하고 확장한다. 또한 학생들이 발견한 연계성을 얘기할 수 있게 한다. "3학년 때 했던 비슷한 작업 기억하는 사람 있나요?"라는 연계성 질문은 학생들의 기억을 활성화한다. 스튜디오 사고 습관은 이전 학습을 새로운 주제와 연결할 때 친숙한 방법이 될 수 있다.

✚ 학생 작업

학생 작업은 교실에서 이루어지는 미술 학습의 핵심이다. 미술실 시간에는 학생들이 독립적으로 작업한다. 학생들은 교사 및 친구들과 일대일 및 소모둠 대화를 통해 학습한다. 교사가 '시기적절하게' 개입하면 학생의 학습에 큰 도움이 된다. 교사는 학생의 작업 과정을 살펴보면서 의견을 제시하고 질문하는 동시에 학습의 이해도를 평가한다(그림 2.2 참조). 실제 미술실 공간을 고심해서 구성하면 학생들이 더 독립적으로 학습할 수 있도록 도울 수 있다. 쉽게 접근할 수 있고 사용할 준비가 된 재료, 도구 및 시각적 참고자료로 구성되어 있는 미술실은 학생들에게 도움이 된다.

학생 작업 단계 동안 교사는 스튜디오 습관을 단독으로, 더 많은 경우 함께 여러 개를 묶어서 적용하는 학생을 발견할 수 있다. 이 구조를 통해 교사는 일관된 형성 평가를 할 수 있다. 개별적으로나 소모둠의 결정에 응답하고 학생들이 사용하는 스튜디오 습관에 조언할 시간이 주어지기 때문이다. 학생과 교사가 함께 작품을 관찰하면서 진행 상황을 평가하고 다음 단계를 구상하기도 한다. 또한 교사는 학생들이 자신의 작업과 실제 미술가의 작업을 연결하도록 도울 수 있다. 작업에 참여하거나 지속하는 데 문제가 있는 학생은 '올바른' 도구 사용 시연을 통해 기능을 개발하는 데 도움을 받을 수 있다.

그림 2.2 5학년 학생과 스케치에 대해 이야기하는 캐서린 카프

제작을 통해 사고에 집중 학교의 다른 교과목과 달리, 손으로 작업하는 미술수업의 진정성은 학생들이 개인적인 의미를 만들고 이를 발전시킬 힘을 개발하는 데 있다. 작품을 제작할 때, 생각하는 것과 만드는 것은 서로 얽혀있다. 예를 들어, 교사가 시연하는 동안 찰흙 표면의 표현 기술을 관찰하는 3학년 학생들은 **학생 작업** 단계에서 새로운 기술을 탐색할 수 있다. 학생들은 제작을 통해 특정 재료의 가능성에 대한 지식을 확장하고, 다른 미술가들이 비슷한 재료 및 아이디어로 작업하는 방식을 잘 이해하게 된다.

독립적인 작업 학생들은 친구들과 함께 작업하면서 공동체 미술실 공간에서 교사가 설정한 루틴과 지침에 따라 작업, 도구, 재료 및 자료에 대한 접근 방법을 배운다. 이러한 형식의 스캐폴딩을 통해 학생들은 독립적으로 작업할 수 있다. 또한 학생들은 기술을 발전시키고 심층적으로 이해하고 새로운 아이디어를 시도해보기 위한 추가 정보 자료를 가지고 도움을 주고받을 수 있다. 교사는 때때로 학생들에게 잠시 멈추고 학급 전체와 이야기하도록 하지만, 이러한 개입은 간단하고 직접적이며 가끔 이루어진다. 일부 학생들은 준전문가나 보조 교사와 함께 미술수업에 온다. 이 경우, 독립적이고 의미 있는 학습을 가장 잘 지원하는 방법에 대한 지침이 필요하다.

지속적 평가 **학생 작업** 단계에서 교사는 교실을 돌아다니며 관찰하고 대화하면서 과정을 평가한다. 이때 초점은 학생들이 자기 작품을 계획, 실행 및 수정할 때 결정을 내리는 과정에 있다. 교사는 학생들이 자기 작업에 대해 성찰하는 동안 경청하고, 작품을 만드는 과정에서 어려움을 겪을 수 있는 부분을 포함하여 작품의 전반적인 제작에 관련된 내용을 지도하고 수업을 개선할 수 있는 방법을 생각한다. **학생 작업** 단계 동안 진행되는 평가는 교사에게 개별 학생의 진행 상황과 자신의 수업 효율성에 대한 정보를 제공한다. 학생들은 자신의 강점과 성장할 수 있는 영역을 인식하는 데 도움을 받을 수 있다.

개별적 개입 지속적인 평가는 교사가 시기적절한 결정을 내리고 개별적인 개입을 통해 학생이 필요할 때 도움을 줄 수 있다. 미술 교사는 학생들의 독특한 작업 스타일, 능력, 태도 및 관심사를 잘 알고 있기 때문에 학생의 구체적인 요구사항을 해결해줄 수 있다. 신규 초등 미술 교사는 학생들의 개별 맞춤 지도를 위해 모든 학생을 파악할 충분한 시간이 필요하다. 학생들과의 관계를 형성하는 동안 미술 교사는 학급 담임 교사 및 보조 교사와 협력하여 학생들에 대해 배우고 개별화된 학습을 제공할 수 있다.

✚ 미술작품에 관한 대화

미술작품에 관한 대화는 학생과 교사를 미술가 공동체로 모아 진행 중이거나 완료된 작업에 대해 토론하는 것이다. 이러한 성찰 부분은 학생들이 자신과 친구의 작업에서 효과가 있는 것과 그렇지 않은 것을 평가하는 방법을 배우는 데 도움이 된다(그림 2.3 참조). 토론을 위해 일시적으로 게시한 작품을 평가하는 시간에 학생들은 많은 스튜디오 습관을 사용한다. 학생들은 토론을 위해 일시적으로 게시한 작품을 평가하며, 이때 많은 스튜디오 습관을 사용한다.

그림 2.3 작업 중인 작품에 대해 토론하는 엘리너Eleanor와 그레이스Grace

관찰하고, 작품 속 표현을 해석하고, 수정해야 할 방법을 구상하고 성찰한다. 자신의 작품과 함께 과정도 고려한다. **미술작품에 관한 대화**에서 모든 학생의 비평과 적극적인 경청은 필수적인 활동이다. 관찰하고 생각하고 쓰고 말하는 것을 통해 학생들은 공동체를 구축하고 스튜디오 습관인 **관찰**, **구상**, **성찰**, **표현** 그리고 **미술계 이해**를 발전시킨다.

교사들은 **미술작품에 관한 대화**를 하면서 작품에 대한 관찰을 명확히 표현하고 작품 뒤에 숨겨진 이야기와 의미에 대해 질문하기 위해 연령에 적합한 방법을 모델링한다. 교사들은 예시 답변을 공유하면서 학생들에게 "저는 그게 좋아요" 또는 "잘했다고 생각해요" 같은 단편적인 응답보다 더 깊이 있고 더 구체적인 대답을 유도할 수 있다. 유치원생부터 이러한 과정에 참여할 수 있다. 모든 연령대의 어린이들은 '미술가는 항상 결정을 내리고, 미술작품은 생각의 결과'라는 것을 상기할 수 있다. 고학년 아이들은 분위기에 변화를 주기 위해 조각품에 덧붙일 부분을 작업하거나 붓 터치를 다양하게 덧칠하는 것과 같은 특정 미술적 결정에 집중할 수도 있다. 같은 반 친구의 작품에서 영감을 받은 느낌이나 미술가의 작품에서 의도한 의미에 관한 해석을 이야기할 수 있다. 학생들이 **미술작품에 관한 대화** 과정에 익숙해지면, 교사는 학생들이 과제를 완료하는 데 도움이 될 의견, 제안 또는 질문의 종류를 선택하는 데 좀 더 광범위한 선택지를 줄 수 있다. 3장 스튜디오 씽킹 실행 장면에서 이에 대한 사례를 찾아볼 수 있다. 또한 학생들이 비평문을 구성하는 데 도움이 되는 문장 완성하기 세트는 부록 D에서 참조하라.

학생 작품 중심 관찰은 **미술작품에 관한 대화**의 중심에 있다. 반 전체가 참여하면 다른 모든 작업은 제쳐두고 모두가 지정된 학생의 작품을 주의 깊게 보는 데 집중한다. 교사들은 종종 수업 시작과 끝에 이를 활용하거나, 또는 **미술작품에 관한 대화**를 위한 수업시간을 따로 마련하여 운영하기도 한다. 교사는 **미술작품에 관한 대화** 단계 동안 일종의 안전한 공동체를 만들고, 도움이 되는 대화를 촉진하는 모범적인 대화 방식을 보여준다. 이는 좋은 대화에 관한 기준점이 된다. 초점은 학생 작품에 있지만, 이 전략을 사용하여 전문 미술가의 작품도 천천히 그리고 주의 깊게 볼 수 있다.

성찰적 **미술작품에 관한 대화** 단계에서 작품이 전시될 때, 학생들은 아마 처음으로 자기 작품을 객관적으로 바라보았을 것이다. 친구들이 자신의 작업을 설명할 때 경청하고 작업의 의미, 기술, 표현, 과정 또는 기타 특성에 대한 의견을 나누고 서로의 질문에 응답한다. 학생들은 친구들과 교사의 이야기를 들으면서 자신의 작업에 대한 통찰력을 얻고 이전에 몰랐던 것과의 연계성, 자신의 강점 및 성장 가능 영역을 발견할 수 있다.

언어 중심 **미술작품에 관한 대화**는 종종 대화식이지만, 모든 사람이 참여할 수 있도록 접착 메모지나 워크시트에 쓰는 것도 포함될 수 있다. 교사는 학생들에게 중재자가 되도록 가르치면서도 자신감이 부족하거나 대화 능력이 제한된 학생들에게 항상 세심한 주의를 기울여 지원할 수 있다. 일부 학생에게 **미술작품에 관한 대화**는 말이나 몸짓을 활용해 시각적 아이디어를 전달하는 방법을 확장하도록 도와준다. 또한 이 과정은 학생들이 전시를 위한 작품 소개글을 작성하는 데 도움이 된다.

미래 지향적 **미술작품에 관한 대화**는 학생들이 자신의 작품을 수정하고 새로운 작품을 시작할 때 도움이 된다. 학생들은 진행 중이거나 앞으로 도전할 작품을 개선하기 위해 피드백을 주고받아 진정한 미술적 실천에 참여하게 된다. **미술작품에 관한 대화**는 학생들이 이전에 상상하지 못했던 재료와 개념을 통해 새로운 가능성의 세계로 그들을 초대한다. 학생들은 이러한 시간을 통해 자신의 작업이 다른 사람들에게 미치는 영향을 깨닫게 된다. 또한 앞으로 유사한 작업에 어떻게 접근할지 구상하거나, 새롭게 이해한 점을 바탕으로 기존 작업을 수정할 수 있다.

다양한 형식 **미술작품에 관한 대화**는 말이나 글로 나타낼 수 있다. 심지어 손짓이나 표정을 통해서도 표현된다. 말이나 글을 통한 토론으로 학생들은 자기 작품을 수정하고 완성하기 위한 다음 단계를 구상하기 시작한다. 목표는 학생이 토론 또는 비공개적 방식으로 자신의 작업에 대해 생각할 수 있는 시간을 만드는 데 있다. 저학년은 청소를 마친 후나 수업이 끝날 때 짝 또는 소모둠끼리 공유하기 위한 '씽킹 루틴'을 배울 수 있다. 쓰기 능력이 뛰어난 학생(일반적으로 2학년 이상)은 수업이 끝날 때 '출구 티켓'을 남길 수 있고, 진행 중인 저널이나 스케치북에 의견을 추가하거나 작품 소개글을 작성할 수도 있다. 이때는 세심하게 작성된 지시 사항이나 문장 시작 틀을 활용할 수 있다(부록 B와 C의 예 참조). 일부 교사는 진행 중인 작업을 관찰하기 위해 교실 '갤러리 워크'를 수업의 도입, 중간, 또는 마무리 단계에 운영한다. 작품은 테이블이나 교실 벽에 전시할 수 있다. 학생들은 이곳에서 충분히 관찰할 수 있다. 자기 생각을 접착 메모지에 써서 비평문을 남기거나 작품 옆에 놓인 봉투에 메모를 남긴다. 또한 친구들이 자신의 작업 과정, 작업 중 결정사항, 도전에 대해 발표할 때는 경청한다.

미술작품에 관한 대화 미술적으로 생각하기 위한 학습에서 중요한 요소다. 이것은 시각예술과 미술계에 대해 더욱 폭넓게 이해하도록 도와준다. 시간이 촉박하더라도 초등학교 교실에서는 지속적으로 작품에 대한 대화를 나누는 시간을 갖는

것이 중요하다. 그렇지 않으면 학생들은 표면적인 수준에서 생각하고 잘못 이해할 수 있다. 학생들이 **미술작품에 관한 대화** 루틴에 익숙해짐에 따라 편안한 분위기에서 작품을 공유하고 반응하게 된다. 이 구조는 학급에서 학습 공동체가 만들어지는 것을 도와주기도 한다. 또 반복적인 연습을 통해 학생들이 아이디어를 종합하는 방법을 배움에 따라 핵심 개념과 미술 용어를 내면화하는 데 도움을 준다.

✚ 전시

전시는 학생들의 작품을 발표하는 미술실 수업의 마지막 단계다. 교사는 저학년 학생들에게도 미술작품 자체와 짧은 작품 소개글을 통해 학생 간, 가족, 학교 공동체에 그 메시지와 이야기를 전달하는 방법으로 **전시**를 소개한다. 아이들은 학교에 다닐 때 복도에 걸려 있는 미술작품을 보는 데 익숙해진다. **학생 작업**과 **미술작품에 관한 대화** 단계에서 학생들은 모든 작품이 전시될 수 있거나 전시되어야 하는 것은 아니라는 것을 배우며, 전시를 위한 작품을 선택하는 역할을 할 수도 있다는 것을 배운다.

과정과 완성작 보여주기 **전시**는 단순히 완성된 작업을 보여줄 뿐만 아니라 학습을 기록하고 학생들을 의사 결정에 참여시키는 방법이기도 하다. 학습 전시에는 최종 작업과 함께 초안, 학생이 작업하는 것을 찍은 사진과 그 당시 학생이 결정한 의견("이 사진에서 당시 생각한 내용을 쓰세요")이 포함될 수 있다. 전시회는 강당에서 열리는 연례적인 예술제든 학교 복도 게시판에 바꿔가며 게시되든, 어린이들에게 강력한 학습 도구가 된다(그림 2.4 참조).

다양한 형식 초등 미술 프로그램의 전시는 교사나 학생이 작품을 선택할 수 있으며, 비공식적이거나 공식적으로, 일시적이거나 영구적으로, 물리적 공간이나 가상 공간에서 진행될 수 있다. 학교 규모, 가능한 전시 공간, 교사 또는 자원봉사자

그림 2.4 학생 작품과 친구 의견이 적힌 접착 스티커가 학기 내내 함께 전시된 샌프란시스코 프렌즈 학교

가 가능한 때에 따라 다양한 전시회가 가능하다.

학생 참여 장소나 형식과 관계없이, 학생들이 미술실에서부터 전시까지의 모든 단계에 참여하는 것을 권장한다. 학생들은 자신의 작업이 전체적으로 통일성을 갖도록 협력하거나(3장 키티 콘드의 사례 참조) 설치 및 철거 과정에 참여할 수 있다. 학생들은 또한 공식 전시회를 주최하는 역할을 수행할 수 있다. 예를 들어, 홍보물을 만들고 관리자와 교육위원회 구성원을 초대하는 초대장을 작성하고 프로그램을 만들거나 행사에서 작품에 대해 연설할 수도 있다. 이런 식으로 학생들은 미술가가 작품을 '만드는' 것뿐만 아니라, 관람자가 작품에서 영감을 받는 대화에 참여할 수 있도록 자기 작품을 '보여주기도' 한다는 것을 배운다.

'현실 세계' 미술과의 연계 **미술계 이해** 단계는 학생들이 자신의 작품을 전시하거나 다른 학생 또는 전문 미술가의 전시회에 참석할 때마다 더욱 뚜렷해진다.

초등학교에서 학생과 교사는 소풍, 가정 체험학습, 갤러리, 미술관에서 본 전시회에 관한 이야기를 나눌 수 있다. 특히 가까운 곳에서 관련 전시회가 열릴 때, 미술 교사는 가족끼리 가볼 수 있도록 미술가와 전시회 정보를 제공한다. 저학년 학생들에게 특히 인기가 많았던 테오 얀센의 〈해변 동물Strandbeest〉 순회 전시회가 그런 경우였다. 많은 교사들은 **교사 시연** 단계에서 해변을 가로질러 움직이는 생물체가 나오는 얀센의 비디오를 보여주었다(Exploratorium, 2018). 학생들은 이 사실을 가족들에게 말했으며, 많은 가족이 시간을 내서 전시회를 방문했다. 나중에 학생들은 작가의 독특한 작품을 본 경험을 학급에서 다시 이야기했다.

미술에 대한 지원 **전시**는 미술 프로그램의 강력한 지원 도구다. 미술 교사가 학생들의 작품을 교실 밖으로 가지고 나올 때 학교를 넘어 지역사회로 새로운 관람자들이 생긴다. 전시회는 학교 안팎의 지역사회 구성원에게 스튜디오 씽킹과 작품 전시로 이어지는 미술적 과정을 교육하는 데 사용할 수 있다. 이것은 교사들이 완성된 작품만 선보이는 것이 아니라 작품을 만드는 데 필요한 학습과 중요한 사고력을 강조할 좋은 기회가 된다. 미술 교사는 학생의 작품에서 보여지는 스튜디오 씽킹을 두드러지게 강조하는 전시를 계획할 수 있다. 이는 학생들에게 작품 소개글과 자신의 성찰을 전시에 포함시키도록 요청하거나, 전시회 리셉션에서 스튜디오 씽킹에 대해 이야기하거나, 관람자가 학생 미술가에게 작업할 때 사용하는 스튜디오 습관에 대해 질문하도록 함으로써 가능해진다. 다른 전시회와 마찬가지로 홍보와 소통은 관람객을 모으고 교육하는 데 큰 도움이 된다. 미술 교사들은 (운영위원회가 있는 곳에서도) 학생들의 작품을 광범위하게 전시할 기회를 포착하고 자신의 미술 프로그램을 대중에게 공개할 수 있다. 이로써 학교 교육과정에서 미술 교육의 가치를 결정하는 이해관계자의 긍정적인 반응을 끌어낼 수 있다(6장 참조).

구조에서 구조로 이동: 전환

전환은 학생들이 다른 장소로 이동하거나, 활동을 바꾸거나, 정리되지 않은 시간으로 어색할 수 있는 순간이다. 그래서 적절하게 계획하지 못하면 가능한 학습 시간을 많이 소모하게 된다. 따라서 이러한 순간을 더 잘 관리하기 위해 규칙을 만들면 미술 교사는 가르치는 데 더 많은 시간을 할애할 수 있다.

✚ 미술수업으로 전환

교사는 다양한 방법으로 학생들이 미술수업으로 전환하도록 돕는다. 대체로 학생들은 조용히 교실에 들어가 모이는 장소로 걸어가서 자기 자리에 앉는다. 줄리 툴Julie Toole(3장에서 소개)은 교실 문밖에 있는 표지판을 활용하여 미술수업으로의 전환을 시작한다. 표지판에는 그날 배울 구체적인 활동이 적혀있어 학생들이 교실 내 모이는 장소로 걸어가면서 마음의 준비를 하도록 한다.

✚ 각 교실로 들어가 수업하는 미술 교사를 위한 수업 전환

어떤 학교에는 미술실이 없어 미술 교사가 미술 재료를 카트에 실어 일반 교실로 가져온다. 빠른 전환을 위해 훈련받은 몇몇 학생이 카트의 짐을 풀어 지정된 장소에 재료를 배치하고, 교사는 **교사 시연**용 영상을 준비한다. 일부 교사는 학생 리더가 이번 주 학습할 작품을 친구들에게 보여주며 무엇이 표현되었다고 생각하는지 물어보는 활동과 같이 동일한 활동이나 게임으로 수업을 시작한다. 이러한 활동은 미술교사가 학급 담임교사, 보조교사, 개별 학생과 의사소통할 시간을 확보해 준다.

✚ 학생 작업으로 전환

교사는 학생들이 미술실 작업을 시작할 시간을 명확하게 알려주어야 한다. 학생들은 작업 영역을 확보하고 스스로 재료를 사용하는 루틴에 익숙해져있다. 교사는 이 시간을 활용하여 개별 학생의 진행 중인 작업이나 작업 중 고민을 확인한다.

✚ 정리로 전환

학생들은 정리 루틴을 배울 때 스튜디오 습관 중 **기능 개발: 미술실 실습**에 참여하게 된다. 학생 작업, 재료, 도구 및 재료의 자리를 분명히 지정하여 교실 관리자가 있든 없든 상관없이 효율적으로 준비하고 정리하도록 한다. 교사는 **교사 시연** 단계 중에 이러한 절차를 잘 드러나게 보여주며 모델링한다.

✚ 미술작품에 관한 대화로 전환

제한된 시간에도 불구하고 **미술작품에 관한 대화**는 스튜디오 씽킹 교실에서 매우 중요하다. 시간을 절약하기 위해 한두 작품에만 집중할 수 있다. 많은 교사들은 정리가 최종 활동인 경우, 2~5분 일찍 정리하고 미술작품에 관한 대화 시간을 남겨둘 수 있다. 때때로 학생들은 정리를 마치고 이야기를 공유할 반 친구를 찾아 모이는 장소로 이동한다. 시간이 허락하는 한, 학급 전체가 짧은 성찰을 하기 전에 아이들은 나머지 친구들이 정리를 끝낼 때까지 짝 활동으로 더 많은 이야기를 할 수 있다. 교사는 수업 시간의 마지막 몇 분을 활용하여 몇 개의 작품에 대해 토론하고, 오늘의 학습 목표를 검토한다. 또 벽에 붙은 새 포스터를 강조하거나 미술작품에 관한 대화를 성공적으로 마친 학급을 칭찬한다.

생각해보기

1. **교사 시연** 단계가 너무 길어 학생들이 집중력을 잃던 때를 기억하라. 어떻게 수업을 더 간결하게 만들 수 있었는가? 더 효율적인 수업을 위해 무엇을 미리 준비할 수 있는가?

2. 일반적으로 **학생 작업** 시간을 생각해보라. 교실에서 학생들의 작업을 살필 때, 어떤 질문이 가장 효과적이며 어떤 질문이 학생들을 침묵하게 하는가? 그 순간 어떤 질문을 사용할 수 있는가? 각 습관에 초점을 맞춘 몇 가지 발문을 개발하도록 하라.

3. **미술작품에 관한 대화**를 하는 동안 학생들에게 "저는 그게 좋아요" 또는 "잘했다고 생각해요" 같은 단편적인 판단을 넘어서 그들이 본 것을 선입견 없이 기술하도록 요청하라. 학생들이 본 것에 대해 이야기하는 데 어떤 발문이 도움이 되는가? 학생들을 위해 함께 또는 학생들을 위한 대안적인 진술의 목록을 만들어라.

4. 수업에서 **전시** 구조를 어떻게 사용하는지 생각해보라. 어떻게 하면 학생들이 그 과정에 더 많이 참여할 수 있는가? 학생들은 전시되는 내용을 선별할 수 있는가? 어떻게 설치를 돕겠는가? 학생들이 보고 있는 작품을 이해할 수 있도록 무슨 내용을 게시할지 어떻게 결정하겠는가? 학생들은 예술의 밤에서 자신들이 사용한 스튜디오 습관을 설명할 수 있는가?

5. 수업에서 전환 시간을 고려하라. 학생들이 교실에 들어가거나 준비하거나 정리하거나 교실에서 나갈 때 효율적으로 훈련하는 방법은 무엇인가? 학습, 성찰, 관찰을 위해 전환을 어떻게 사용할 수 있는가?

ENACTING STUDIO THINKING

2부
스튜디오 씽킹 실행하기

3장 스튜디오 씽킹 실행 장면

이 장에서는 스튜디오 씽킹 틀이 실제로 사용되는 초등 미술 교실로 안내한다. 보고 듣고 냄새를 맡고 느끼면서 교실에서 일어나는 일을 경험하게 될 것이다. 우리는 학생들이 진정한 미술 제작에 참여하고 미술적 사고를 연습하는 것이 어떤 것인지를 담았다. 교사가 스튜디오 씽킹 틀을 의식적으로 수업에 사용하는 것은 어떤 모습일까? 여기서는 세 가지 예를 들여다볼 것이다.

"작품을 만들어봅시다" – 줄리 툴

일리노이주 윌멧에 있는 베이커 시범연구학교의 계단을 조금만 올라가다 보면, 활동의 중심지인 줄리 툴Julie Toole의 미술실에 다다르게 된다. 계단 문에 있는 유리창을 통해 미술작품으로 변신하기 위해 수집된 병뚜껑, 휴지심, 버려진 보드게임 조각 및 오래된 요구르트 용기 등으로 가득 찬 마을 재활용 쓰레기통을 볼 수 있다. 근처에는 키 큰 어린이 높이의 판지 상자 입체작품이 밝은 파란색, 주황색 및 녹색으로 칠해져 있다. 뒤에서 보면 그 입체작품의 목적이나 그것이 무엇을 나타내는지 알아볼 수 없다. 아마도 판지 인간일까?

입체작품에 가까이 가보니, 판지 인간이 아니라 가슴에 파란색 물감으로 '밥Bob'이라고 새긴 로봇임을 알 수 있다(그림 3.1 참조). 줄리와의 대화에서 밥의 제작자가 누구인지 알 수 있었다. 로봇 머리를 만드는 것으로 시작해 4학년 남학생 4명이 키가 3~4피트나 되는 로봇 몸체를 만들어냈다. 밥은 지지대 없이 안정적으로 서 있고, 떨어져 나가지 않고 가벼운 흔들림을 견딜 수 있을 정도로 튼튼하며, 많은 노력과 독창적인 생각이 담겨있다. 이처럼 네 명의 미술가는 미술적 행동 교수법*이 활용된 교실에서 밥을 제작하여 W.O.W. 작품Wonderful Original Work(멋진 독창적 작품)(Berry, 2007)의 요건을 갖추게 되었다.

그림 3.1 데이비드David, 헨리Henry, 레오Leo, 테오Theo의 조각품: 밥

줄리의 교실은 물건이 넘쳐나 복도로 나와 있는데, 교실 안에 모든 재료, 에너지 및 열정을 담을 수 없기 때문이다. 밥과 재활용 쓰레기통 외에도 복도에는 다른 학생들의 작품으로 가득 찬 진열장과 함께 작품 소개글이 있다. 관람자에게 여기에서 진행되는 미술적 사고 과정에 대해 교육하기 위한 표지판도 있다.

계속되는 아이들의 떠드는 소리, 참을성 없는 미술가들이 돌멩이로 만든 동물에 칠한 물감을 말리는 열풍기 소리, 스피커에서 부드럽게 연주되는 판도라 스테이션** 등 끊임없이 웅성거리는 소리가 교실을 가득 채운다. 주기적으로 아이

* 미술적 행동 교수법Teaching for Artistic Behavior, TAB: 전문 미술가처럼 스튜디오 환경을 구성하여 학생들이 독립적으로 미술 작업을 하도록 가르치는 학습자 중심의 미술 교수법.

** 판도라 스테이션Pandora station: 음악 스트리밍 서비스.

들이 자신의 작업이나 발견에 대해 내뱉는 감탄사가 여기저기서 쏟아져나오면서, 웅성거리는 소리가 중단된다. 학생들은 자신의 작업이나 발견에 대해 감탄사를 내뱉는다. "드디어 스타워즈 조각품의 바닥을 맨 위에 붙이는 방법을 알아냈어요!" 또는 "너무 힘들지만, 오늘은 계속 해보고 싶어요", "은박지로 피겨 스케이트를 만들 거예요! 제 사촌동생이 겨울에 뒷마당에서 아이스 스케이트 타는 거 아세요?" 학교 전체에 교사들이 쓴 표지판에 '떠들기 금지'라는 규칙이 있지만, 미술실에서는 불쑥불쑥 말하는 것이 불가피한 것처럼 보인다. 창작에 대한 끊임없는 열정으로 가득 찬 행복한 아이들을 위해서는 어쩔 수 없다.

미술실에 들어가면 두 개의 작업대가 보이고, 그 뒤 회화 작업실에는 네 개의 이젤이 있다. 한 2학년 여학생은 앞에 있는 종이의 붓 터치와 일치하는 주황 물감을 흠뻑 묻힌 붓을 들고 있다. 그 학생은 가까운 테이블에 앉아있는 친구들의 작품에 대해 이야기하기 쉽도록 작품이 잘 보이는 곳으로 몇 걸음 걸어가려고 서 있다. 그 친구들은 헝겊 옷을 입힌 은박지 입체작품을 만드느라 바쁘다. "이 사람은 엄마이고, 이 사람은 딸이야", "이 남자에게 하얀 벨트를 만들어줄 거야! 아니, 빨간 벨트! 아니, 검은 벨트!", "이건 좀 아닌 거 같아. 머리 좀 봐. 금방 새로 만들어야지." 붓을 든 여학생만 움직이는 것은 아니다. 남학생 세 명으로 구성된 모둠이 리글리 필드 야구장을 판지로 제작하기 위해 모여있다. 다른 프로젝트를 진행하고 있지만 야구장의 진행 상황이 궁금한 학생들이 수시로 찾아온다. 어린이 미술가와 다른 학생들은 칭찬하거나 질문하거나 제안한다. "점수판은 어디 있어? 점수판이 필요해", "여기서는 무슨 일이 있는 거야?", "그걸 어떻게 붙일 거야?"

미술실을 한 바퀴 쭉 돌아보면, 수업에 매우 집중한 아이들이 보인다. 교실은 모든 감각을 자극한다. 벽은 아이들의 작품으로 가득 찼지만, 창문은 시각적인 편안함을 준다. 그러나 그곳에도 한 학생이 창유리 하단에 노란색 물감으로 "미술은 굉장하다!"라고 적었다. 모든 게시물은 목적이 있고 교육적이며, 교실의 각 작업실에서는 신중한 장인 정신과 사려 깊은 작업 습관을 알려주는 것을 목표로 한다. 작업실에는 최근에 만든 드로잉, 콜라주, 회화, 입체/조각 작품이 있으며,

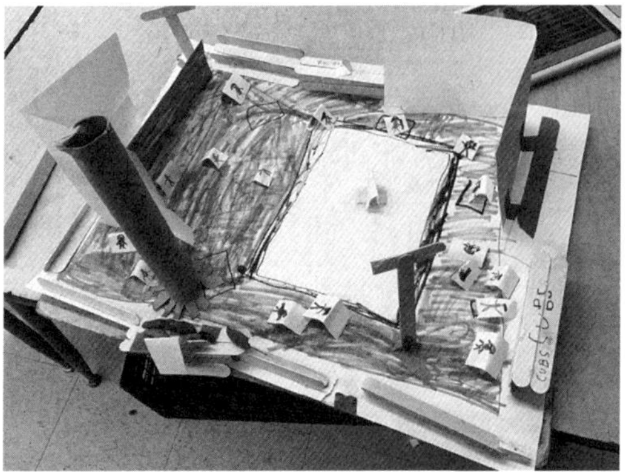

그림 3.2 2학년 줄리어스Julius, 펠릭스Felix, 노아Noah, 미카Micah의 작품: 2016년 월드시리즈가 열린 리글리 필드 야구장

임시 작업실은 돌 채색 및 책 제본을 위한 공간이다.

교사 줄리는 한 어린이 미술가가 리글리 필드 야구장에 휴지심을 부착하여 점수판을 고정하려는 것을 알아차린다. 아이들에게 휴지심 하단을 세로로 잘라 접어 깨끗하게 붙일 수 있는 플랜지* 기술을 시도하자고 제안한다. 이 학생들은 2학년이어서 수업 전반부의 시연 시간에 이 기술을 배우지 못했다. 하지만 이 프로젝트에 꼭 필요해서인지 학생들은 줄리의 설명에 집중한다. 학생들은 새로운 부착 방법이 리글리 필드 작품과 즉각적인 관련이 있다는 걸 알고 초롱초롱한 눈빛으로 집중해서 설명을 듣는다.

그녀가 판지 자르는 방법을 시연하는 동안, 다른 테이블의 한 학생은 테이프를 사용하여 은박지 피규어를 위한 바지를 만드는 데 어려움을 겪고 있다. "이게 안 붙네." 아이는 보통 크기의 목소리로, 겉으로 보기에 혼잣말처럼 말한다. 줄리는 마치 머리 뒤쪽에 눈과 귀가 있는 것처럼 머리를 돌리고는 "테이프랑 은박지를 붙이려 하지 말고 테이프랑 테이프끼리 붙여보렴."이라고 말해준다. 교실의 반대편에서 남학생은 고개를 끄덕이며 테이프를 다시 붙인다. 또 다른 문제가 해결된 것이다.

* 플랜지flange: 두꺼운 종이나 판지를 붙이는 기술 중 하나. 휴지심 같은 입체 관 형태의 밑부분을 여러 갈래로 자른 후, 올려 접은 부분에 풀칠하여 붙이는 방법.

줄리와의 만남

줄리(그림 3.3 참조)는 시카고 북쪽의 사립학교인 베이커Baker 학교에서 4년 동안 1~8학년 학생들에게 미술을 가르치고 있다. 그녀는 일주일에 두 번 45분 동안 수업한다. 베이커 학교를 선택한 가정은 교육에 대한 진보적인 접근 방식에 관심이 많다. 대부분 장학금을 받지만, 학교 수업료 정도는 감당할 수 있다. 줄리는 회화, 콜라주 및 혼합 매체에 기반한 작업을 하는 미술 전공이지만, 그녀는 특수교사로 몇 년을 가르친 후에 미술 교사가 되었다. 줄리는 1990년대 미술교육에 널리 퍼진 DBAEDiscipline Based Art Education(학문중심미술교육) 철학을 도입하여 교사 생활을 시작했다. 10년 전 시카고 공립학교에서 학생들을 가르치는 동안 줄리는 자신의 수업 방식에 좌절했다. 학생들에게 자신의 아이디어를 표현할 수 있는 더 많은 자유를 부여하고 싶었고, 미술적 행동 교수법TAB의 선택 기반 개념을 받아들인 다른 교사들과 아이디어를 공유하기 시작했다.

그림 3.3 줄리 툴과 롤라Lola

미술적 행동 교수법은 아이들이 자신의 작품에 대한 미술적 결정을 내릴 수 있는 독립성, 시간과 공간 및 책임에 대한 독립성을 중시하는 철학적 접근 방식이다. 여기서 말하는 독립성에는 주제와 매체가 모두 포함된다. 학생들이 미술적 과정과 결과물을 거의 또는 완전히 통제할 수 있어 미술수업에서 모든 학생의 진행 방향과 결과는 독창적이다. 매체(예: 드로잉, 회화, 콜라주, 섬유, 조각)로 구성된 작업실 센터에는 개별 작업을 위해 쉽게 사용할 수 있는 재료, 도구, 참고 도서 및 안내문이 정리되어 있다. 전체 학생들에게 수업을 소개한 후, 교사는 소모둠 및 개별 피드백과 도움을 제공하는 개별지도를 한다. 학생들은 아이디어를 생성하고 다듬으며, 적절한 재료로 작업 공간을 설정하고, 작업 과정을 통해 창작하고 지속하며, 혼자 또는 자유롭게 선택한 협업으로 독창적인 작품을 완성한다. 이때 게시물, 온라인 자료, 친구들이 도움이 되기도 한다.

미술실에서 줄리는 조명을 끄고 정리 신호를 보낸다. 교실이 어두워지자, 2학년 어린이 미술가들은 마지못해 마지막 하던 낙서와 접착제 작업을 끝내고 재료 정리를 하고 다음 수업에서 작업을 재개할 수 있을 때까지 교실 옆 입체작품 보관 선반에 포트폴리오나 프로젝트를 보관한다. 학생들이 교실을 나가기 위해 줄을 서자, 또 다른 반(5학년)이 복도에서 다음 미술실 수업을 간절히 기다리고 있다.

미술실 구조로 줄리의 수업 들여다보기

✚ 교사 시연

2~5학년 학생들은 미술실에 도착하여 복도에 줄을 섰을 때, 출입구에 있는 표지판을 보고 어떤 활동이 기다리고 있는지 알 수 있다(그림 3.4 참조). '미술실의 날'에 화살표가 있는 날에는 도착하자마자 바로 작업을 시작할 수 있다는 의미다. 미술실의 날이 아닌 날에는 학생들은 시연, 기능 연습이나 미술가의 영감 수업을 한다. 이 단계들은 5~10분 정도 진행되며, 줄리는 이 단계를 통해 새로운 기술을 가르치고[기능 개발: 기술], 상상하고 작품을 제작하는 과정에 대해 이야기하며[표현; 구상; 성찰], 유명한 작가들이나 베이커 학교 선배 학생들의 작품 예시를 보여준다[관찰; 미술계 이해].

줄리의 교육과정에는 기술적 기능과 유명한 작가를 소개하기 위한 기초적 범위와 계열이 포함된다. 하지만 **학생 작업** 단계를 관찰하면서 학생들의 관심과 요구

그림 3.4 학생들이 미술실에 도착해 어떤 루틴을 따를지 알 수 있도록 한 줄리 툴의 표지판

가 나타남에 따라 1년 동안 코스를 운영하면서 자신의 수업을 개발해간다. 여러 가지 시연, 기능 연습 및 미술가의 영감은 미술실 작업이 전개되어나가는 순서와 일치한다. 올해 10월 말 드로잉, 콜라주, 회화, 섬유, 그리고 입체 조각 작업실은 모두 개방한다. 이번 주 시연은 가장 최근에 개방한 작업실에서 더 발전된 기술들을 보여준다. 바로 입체 조각이다. 5학년 학생들은 최근 베이커 학교에서 열린 '판지 창의성 챌린지'(Imagination Foundation, 2017; 4장과 6장 참조)로 촉발된 폭발적 관심으로 판지 접착을 위한 새로운 기술을 배운다. 2학년 학생들은 전년도에 배운 기술인 은박지 입체작품에 대한 재교육 시연을 본다. 줄리는 새 학년에 은박지 사용이 줄어들어 시연하기로 했다. 그녀는 은박지를 사용하는 것이 이 나이의 어린이 미술가들이 구상하는 인물을 더 쉽게 만드는 방법 중 하나라고 생각한다. 2학년 학생들에게 그 과정을 설명할 때, 작품 제작에 참조하라고 만든 표를 가리키면서, 리글리 필드 작품을 만든 학생들이 선수 인형 제작을 위해 평면 종이의 대안으로 어떻게 이 기술을 선택할 수 있었는지 알려준다.

줄리가 섬유 작업실에서 니들펠트를 선택하는 학생들이 줄었다는 점을 알게 되면서 다음 몇 주 동안 고학년 학생들은 니들펠트에 대해 배우거나 재교육받게 될 것이다. 11월에 줄리는 오랫동안 기다려온 또 다른 도예 작업실을 열 계획이며, 이것에 대해 많은 질문을 받고 있다. 도예 작업실을 열면, 수업 초반 도입부에 기술과 재료 관리 시연을 보여주고, 코일링 기술이나 핀칭 기술로 기능 연습을 시키고, 동시대 도예가의 영감을 공유하는 데 할애할 것이다. 한 학년 동안 줄리는 모든 작업실과 인형 만들기나 판화 같은 임시 프로그램에서 지속적으로 **교사 시연**을 통해 더 발전된 기술을 보여주고, 전문 작가나 학생의 작품에 대한 토론을 이끌어갈 것이다.

복도에 있는 5학년 학생들을 위한 화살표는 '시연'을 가리키고 있었다. 줄리가 학생들을 만나러 나오자마자, "안녕하세요?"라는 소리가 합창처럼 들리고 손인사가 이어졌다. "안녕, 친구들! 오늘은 교실에 들어오면 시연 테이블로 갈 거예요." 이 말을 하는 순간 아이들의 불만이 쏟아진다. "하지만 오늘은 수요일이잖아요! 미술실의 날이에요!" 이런 항의는 학생들의 주인 의식과 작업시간의 즐거움, 그리고 열심히 참여하려는 학생들의 욕구를 나타낸다. 줄리가 지난주에 자신이 학교에 없어서 시간이 바뀌었음을 상기시키자, 이내 5학년 학생들은 교실에 들어와 시연 테이블 주위에 모인다.

오늘 줄리는 판지를 붙이는 새로운 기술을 보여줄 예정이다. 그녀는 베이커 학교에 다니는 중학생의 작품을 활용하여 판지로 무엇을 할 수 있고, 장인 정신이란 무엇인지에 관한 토론을 지도한다. 입체 선택 과목에서 6~8학년 학생들이 골판지로 만든 조각품은 고슴도치, 립글로스, 지갑, 범선 등이다. 줄리는 "이 미술가 작품에 대해 무엇을 알 수 있나요?"라는 질문을 하며 짧고 간단한 관찰 활동을 시작한다. 학생들은 신중하게 대답한다. "세부적인 것들이 많아요", "무엇을 만들지를 선택한 걸 보면 누가 조각을 만들었는지 알 수 있어요. 무엇을 만들었는지가 만든 사람에 대해 알려줘요", "저건 월-E 캐릭터를 닮았어요" 등.

줄리는 친구들의 작품을 관찰함으로써 모든 학생이 미술가이며 그들의 창작물이 미술적 가치가 있다는 점을 강조한다. 줄리의 학생들은 자신을 미술가로 간주함으로써 '미술 공동체의 구성원으로 생각하기'[미술계 이해: 공동체]를 시작하여 신중하게 미술작품을 만들고 비판할 수 있다. 고학년 학생들의 작품을 사용하여 5학년이 자기 작품과 과정에 대해 비판적으로 생각하도록 격려한다. 한두 학년 위 학생들의 작품 예시를 통해 작업 과정 전반에 걸쳐 **참여와 끈기**를 적용하여 기능을 개발하기 위한 가시적이고 도달 가능한 목표를 볼 수 있다. 줄리는 5학년 학생들에게 이어서 말한다.

"나는 여러분이 장인 정신을 기르고 시간이 지남에 따라 이런저런 작업들을 진행할 수 있길 바랍니다. 여러분 작품들의 상태를 보세요. 흔들었을 때 뭔가 떨어지나요? 안정되어 있나요? 강력 접착테이프가 지저분하게 보이나요? … 선생님은 여러분이 판지를 쓴다면 이 정도 수준은 되도록 도전하길 바랍니다. 할 수 있어요." 줄리는 미술실에서 사용할 수 있는 '판지 부착 기술' 게시물 중 하나를 참조하여 도전하기를 유도한다. 벤은 최근 제작한 공항 입체작품에서 이러한 기술 중 많은 부분을 사용했기 때문에 자원하여 친구들을 돕는다. 줄리와 벤은 중학교 예시를 사용하여 범선의 돛이 바람에 움직이는 것처럼 보이게 만드는 기술, 플랜지 기술과 L자 지지대 접합, 판지 레코드 플레이어에 사용한 할핀처럼 무언가 움직이는 것을 만드는 방법을 보여준다.

학생들이 작업실에 들어가기 전에 줄리는 학생들에게 잠시 멈추고 각자 하던 작업과 무엇을 먼저 해야 할지를 구상해보라고 한다.

주위를 둘러보고 질문이나 의견이 더 없으면 줄리는 시연 시간이 끝났음을 알린다. "이제 작업합시다."

✚ 학생 작업

줄리의 어린이 미술가들은 각 작업실에서 지속적으로 실습하고 재료를 접해왔기 때문에 각각의 재료로 작업하는 일상적인 순서와 방법에 익숙하다. 하나의 작업실이 열리면 줄리는 돌아다니면서 재료를 보관하는 적절한 장소와 관리법을 보여주는 직접 찍은 비디오를 해당 반의 학생들에게 보여준다[기능 개발: 미술실 실습]. 비디오를 활용하면 모든 반이 같은 메시지를 전달받게 된다는 점은 확실하다.

학생 작업 단계 동안 줄리가 만든 세부적이고 사려 깊은 게시물을 통해 학생들은 즉각적으로 궁금증을 해결하고 정보를 얻을 수 있다. 특히 회화 작업실에는 많은 게시물이 붙어있다. 붓 세척 및 관리법과 회화 기술에 대한 게시물은 쉽게 눈에 띈다. 3학년 학생이 형광 분홍 물감으로 쓴 좀 지저분해진 소형 게시물도 있다. 줄리는 이 게시물을 어린이 미술가가 만들었고, 각각의 붓마다 다른 다양한 터치를 보여주기 위해 회화 작업실에 게시했다고 말해준다(그림 3.5 참조). 줄리는 학생이 제작한 게시물을 매우 좋아하며, 이를 학생들이 작업실에 대한 주인 의식을 가지는 방식이라고 본다. **미술계 이해: 공동체**의 하나로, 학생들도 자신의 현재 혹은 미래의 협업자가 될 수 있는 다른 친구들을 돕기 위해 게시물을 만든다.

학생들은 미술적 행동 교수법 TAB 교실에서 각기 다른 종류의 프로젝트를 진행하기 때문에 줄리는 학생들의 미술실 작업을 다음 네 가지 카테고리로 분류한다. '기능 연습', '탐구와 실습', '집에 가져가기', 'W.O.W. 작품'. 미술가들이 일하는 다양한 방식을 명확히 알려주는 것은 학생들에게 미술가들이 실제로 어떻게 작업하는지를 이해하도록 돕

그림 3.5 붓에 따른 두께와 질감에 관해 학생들이 제작한 참고 게시물. 위쪽부터 둥근 붓, 얇은 붓, 납작붓, 스펀지 붓.

는 중요한 부분이다[미술계 이해: 공동체].

기능 연습 '기능 연습'은 학생들이 **기능 개발: 기술**에 도움이 되도록 선택할 수 있는 작업이다. 이는 원근법을 적용하도록 도전하는 드로잉이나 구상한 것을 그려내기 위해 음영을 주는 것일 수도 있다. 또는 미술가가 재봉틀을 체험하거나 손바느질로 퀘매어 인형의 옷을 만드는 것일 수 있다. 기능을 연습하는 일은 W.O.W. 작품으로 이어지거나, 학급의 장기 프로젝트가 될 수도 있다. 학생들이 자유롭게 선택하기 때문에 스스로 자신의 프로젝트 계획을 구상해야 한다. 이는 미술가의 개성이나 중요한 메시지를 표현하기도 한다.

줄리가 작업 시간의 시작을 알리면, 노아Noah와 퀸Quinn은 잠깐 돌 채색 작업을 하기 위해 재료가 놓여 있는 카트와 가장 가까운 작업대로 이동한다. 노아는 전문가로 보인다. 작업실이 생긴 이래로 모든 수업에서 돌 그림 작업을 해왔다고 말한다. 노아는 "전 정말 계속 작업해왔어요"라고 말한다. 퀸은 초보자는 아니지만 최근 몇 주 동안 노아만큼 작업실에 성실하게 나오지 않았다. 그들은 각각 수집한 돌들을 살펴보고, 하나씩 들어보고 만져보면서 적절한 돌을 선택한다. 노아는 판다 돌의 예를 찾기 위해 교재를 살펴보고 제시된 최종 작품의 사진을 관찰하고 판다를 만드는 단계를 밟아간다. 퀸은 채색된 돌에 있는 신세대 유머를 어른들이 설명 없이 이해할 수 없다는 것을 알고 있기 때문에 작품이 TV 쇼의 상징적 캐릭터라고 설명한다. "나는 이 작품에서 표현을 사용하고 있다고 말할 수 있어요. 왜냐하면 이것들은 나에게 의미 있는 것이기 때문이죠." 두 학생은 색 마커로 돌을 칠한다. 노아는 종종 큰 소리로 한숨을 쉬며 돌 위에 그려진 것에 좌절하고, 서둘러 방금 칠한 물감을 지우려고 한다. 퀸은 일어나서 "이거 말리는 기계가 어딨지?"라고 묻는다. 노아가 곧바로 일어서며 대답한다. "내가 알아! 보여줄게. 내가 어떻게 켜는지 알려줄게." 둘은 돌 채색 작품을 오늘 수업 중에 완성할 계획이다.

탐구와 실습 줄리는 탐구 과정을 격려한다. 학생들이 미술 작업은 즐겁고 참신한 생각의 원천이라는 점을 기억하기를 바란다. 학생들은 새로운 도구 또는 기술을 발명하거나, 완성되지 않은 아이디어를 실험하며 자유로운 시간을 보낼 수 있다. 도전과 탐구의 시간을 주고 격려함으로써 학생들은 나중에 '기능 연습'이나 W.O.W. 작품에 대한 아이디어로 이어질 수 있는 부담 없는 활동에 참여한다.

학생들은 작품을 잘 만들려고 미술 시간에 온전히 몰입하지 않는다는 점을 인정한다. 테이블에 조용히 앉아 있는 한 여학생은 "그냥 놀고 있어요. 정말 오랫동안 수채화를 그리지 않아서 수채화가 무엇인지 저 스스로 기억해내는 중이에요"라고 설명한다.

집에 가져가기 어떤 학생 작품은 '키즈 문화'이거나 개인적인 관련성이 강하기 때문에 포트폴리오에 넣지 않고 바로 집으로 가져가기도 한다. 여기에는 주로 누군가를 위한 카드나 선물, 혹은 학생들이 직접 하려고 만든 게임들이 포함된다.

W.O.W. 작품 W.O.W. 작품은 높은 수준의 노력과 시간 투자를 요구하는 작품들을 일컫는다. 여기에는 모든 스튜디오 사고 습관을 다양한 부분과 조합에서 사용한 완성된 프로젝트들이 포함된다. 이 작품들은 좀 더 탐색적인 과정인 '기술 연마'와 '탐구 활동'에 연결됩니다. 학생들이 만든 W.O.W. 작품과 W.O.W.가 아닌 작품을 어떻게 구분하는지 설명하는 목록이 벽에 붙어 있다.

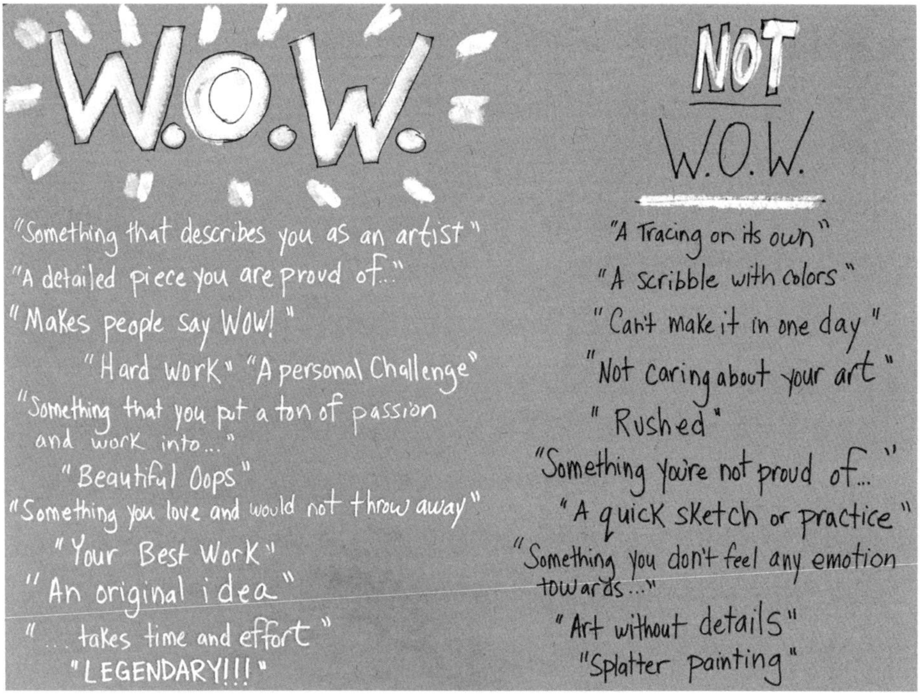

W.O.W. 작품

"나를 미술가로 보이게 하는 것"
"세부적 표현이 있는 자랑스러운 작품"
"사람들에게 '와!' 하고 감탄하게 만드는 것"
"열심히 한 것", "개인적인 도전"
"엄청난 열정과 작업량을 쏟아부은 것"
"아름다운 실수"
"내가 사랑하고 버리지 않는 것"
"내 최고의 작품"
"독창적인 생각"
"시간과 노력이 요구되는 것"
"전설적으로 잘한 것!!!"

W.O.W.가 아닌 작품

"자기복제"
"색으로 마구 그린 낙서"
"그날 완성하지 못한 것"
"자신의 미술에 신경 쓰지 않은 것"
"서두른 것"
"자랑스럽지 않은 것"
"서둘러 한 스케치나 연습"
"어떤 감정도 느껴지지 않는 것"
"세부적인 표현이 없는 미술"
"물감이 막 튄 그림"

그림 3.6 시간과 노력 집약적인 W.O.W. 작품과 W.O.W.가 아닌 작품을 구분하는 기준

그림 3.7 격납고, 활주로, 비행기, 승무원 및 화물 트럭이 있는 벤의 공항 입체작품

5학년 중 다수가 최근 W.O.W. 작품을 선보였지만, 벤은 여전히 부속 요소가 완비된 공항 격납고의 대규모 재현 작업을 하고 있다(그림 3.7 참조). 줄리는 특히 벤을 가르친 이후 이 입체작품이 벤의 소근육 운동 능력의 발전을 보여주어 기뻤다. 벤 또한 자신의 발전을 알고 있다. "저는 여기에 참여하면서 기능도 개발했어요. 예전에 저는 이런 것을 하지 못했어요." 벤은 지난 몇 달 동안 수업 시간마다 이 프로젝트를 꾸준히 작업해왔고, 그의 열정은 집에서까지 이어졌다. 벤의 두 살 어린 동생 라이언Ryan 또한 미술 시간에 몇 가지 조각을 제작해 이 작품을 만드는 것을 도왔다.

✚ 미술작품에 관한 대화

두 차시마다 줄리는 수업 말미에 학생들에게 5~10분 정도 자신의 작업을 발표하게 한다. 이 시간에 발표한 학생을 기억하기 위해 줄리는 날짜가 적힌 명단을 작성한다. 학생들은 완성된 작품만 공유하는 것이 아니라 발표 순서가 될 때마다 작업 과정 전반에 걸친 모든 것을 공유한다. 이 단계는 멋지게 완성된 작품뿐 아니라 작업 과정에서 떠오르는 생각을 중시한다.

줄리는 학생들이 자신이나 서로의 작품을 비평적으로 감상하기 위해 몇 가지 기술을 사용한다. 학생들이 미술가가 어떻게 서로 대화하는지를 이해하게 돕는 과정이 된다. 이는 **미술계 이해: 공동체**의 한 요소다.

TAG 1장에서 설명했듯이, TAG Tell-Ask-Give는 말하기-질문하기-제안하기의 축약어다(Rog & Kropp, 2004). 줄리는 이 모형을 학생들이 미술에 대해 말하게 하는 신속한 방법으로 사용한다. 첫째, 미술가들은 왜 만들었고, 어떤 재료로 만들었고, 과정에서 무엇이 어려웠고, 혹은 왜 이것이 자랑스러운지 등 그들 작품의 이야기를 말한다Tell. 이를 통해 학생들은 작업 과정에서 사용된 여러 가지 스튜디오 사고 습관을 떠올려보고, 자신의 작품이 어떻게 개인적인 표현인지 공유하게 하며, 어떻게 참여하고 끈기 있게 지속하거나 **기능 개발: 기술**을 개발할 수 있었는지를 말하게 한다. 혹은 구상했던 것이 시간이 지남에 따라 어떻게 변했는지를 토론하게 한다. 그런 다음 감상자들은 궁금한 것을 물어보고Ask 미술가에게 제안점과 칭찬할 만한 점을 말해준다Give.

비평 샌드위치 줄리는 교실 앞 화이트보드에 '비평 샌드위치Critique Sandwich'의 다양한 구성요소를 붙여둔다(그림 3.8 참조). 저학년 학생의 경우, 줄리는 칠판에 가장 기본적인 요소만 남겨두어 샌드위치를 구성하기도 한다. 고학년 학생의 경우, "뭘

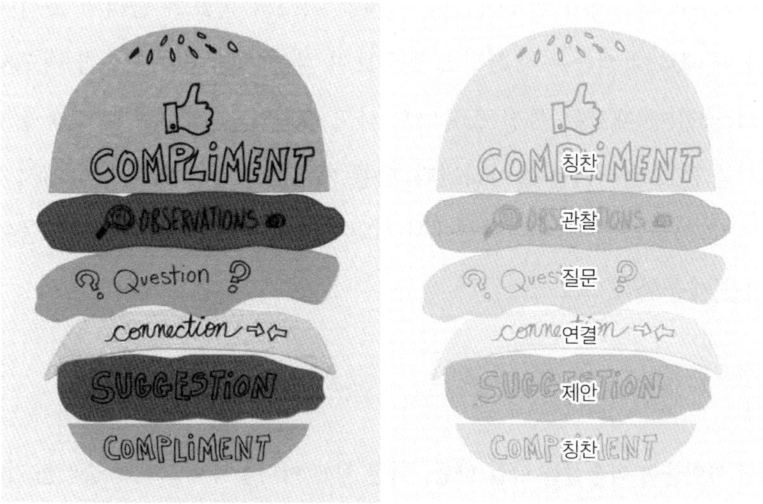

그림 3.8 어린이 미술가들이 친구들에게 받고 싶어 하는 유형의 반응을 선택할 수 있게 하는 줄리 툴의 비평 샌드위치

먹고 싶나요?"라고 물어보며 학생들의 반응을 유도하고, 현재 작업 단계에서 어떤 유형의 피드백이 가장 유용한지 선택하도록 격려한다.

포트폴리오 정리 줄리가 포트폴리오 정리를 비평의 한 유형으로 언급하지는 않았지만, 우리와 이야기하면서 포트폴리오가 학생들에게 자기 작품에 대한 자기 평가의 기회를 제공한다는 것을 깨달았다. 포트폴리오가 꽉 차면 줄리는 학생들에게 자기 결과물과 각각의 결과물에 어떤 과정이 있었는지를 천천히 살펴보도록 권한다. W.O.W. 작품은 디지털 저장소를 위한 온라인 포트폴리오인 '시소Seesaw'에 제출해야 하며, 탐구 또는 기능 연습을 위한 작품은 집으로 가져갈 수 있다. 완성되지 않았거나 학생들이 흥미를 잃었다고 느껴지는 작품들은 콜라주 종이 더미 또는 '실수해도 괜찮아 바구니Beautiful Oops bin'[셜츠버그Saltzberg의 2010년 같은 이름의 책에서 영감을 얻음]에 기부할 수 있다. 도전을 원하는 학생들은 누군가의 '실수'를 완성된 작품으로 바꿀 수 있다.

갤러리 워크 갤러리 워크는 미술실 안이나 갤러리 역할을 하는 대형 게시판이 있는 가까운 복도에서 이루어진다. 갤러리 워크의 목표는 줄리의 초점에 따라 달라진다. 때때로 학생들은 갤러리를 둘러보며 작품을 감상하고 접착 메모지에 제안을 써서 남긴다. 때로는 특정 스튜디오 사고 습관을 잘 보여주는 작품을 메모하는 활동지를 들고 갤러리를 돌아다닌다. 다른 학생의 작품을 교실 안팎에서 감상하는 일은 어린 미술가들이 다른 작업에서 개인적인 비전을 표현하는 데 도움이 되는 아이디어를 제공한다.

✚ 전시

5학년 아이들이 미술실을 나갈 때쯤, 다른 학년 아이들이 복도에서 줄리를 기다린다. 아이들은 좀 더 작고, 움직임이 많고, 친절하고 시끄럽다. 1학년 아이들은

그림 3.9 복도 갤러리에서 자신과 친구의 작품을 감상하는 1학년 아이들

줄리와 함께하는 미술수업의 일곱 번째 주간에 여전히 많은 기본 기술과 기능을 배우고 있다. 줄리는 아이들에게 오늘 처음으로 갤러리에 가서 전시된 작품들을 구경할 것이라고 설명한다. 학생들은 1, 2학년 작가들의 평면작품으로 가득한 게시판이 있는 복도로 나간다(그림 3.9 참조). 벽에 전시된 작품이 감상자인 자신에게 영감을 주는 것에 대해 간단히 논의한 후 감상 안내문을 살펴본다. 안내문에는 작품을 만지지 않음으로써 미술가 존중하기, 작품 옆에 붙어있는 작품 소개글 읽어보기가 있다. 그런 후, 갤러리를 둘러보면서 나중에 발표할 만한 영감을 주는 작품을 찾는다.

갤러리는 영감을 준다. 여기에는 영감을 받은 작품과 연령에 맞게 작성된 작품 소개글로 가득하다. 1학년인 오스카Oscar도 작품을 전시했고, '두 사람, 화창한 날에 걷고 있는 나와 프레자Freja[여동생]'라고 썼다. 또한 작품의 일부로 땅속 세계가 표현되어 있으며 사람들이 알아봐줬으면 좋겠다고 적어두었다(그림 3.10과 3.11 참조).

그림 3.10 오스카의 콜라주 작품

몇 분 동안 관찰하고 소모둠 토의를 마친 후, 갤러리 앞 바닥에 자리를 잡았다. 줄리는 무엇이 학생들의 작업에 영감을 주었는지를 물었고, 한 학생이 재빨리 롤라의 작품에 대한 자신의 감상을 발표했다. "롤라가 좋은 색을 사용했어요. 또, 정말 좋은 친구이기 때문이에요."('미술작품 기준'과 작품을 인정하기 위한 다른 근거, 즉 '롤라는 정말 좋은 친구'를 섞은 의견이 일반적이다. 학생들이 미술작품에 대한 기준에만 집중하는 법을 배우는 데는 시간이 걸릴 것이다!) 토론이 끝나면 학생들은 더 많은 작품을 만들기 위해 미술실로 돌아간다.

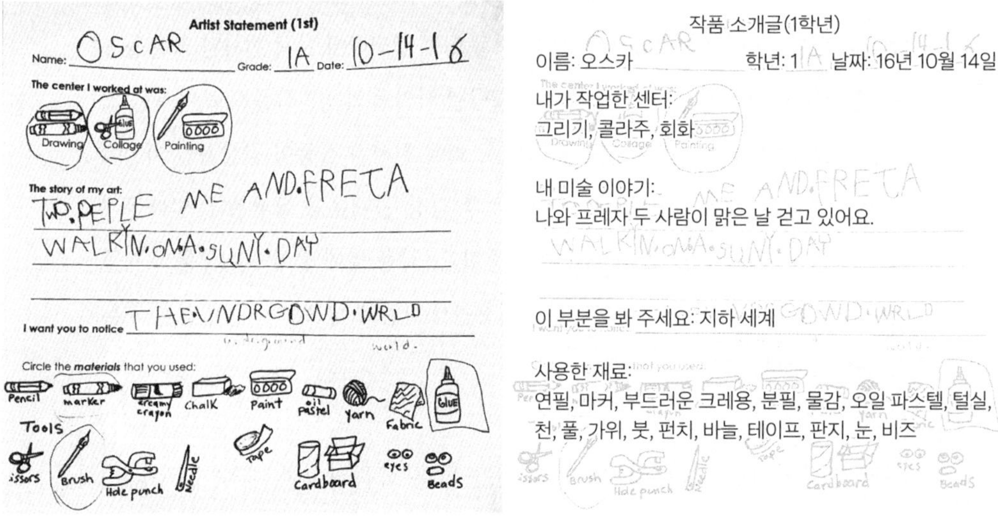

그림 3.11 작품 소개글 양식(줄리 툴 제공)

손, 사고, 마음 그리고 공동체 - 실리아 나이트

매사추세츠주 액톤에 있는 게이츠 학교로 가는 차창 밖 풍경은 그림 같다. 이 마을은 전형적인 뉴잉글랜드이며, 미국 혁명으로 잘 알려진 보스턴 교외 렉싱턴과 콩코드 바로 서쪽에 자리 잡고 있다. 액톤에는 여러 초등학교가 있고, 각각 작은 마을의 주요 도로변에 자리하고 있다. 1년 중 이맘때는 작은 카페와 오래된 교회 가운데에 있는 눈 덮인 나뭇가지들로 둘러싸인다. 액톤의 위키피디아 페이지에는 '최고로 살기 좋은 곳', 'STEM 교육 우수 표창' 등 다양한 수상 내역이 나열되어 있다.

주차장에서 건물로 가는 길은 얼어있어 조심해야 한다. 보안문을 통과하면, 야외의 차가운 공기와는 다른 온기가 밀려온다. 학교 현관에서부터 급식실의 음식 냄새가 나고, 강당에서 울려 퍼지는 게임 소리가 들린다. 인접한 복도를 따라 잠시 걸어가면 실리아 나이트의 미술실이 나온다.

실리아와의 만남

실리아 나이트Celia Knight(그림 3.12 참조)는 게이츠 학교에서 11년간 미술 교사로 재직 중이다. 지역 교육청 예술 부서의 적극적인 지원을 받고 있고, 정기 모임을 통해 계획을 세운다(4장 참조). 실리아는 학생들에게 프로젝트를 주고 교실 곳곳에 잘 보이도록 스튜디오 습관을 게시한다. 이렇게 하는 것은 작품을 만들고 감상하고 진열하는 사고 과정을 강화하는 데 도움을 준다. 실리아는 학생들을 매주 1회 45분씩 지도하며, 1년 중 3분의 1은 모든 학급을 주당 1차시씩 추가 지도한다.

스튜디오 구조를 통해 실리아의 수업 들여다보기

✚ 교사 시연

실리아가 아침에 가장 먼저 하는 일은 긴 하루의 수업을 준비하는 것이다. 교사 컴퓨터와 프로젝터가 연결되어 있어서 4학년 학생들이 교실에 와서 해야 하는 브레인스토밍 활동을 안내한다. 작업대에는 털실과 뜨개질 재료가 쌓여있다. 시간을 절약하기 위해 학생 각자의 자리에 진행 중이던 작품을 미리 놓아두었다.

그림 3.12 바늘에 뜨개질용 실을 꿰어 보여주는 실리아 나이트

24명의 학생이 미술실에 들어와 러그에 모여 토의한다. 실리아는 뜨개질이란 쉽지 않고, 몇몇 학생은 까다롭게 여길 것이라고 알려준다. "미술적 마음Art Heart은 작품에 집중해야 해요. 그래야 포기하지 않을 수 있어요. 오늘 뜨개질하는 동안 어떻게 하면 끈기 있게 참여할 수 있을까요?"라고 질문한다. 학생들의 대답을 화면에 띄워놓고 작업하면서 참조하도록 한다.

- 다음 디자인을 추가하기 전에 멈추고 생각하기
- 말 너무 많이 하지 않기
- 뜨개질에 대한 말만 하기
- 다른 친구가 진행이 안 될 때 도와주기
- 실망하지 않기
- 도움 청하기

실리아는 대체로 이러한 토의로 수업을 시작한다. 즉 미술적 기술, 스튜디오 습관, 미술사와의 관련성, 미술 감상 수업에 대한 정보의 혼합이다. 실리아는 학생들에게 일상 언어인 **참여와 끈기**에 관해 이야기할 때, '미술적 마음'을 언급한다. 실리아는 스튜디오 습관을 자신에게 맞게 분류했으며, 프랑스 민요 〈프레르 자크Frère Jacques〉 멜로디에 따라 노래로 만들어 부른다. 그녀에게 '미술적 손'은 **기능 개발**, **도전과 탐구**를 포함한다. '미술적 마음'은 **참여와 끈기**와 **표현**으로 구성된다. '미술적 사고'는 **구상**과 **관찰**로 구성된다. 그리고 '미술적 공동체'는 **미술계 이해**와 **성찰**을 포함한다(그림 3.13 참조).

다음 시간에는 5학년 학생들이 미술실에 들어왔다. 이 학생들은 각각 태양전지판으로 움직이는 입체작품을 만드는 집중 프로젝트를 진행하고 있다(그림 3.14 참조). 실리아는 5학년 수업을 하기 위해 신속히 준비한다. 글루건을 플러그에 꽂고, 도구상자를 꺼내고, 작업대 아래에 있던 작품들이 담긴 큰 상자를 꺼내어 교실을 메이커스페이스*로 전환한다.

그림 3.14 태양전지판 넣을 부분을 남기고 입체작품의 부분들을 연결하는 바나Vanna와 애비게일Abigail

수업은 토론으로 시작한다. 실리아는 작업 과정 개선을 목표로 학생들에게 '미술작품에 관한 대화'를 준비하게 한다. 학생들은 작업대에서 자기 작품을 받은 후, 오늘의 친구

* 메이커스페이스makerspace: 각종 공구와 작품 제작에 필요한 도구들이 갖춰진 공간으로서, 다양한 시도를 통해 작품을 구현할 수 있음.

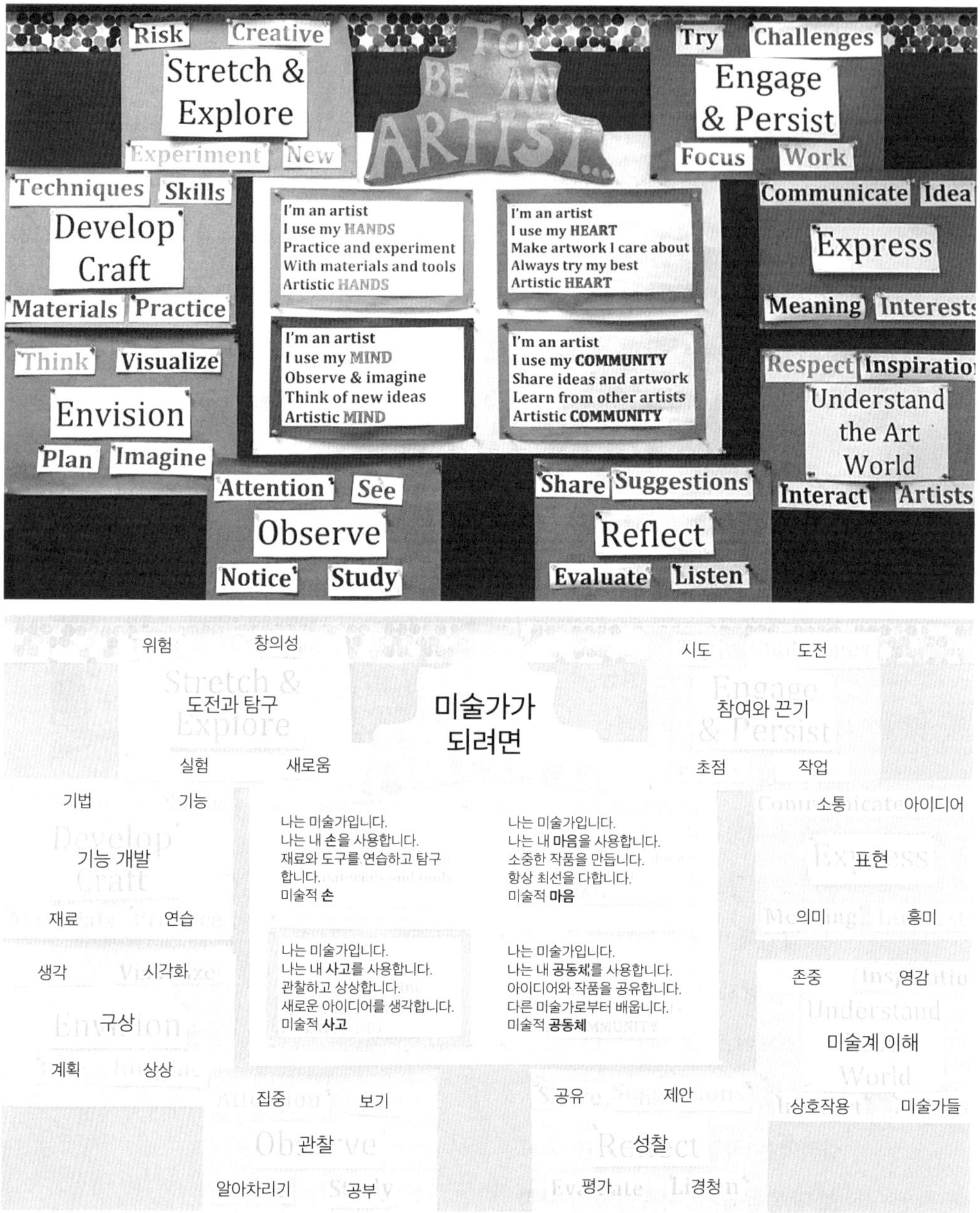

그림 3.13 각 스튜디오 습관이 어린이 미술가가 미술적 손, 마음, 사고 그리고 공동체를 사용하는 데 어떻게 도움이 되는지 보여주는 게시물(실리아 나이트 제공)

비평 방식에 대해 듣는다. 프로젝터 화면에 따르면, 학생들은 자신의 작업에 대해 세 가지 형식의 문장으로 각각 세 가지 의견을 주고받을 것이다.

- 나는 …을/를 발견한다.
- 나는 …이/가 궁금하다.
- 만약 …한다면?

또한 실리아는 과제와 밀접한 관련이 있는 몇 가지 대화 주제들을 선택하도록 한다. 연결 방법, 균형 문제, 디자인 아이디어나 물감/색 선택(그림 3.15 참조).

"오늘 시작하기 전에 짝 비평 시간을 갖겠습니다. 내 작품에 대해 친구에게 말할 때, 짝 비평은 어떤 스튜디오 습관에 해당한다고 생각하나요?"

학생들은 스튜디오 습관에 관해 이야기하는 것에 익숙하다. 참고를 위해 그 뜻과 사례들을 교실 앞에 게시한다.

첫 번째 학생이 "'미술계 이해'요. 왜냐하면 세상과 미술작품을 공유하니까요"라고 답하기 시작한다.

"그러니까 이게 미술계에서 미술가들이 이야기하는 방식이라는 건가요?" 실리아가 해석한다. "좋아요."

짝 비평 **어떤 습관?**

나: 감상자와 아이디어를 설명하세요.

짝: 나는 …을/를 발견한다. (관찰) - 세 가지
나는 …이/가 궁금하다. (질문) - 세 가지
만약 …한다면? (제안) - 세 가지

나: 짝과의 대화에서 어떤 아이디어가 떠올랐나요?
어떤 점을 개선하면서 작업할 건가요?

토론 주제들

- 연결 방법
- 강한/튼튼한/균형 있는
- 디자인 아이디어
- 물감/색 아이디어

그림 3.15 실리아 나이트가 보여주는 짝 비평 안내문

다른 학생이 대답한다. “**관찰**이요. 왜냐하면 자세히 보니까요.”

“‘나는 …을/를 발견한다’ 문장처럼요.” 실리아가 말한다.

마지막 학생이 답한다. “**성찰**이에요.”

“그래요. **평가**하고 있는 거예요. 어떻게 보여야 하고 어떻게 보이면 안 되는지 논쟁하는 것이지요.”

실리아는 이런 방식의 미술작품에 관한 대화가 주로 ‘성찰’ 활동이면서도 관점에 따라 다른 많은 스튜디오 습관도 포함한다는 것을 인식한다. 이와 같은 활동에 존재하는 다양한 사고방식을 모두 인식함으로써 미술과 상호작용하는 것이 복잡한 과정임을 강조한다.

✚ 학생 작업

5학년 학생들은 짝 비평을 한 후, 톱이나 망치 같은 조심히 다루어야 할 위험성 있는 공구를 사용한다. 또한 까다로운 패널 부착물로 작업하며, 다양한 재료를 사용하게 될 것이다. 그래서 실리아는 학부모, 은퇴한 과학 교사 등 봉사자 인원을 보강하고, 그들에게 역할을 준다. 학부모들이 공구를 배부하고 사용하는 것을 감독하는 동안, 과학 교사는 태양전지판을 붙이고 실험하는 것을 돕는다.

작품 의뢰인은 학생들에게 무언가 발명할 것을 요청했다. 몇몇 학생은 유명인에게 유용한 물건을 만든다. 애드바이트Advait는 마이클 조던Michael Jordan을 위해 실내 농구코트가 있는 비행 자동차를 구상한다. 다른 학생들은 좀 더 개인적인 작품 의뢰인을 위한 물건을 만든다. 가령, 한 여학생은 수학을 좋아하는 남동생을 위해 움직이는 루빅큐브를 만든다.

교실 주위를 둘러보면 전시에 대한 다양한 감정을 엿볼 수 있다. 어떤 학생들은 작품을 세우는 데 어려움을 겪고 있다. 또 어떤 학생들은 미술 시간 안에 촉박하게 완성하고 최선을 다해야 한다는 점에 조금 불안해한다. 다른 학생들은 태양전지판을 위로 신나게 들어 올리면서 작동하는지 확인한다. 실리아는 “훌륭한 이

야기가 들리네요. 우리의 작업과 관련 없는 이야기는 들리지 않아요. 서로 도움을 요청하고 질문하는 소리가 들립니다. 대단해요"라며 칭찬한다.

학생들은 몇 주 동안 입체 작업을 계속하면서 문제를 주의 깊게 관찰하고 서로 돕고 개선하는 데 효과가 있었던 것과 없었던 것에 대해 성찰한다. 화창한 날, 야외에서 각자의 움직이는 작품을 관찰하고 영상을 찍으면서 단원이 마무리된다. 그런 다음 학생들은 자신의 과정을 성찰하는 데 시간을 할애하고, 아이패드로 미술적 과정과 작품에 관한 자기 생각을 담은 1분짜리 영상을 만든다. 학생들은 진행 과정과 완성 작품에 대한 사진이나 영상을 찍으면서 말과 글을 추가한다(그림 3.16 참조).

앞면

나는 친구들에게 조언과 아이디어를 물어보면서 **표현**을 사용했다. 친구들은 좋은 아이디어와 조언을 해주었다. 그중 하나가 거울을 만들고 헬리콥터를 다른 색으로 만드는 것이었다. 이것이 내가 **표현**을 사용한 방법이다.

뒷면

나는 **구상**을 사용하여 입체로 만들려고 하는 것을 그렸다. 작품 제작에 무엇을 사용할지도 계획해두었다.

디자인 문제 해결하기

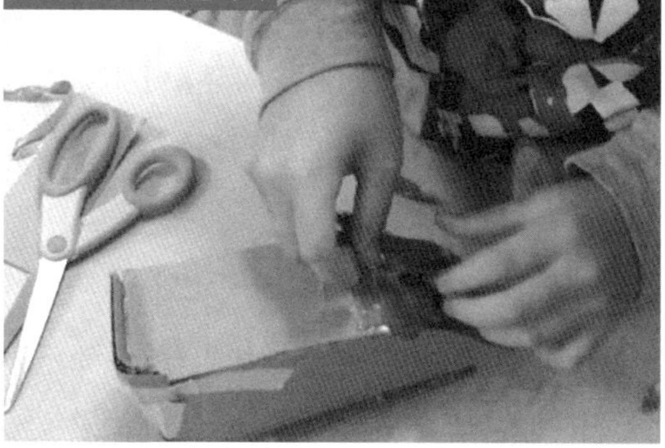

그림 3.16 5학년 알렉스Alex의 아이패드를 활용한 발표 사진.
테이프 부착 시연을 하면서 알렉스는 "나는 판지 조각들을 합치기 위해 다양한 방법을 시도함으로써 **참여와 끈기** 그리고 **도전과 탐구**를 사용했어요. 먼저 글루건을 사용해 봤는데 붙지 않았어요. 딱풀을 사용해서 연결해봤는데도 잘 되지 않았어요. 그래서 강력 접착테이프를 사용했는데 효과가 있었어요. 이것이 제가 **참여와 끈기**, **도전과 탐구**를 사용하는 방법이에요"라고 말했다.

✚ 미술작품에 관한 대화

점심시간 후, 실리아는 1학년 학생들을 만난다. 오늘 아이들은 작품 활동은 하지 않는데, 이는 매우 드문 경우다. 그 대신 실리아는 **미술작품에 관한 대화**를 사용하여 **관찰**과 **성찰**의 습관에서 요구하는 세 가지 활동으로 수업한다.

학생들은 러그로 이동하여 토의를 하기 위해 앉아서 오늘의 학습 문제를 미리 살핀다. 실리아는 "오늘 우리는 한 가지 질문에 대해 생각해볼 거예요. 어떻게 내 최고의 작품을 고를까요? 지난 몇 주 동안 우리가 만든 모든 그림을 살펴볼 거예요. 각자 네 개의 작품이 있을 거예요. 그림을 살펴보고 자기 작품 중에 가장 좋은 것을 선택하세요. 미술가들이 하는 일에는 어떤 것들이 있을까요?"라고 말한다.

"미술적 사고요." 한 학생이 말했다.

"무슨 의미인가요?" 실리아가 물었다.

"예를 들어, 마음속에 있는 것. 아이디어요."

"좋아요. 그러면 자기가 가장 좋아하는 생각 중 하나를 선택할 수 있군요. 또 그 밖의 무엇이 내 최고의 작품이 되나요? 미술가들은 또 뭘 할까요?"

"다양한 색을 섞어요." 다른 학생이 말한다.

"좋아요. 색 그리고 아마도 붓 터치도 있겠지요." 실리아가 답한다. "그게 여러분이 가장 좋아하는 것일 수 있다고 덧붙이고 싶네요. 가장 자랑스러워한다면, 그게 여러분의 최고 작품이 될 수 있어요."

학생들에게 앉으라고 하고, 실리아와 학부모 자원봉사자는 학생들에게 그림을 전달한다. 학생들은 자기 작품을 몇 분 동안 살펴보고 어떤 작품을 선택할지 비교하고 결정한다. 몇몇 학생은 결정에 대해 이야기를 나누지만, 대부분은 조용히 앞뒤로 그림을 넘기며 비교하고 결정한다. 실리아는 책상 옆에 자신이 '최고의 작품'으로 선택한 작품을 놓게 하고, 나머지 그림은 걷는다. 그동안 학부모는 빙고 카드와 마커를 나눠준다(그림 3.17 참조). 모든 것이 준비되면 실리아는 단어 세트를 추가할 수 있는 웹사이트를 활용하여 게임 규칙을 설명하고, 다양한 색상과 붓 터치를 제시한다. 실리아가 특정 색("주황색!")이나 붓 터치("점선!")를 말할 때, 자신의 그림에 있는 것을 빙고 네모 칸의 해당 단어에 표시한다. 게임을 하는 동안 학생들은 호명된 색이나 붓 터치를 찾기를 바라며 자기 작품을 주의 깊게 살핀다. 누군가 다섯 개를 한 줄로 표시하고 "빙고!"를 외칠 때까지 계속한다. 이긴 학생은 실리아와 하이파이브한다.

색	붓 터치	색	붓 터치	색
보라색	점	빨간색	물결	민트색
회색	구불구불	노란색	직선	청록색
갈색	얇은	주황색	두꺼운	분홍색
검은색	울퉁불퉁	파란색	구부러진	고동색
흰색	지그재그	초록색	빙글빙글	복숭아색

그림 3.17 색과 붓 터치 빙고 카드

약 25분 후 학생들은 다음 순서를 진행할 준비가 되었고, 실리아는 작품 소개글 양식과 함께 양식을 채우는 방법의 예시를 주었다. 한 학생의 작품을 예로 들면서, 색상과 붓 터치 수를 세어 보고 학생들에게 문장 완성하기*를 사용하여 문장을 완성할 수 있도록 한다. '어린이 철자법'을 사용하므로 틀리는 데 대해 너무 걱정하지 않아도 된다고 말한다. 전시회에서 이 작품 소개글은 각 학생이 최고의 작품으로 선택한 작품과 같이 전시될 것이다. 조앤Johann은 작품 소개글을 작성했다. "나는 다섯 가지 색과 여섯 종류의 붓 터치를 그림에 사용했다.

그림 3.18 포켓몬 캐릭터를 묘사한 작품에 사용한 색의 수를 세고 있는 1학년 조앤

* 문장 완성하기sentence stems: 문장의 빈칸을 채워 완성하는 일종의 문장 완성 활동.

나는 분홍색을 만들기 위해 덧칠을 했고 포켓몬 캐릭터 뮤츠를 그린 내 방식이 마음에 든다."(그림 3.18 참조) [밑줄은 활동지에 조앤이 적어 넣은 부분]

✚ 전시

게이츠 학교에서의 한 해는 체육관에서 진행되는 학교 전체 예술제로 마무리된다(그림 3.19 참조). 실리아, 학생들, 봉사자들은 학부모들이 참여하는 야간 행사를 준비하기 위해 목요일에 전시물을 설치한다. 시각예술 전시 외에도 음악 교사는 급식실에 마련한 민속춤 활동으로 가족들을 안내한다. 다음 날, 실리아는 원래 시간표에 따라 수업을 진행하는 대신 반별로 20분씩 체육관에서 모든 학생이 미술 전시를 관람할 수 있게 한다. 담임 교사들과 관리자들의 지원을 받는다. 실리아는 전시회를 자신의 수업 프로그램에 통합하기 위해 몇 가지 전략을 사용한다.

그림 3.19 미술 전시회로 변신한 체육관

아트 버디 실리아는 학생마다 각각 '아트 버디'(고학년과 저학년을 짝지어주는 것)를 정해주어 학생들의 감상 경험을 지도한다. 전시된 작품을 감상하는 동안 학생들은 아트 버디의 작품을 찾아보고 활동지를 작성한다. 그다음 주 미술 시간에 학생들은 자기 작품에 대해 작성된 활동지를 받아보게 된다(그림 3.20 참조). 실리아는 학부모용 감상 활동지를 제작해두며, 몇몇 학부모는 자녀 혹은 다른 학생 작품을 선택하여 글을 작성한다.

그림 3.20 상위 학년 학생 엘리Ellie가 아멜리아Amelia에게 준 피드백 관련 편지.
엘리: "난 네 그림이 좋아! 색이 다채롭고 예뻐! 그리고 네가 액자를 꾸민 방식도 마음에 들어. 우리 반 수업 시간에도 그림을 그렸어. 내 작품은 '깨진 유리'야. 왜냐하면 가운데가 깨진 유리처럼 보이거든. 네 그림 제목 너무 좋다."

미술 관련 학부모 교육 모든 전시회에서 실리아는 기록과 이 수업에서 무엇을 배웠는지를 강조하기 위한 안내문을 게시한다(그림 3.21 참조). 가능한 한 많은 학부모에게 성취기준, 스튜디오 습관, 미술사와의 연계 등 메시지를 전달하기 위해 다양한 방법을 활용한다.

미술 관련 학부모 교육을 위해 학생의 언어 사용하기 이러한 게시물을 작성하는 것 외에도 작품 소개글 및 기타 성찰 기록물들이 학생 작품과 함께 전시된다. 학생들로부터 배우는 것에 대해 직접 듣는 것이 성인의 설명을 듣는 것보다 더 효과적일 수 있다. 2학년 학생들은 찰흙 동물을 만드는 과정을 질문하고 설명하도록 하는 작은 책자를 제작했다(그림 3.22 참조). 작품을 제작하는 것은 사고에 관한 것이라는 데 대한 지지를 얻기 위해 실리아는 미술 전시회를 기회로 활용한다.

구리색 나무의 숲

피에르 어거스트 르누아르Pierre Auguste Renoir를 공부했다. 나에게 영감을 준 작품은 숲속에 한 남자와 개를 그린 그림이었다. 나는 숲도 그리고 싶어서 숲을 그린 후 환상적으로 바꿨다. 다채로운 잎들, 구리색 나무, 그리고 캔버스 위에 위풍당당하게 서 있는 사슴. 하늘과 풀 표현에는 색 혼합을 사용했다. 나무에는 덧칠 기술을 사용했다. 처음에는 적갈색에서 짙은 갈색, 금색, 구리색으로 덧칠했다. 사슴의 반점에는 붓 터치 기술을 사용했다. 작품이 어떻게 나올지 상상하기 위해 칠하기 전에 **구상(습관)**을 사용했다. 이 작품이 나의 〈구리색 나무의 숲The Forest of Copper Trees〉이다. 즐겁게 관람해주세요!

단원: 5학년, 미술사에서 받은 영감

핵심 아이디어
- 미술가들은 다른 미술가들의 작품과 삶에서 영감을 받는다.

본질적 질문
- 영감이란 무엇인가?
- 무엇이 나에게 영감을 주었는가?
- 영감과 모방의 차이는 무엇인가?
- 작가의 작품과 삶의 어떤 점이 나에게 영감을 주는가?(아이디어, 기술, 삶, 작품, 주제)

기능
- 작가의 삶과 작품에 대해 배우고 조사한 것에서 영감을 받아 그림 그리기
- 영감과 모방의 차이 이해하기
- 앞서 완성한 그림에서 배운 표현 기술 적용하기(물감 섞기, 블렌딩*, 덧칠, 붓 터치)
- 사전 조사와 스케치 계획 모음집으로 스케치북 활용하기

미술사와의 연계점
- 학생들은 작가의 삶과 작업을 조사하고, 거기에서 그림 작업에 영감을 얻는다.

평가: '제목과 작품 소개글'
- 미술가의 작품이 어떻게 나의 그림에 영감을 주었나요?
- 내 그림에 담긴 아이디어를 설명하세요.
- 물감 섞기, 농담 변화, 덧칠과 붓 터치 같은 표현 기술을 어떻게 사용했나요?

그림 3.21 실리아 나이트가 만든 학습 목표 목록과 함께 전시된 5학년 엘리의 작품 및 작품 소개글

* 블렌딩blending: 붓, 스펀지 같은 혼합도구로 두 가지 이상의 색 사이를 부드럽게 전환하도록 만드는 것.

그림 3.22 제작 방법을 설명하는 책자와 함께 전시된 2학년 조Zoe의 코끼리 입체작품

* 학생 활동지의 비문, 오타가 그대로 제시됨.

“더 나은 방법이 있어요.” - 키티 콘드

일리노이주 시카고의 레이븐스우드 초등학교까지는 인근 지하철 L선에서 도보로 15분 걸린다. 저소득층 주거지역으로 지나는 길 주변에는 오래된 공장, 컵케이크 가게, 카페, 미술 스튜디오가 있다.

미술 교사로서 캐서린 키티 콘드Kitty Conde가 말하길, 이 동네는 그녀가 유아원~8학년에게 처음 미술을 가르치기 시작한 이후 25년 동안 사회경제적 변화를 겪어왔다. 처음 가르치기 시작했을 때는 전체 학생의 99%가 저소득 계층에 해당했으나 지금은 49%로 떨어졌다고 회상한다. 키티는 아쉬운 듯, 정말 도움이 필요한 학생을 가르치는 것을 좋아했다고 말한다. 키티는 현장에서 수년간 미술 교사이자, 부모이자, 길 건너 사는 이웃 등 여러 역할을 해왔다. 만약 레이븐스우드에 대해 궁금한 것이 있다면 아마도 물어보기에 가장 적합한 사람일 것이다.

학교 교문 밖 대형 전자 게시판에는 곧 있을 성적표 배부와 미술 전시 일정을 공지하고 있다. 학교 자체적으로 시각예술, 댄스, 연극 수업에서 교육과정 발표회를 준비하는 것을 볼 수 있다. 미술실은 학교의 중앙에 자리하고 있고, 학교에 들어오면서 보이는 정문과 계단을 통해 올라가면 된다. 키티의 목소리가 교실 안에서 들려온다. 중학생들이 복도로 몰려나와 벽화 캔버스를 색칠하고 있는데, 이는 해마다 키티 선생님의 공공미술 수업의 하나로 교내 곳곳에 설치될 것이다. 어떤 학생은 적극적으로 색칠한다. 어떤 학생은 연필 스케치를 이미 그린 것과 비교하기 위해 가까이서 보다가 멀리서 보기를 반복하고 있다. 또 어떤 학생들은 앞서 진행한 전체 학급 비평 활동 때 받은 피드백 메모지를 읽거나 관련해서 상의하고 있다. 이곳의 작품 제작은 생각하는 것이다. 학생들은 그냥 만들지 않고 제법 미술가처럼 행동한다. 자기 작품에 대해 성찰하고 피드백에 대해 상의하고 작업의 맥락에 대해 함께 생각한다.

미술실은 발 디딜 곳이 없다. 그간 수없이 물감이 다시 채워졌던 1990년대 삽화가 그려진 물감통은 커튼 천으로 가려져 선반에 쌓여있다. 안내판에는 벽면 가득 서로 다른 재료를 붙이는 방법, 스튜디오 습관의 정의, 화났을 때 참는 법 등이 적혀있다. 학생들이 최대한 스스로 할 수 있도록 하기 위해서다. 이 건물은 오래되었지만 잘 유지·보수되었고, 여러 선반 위에는 환경미화의 흔적(예를 들어, 깔끔하게 색상별로 구분하여 정렬된 오일파스텔 그릇)과 미술 작업에 영감을 주려는 도발적 아이템들(도자기 해골과 거대한 자수정)이 보인다.

마침내 학생들은 마무리 정리를 하고, 이제 화이트보드에 있는 키티의 스케줄표는 점심시간을 가리킨다. 그러나 키티는 '쉴' 기미를 보이지 않는다. 다른 두 미술 교사가 회의를 하기 위해 키티의 교실에 들어서자, 오후에 수채화를 그릴 유치원생들을 위해 물통을 채우고(싱크대에 손이 닿지 않음), 책상 위에 놓인 지난 수업 작품들을 수거하여 학급 보관함에 넣는다. 핸드폰으로 이메일을 체크하고 크래커 몇 개로 허기를 달래는 식으로 여러 가지 일을 한꺼번에 하고 있다.

키티와의 만남

키티와 대화하다 보면 그녀가 레이븐스우드 학교에서 숙식을 해결한다는 것을 금세 알 수 있다(그림 3.23 참조). 수업이 바쁘지 않을 때, 그녀는 전문 예술 강사를 더 초빙하는 방법이나 지원금을 받아내는 방법에 대한 회의에 참석하기도 하고 담임 교사와 회의하여 통합 수업을 계획하기도 한다. 그녀의 하루는 길고, 학생들은 많다(담당한 유치원생만 거의 30명이다). 그러나 키티는 매주 1시간짜리 수업에서 자신이 하는 일에 대한 인내심과 즐거움으로 일관된 태도를 유지한다. 네이트 매니언Nate Manean 교장은 말한다. "키티는 호기심이 많아요. 자신의 전문성 개발뿐 아니라 아이들의 세계에 대해서도 궁금해합니다." 키티의 호기심은 그녀의 교육이 진화하고 있음을 의미한다.

수년간 카트를 가지고 교실마다 돌아다니며 가르친 후 2001년, 키티는 비로소 자신의 교실을 갖게 되었다. 이 시기에 그녀는 수업에 더 많은 선택지를 포함하기 위해 나섰다. 학생들에게 개인의 관심사를 추구하는 자유를 허용하는 동시에, 학생들이 최선을 다하여 작업하기를 원했다. 몇 년 후, 중학교 미술실에서의 자율성에 관한 석사학위논문을 쓰면서 미술적 행동 교수법TAB(Douglas & Jaquith, 2009)와 언어 예술 분야의 작가 워크숍 모형(Calkins & Mermelstein, 2003)에 대해 배웠다. 둘 사이의 유사점으로부터 수업에 대해 생각하는 데 도움을 받았다. 그녀는 이탈리아에 있는 레지오 에밀리아 학교(the schools of Reggio Emilia)가 자신의 수업에 영향을 준다고 본다(Krechevsky, Mardell, Rivard, & Wilson, 2013). 키티는 정기적으로 지역 비영리 단체와 미술관의 전문성 개발 워크숍에 참여함으로써 시카고 지역의 풍부한 미술교육 공동체와 교류한다.

그림 3.23 작품에 대해 대화를 나누는 키티 콘드와 에이든Aiden

최근 키티의 교실은 드로잉, 채색, 콜라주, 건축, 도예, 패션 및 섬유, 기술 등의 작업실로 구성되었고, 매년 학생들에게 이것들을 하나씩 공개하고 있다. 때때로 그녀는 과제 기반 학습을 적용하지만, 미술실에서는 언제나 높은 수준의 선택을 할 수 있도록 유지한다. 가령, 키티는 조소 재료가 제공되면 "[학생들은] 모든 것을 글루건으로 붙이고 싶어 한다"는 것을 알게 되었다. 그녀는 좀 더 천천히 진행하며 학생들이 생각하기를 원하기 때문에 '변신 챌린지'라는 것을 시작했다. 이 과제에서 학생들에게 조소 영역(휴지심 또는 물병 등)에서 물체 하나를 선택하고 세 가지 맥락에서 그것을 구상해보게 한다. 학생들은 처음 아이디어를 넘어서서 도전하고 탐구하면서 가능한 한 세 가지 다른 계획을 세운다. 한 가지 아이디어를 선택하여 제작하기 전에 필요한 재료와 또 다른 관련 작품을 생각해볼 가능성이 있기 때문에 인터넷으로 조사한다. 키티는 학생들이 각자의 과정을 독립적으로 진행할 수 있도록 체크리스트를 만든다. 다른 시간에 학생들은 미술실의 다양한 재료를 사용하여 각자의 작업을 자유롭게 디자인한다.

미술 교사들과의 점심시간 회의가 마무리되고 있다. 네이트 매니언 교장이 불쑥 들어와 교사들에게 말한다.

"오늘 내가 가장 좋아하는 습관을 사용했어요."

키티가 웃는다. "뭔데요?"

"도전과 탐구."

"저도 그거 제일 좋아하는데."

"저는 이걸 성인들과 시도하고 있어요. 교감선생님과 저는 우리가 어떤 상황에서 틀에 박힌 생각을 하고 있다는 것을 깨달았어요. 그래서 교감선생님과 어떻게 일할지에 대해 도전하고 탐구하며 다른 방법을 시도하기로 결심했습니다."

"그래서 효과가 있던가요?"

네이트는 잠시 머뭇거린 후, "아직 미정"이라 말하고 나간다.

예술 마그넷 학교(키티가 미술 프로그램을 위한 추가 지원금을 받기 위해 몇 년 전 학교에서 적용하도록 도운 프로그램)로서, 예술 통합은 레이븐스우드 학교의 핵심 사업이다. 『스튜디오 씽킹』(Hetland et al., 2007)은 레이븐스우드 학교의 전문성 개발 시간에 모든 교사가 읽고 독서 모임에서 토론한 세 권의 책 중 하나다. 분명히 네이트 교장은 자신이 읽은 것을 학교 공동체에 통합하기 위해 관심을 기울여온 것으로 보인다.

스튜디오 구조를 통해 키티의 수업 들여다보기

✚ 교사 시연

점심시간이 끝나고 2학년 학생들이 교실에 들어와 작업대로 이동한다. 키티는 작품 상자를 꺼내서 시간이 되면 학생들이 작업 중인 작품을 찾아갈 수 있도록 한다. 스케치북에는 전시회를 위한 최종 작업을 시작하기 전에 만들어진 '구상' 계획이 담겨 있다. 키티는 스케치북을 참조하는 것이 얼마나 중요한지 설명하면서 수업을 시작한다. "스케치북이 중요한 이유는 여러분이 한 …?" 그녀는 잠시 멈추고 기대에 차 눈썹을 치켜올린다. "…구상을 앞에 보이게 두어야 하기 때문이에요." '구상'이라는 소리에 학생들이 반응한다. 볼을 긁고, 올려다보며, "흠…" 소리를 낸다. '구상하기'는 미술실 용어이며, 학생들의 이전에 훈련된 반응은 관심을 끄는 데 도움이 된다.

키티가 스튜디오 습관의 정확한 용어를 설명해서인지 학생들은 이를 꾸준히 듣고 잘 기억한다. 어린이들은 매일 새로운 단어를 배운다. 그녀는 학생들이 직접 스튜디오 습관 용어를 사용하는 것이 제일 좋다고 생각한다.

"우리는 지금 전시회 작품을 만들고 있어요. 이제 피드백을 받아볼 만한 시점일 수도 있어요. 벨라Bella가 완성했다고 해서 선생님은 '좋아. PQS 해보자'라고 했어요. PQS가 어떤 도움을 주나요?"

"PQS는 '나는 이 작품이 좋다'는 것과 그 이유예요"라고 한 학생이 발표한다.

"맞아요. 칭찬Praise, 질문Question, 그리고 제안Suggestion이에요(EL Education, 2017)."

키티는 벨라의 풍경화 작품을 들고 활동을 마무리할 때 쓰는 활동지를 보여주며 "왜 이 작품이 좋은지 이유를 알려주세요"라고 말한다.

"저는 스펀지처럼 보이는 것으로 윗부분을 칠한 게 좋아요." 한 학생이 말한다.

키티가 답한다. "와, 이 윗부분에 색이 혼합된 것 같은 질감이 있군요." 그리고 다른 학생을 부른다.

"저는 가지가 말라보이는데 허리케인 색 같아 보여서 좋아요. 그리고 잎들이 떨어지고 있어요." 키티는 계속하여 진행한다. "좋아요. 칭찬P은 했으니, 질문Q은 어떤가요?"

"왜 완두콩 꼬투리가 색칠되어 있나요?"

키티는 벨라를 바라본다. 그림에는 완두콩이 그려지지 않았다는 것을 알아챈다. "벨라야, 친구들이 완두콩이 보인다고 하네요."

"이 그림을 어떻게 생각하게 되었나요?" 다른 학생이 질문한다.

"거기에는 답할 수 있어요! 미술 아이디어 책을 찾아봤어요." 벨라가 대답한다.

"어머나! '미술가들은 어디서 아이디어를 얻을까?'라고 쓰여진 벽을 보세요. 어떤 미술가들은 책에서 아이디어를 얻는답니다." 키티가 말한다.

키티가 가르치는 학생들은 종종 자신의 프로젝트를 설계하기 때문에 아이디어 출처 찾기와 표기 방법을 분명하게 배운다. 키티는 교실 전면 화이트보드 위에 몇몇 미술가의 아이디어 출처를 보여주는 커다란 공간을 만들었다(그림 3.24 참조). 주기적으로 교사가 이를 언급하기 때문에 학생들은 자연스럽게 어디서 작품 아이디어를 얻었는지를 서로 물어보곤 한다. 학생들은 자기 아이디어를 어떻게 생각하게 되었는지 설명할 때 필요한 단어를 알고 있다.

"벨라한테 제안S할 사람 없나요?" 키티가 묻는다.

"완두콩 꼬투리를 더 어둡게 처리해야 할 거 같아요."

한 학생이 대답하자, 키티가 "아, 그러니까 벨라가 이 모양들을 더 어둡게 하면 문제가 해결될 거란 건가요? 완두콩처럼 보이지 않을 수 있다는 건가요?"라고 해석한다. 키티는 벨라에게 다음 단계를 물어보면서 PQS 시연을 마친다. "몇 가지 제안과 칭찬을 받았는데, 돌아가서 고치고 싶은 게 있나요?"

벨라는 솔직히 대답한다. "별로 없어요."

키티는 웃는다. "네, 어떤 때는 별로 없을 수도 있어요. 물감이 이미 말랐어

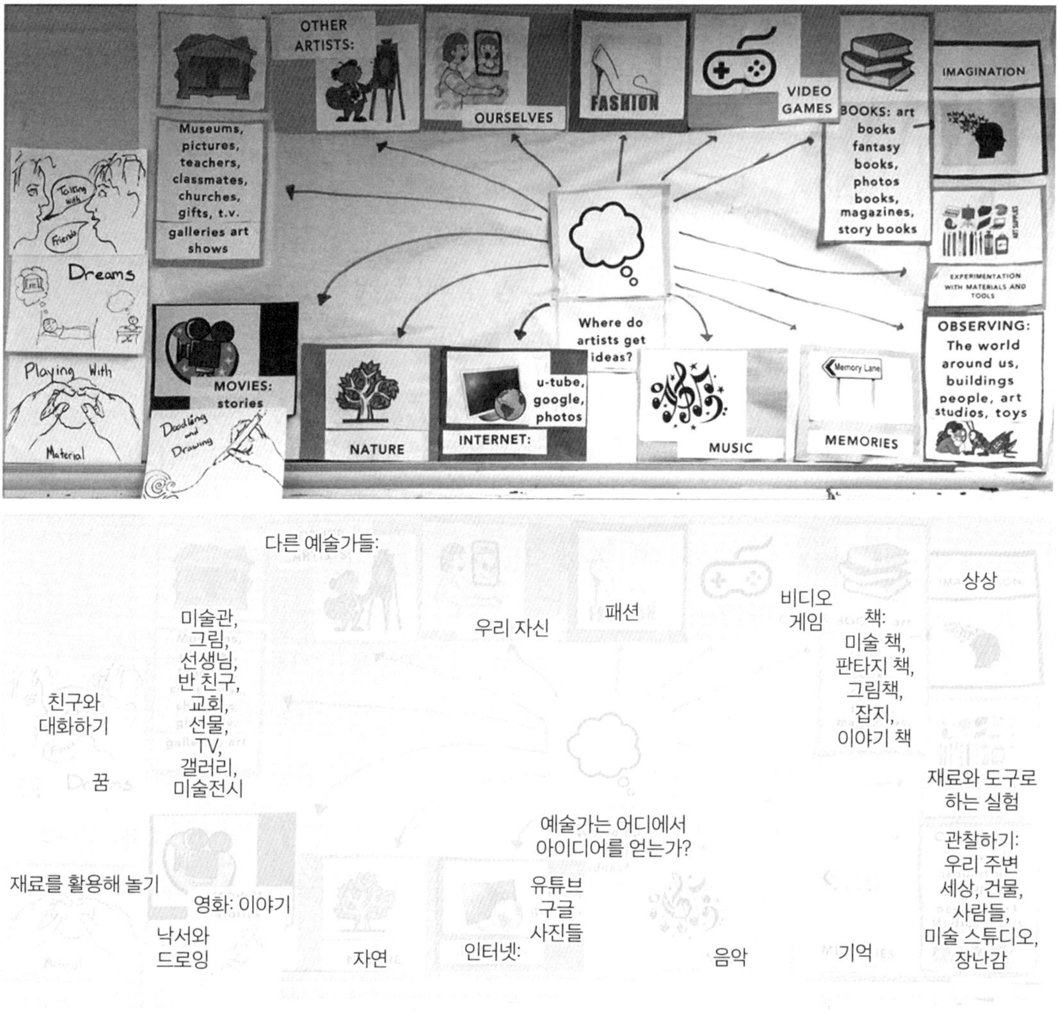

그림 3.24 작품 주제 선택을 위한 다양한 영감의 원천이 되는 목록이 적힌 키티의 벽

요. 괜찮아요. 이 제안들은 다음 작품을 할 때 도움이 될지도 모르겠네요. 하지만 계속해서 작업할 방법을 찾고 있다면, 이것을 연작으로 확장할 수도 있어요." 키티는 벨라의 작품을 보여주면서 어떻게 아이디어가 연작이 되었는지를 보여주며 교사 시연을 마친다. 연작은 학생들이 전시회를 준비할 때 자주 제안하는 아이디어다.

키티의 교실에서 교사 시연은 때로 미술적 기술에 관한 것이다. 그러나 좋은 피드백을 주고받는 방법, 전시를 위한 작품을 준비하는 방법, 좋은 협업 방법 등 미술과 관련된 다른 분야에 관한 것일 때도 자주 있다. 이 시간에 학생들이 작업을 독립적으로 하기 위해 준비한다. 키티가 가르치는 학생들은 자신의 작업에서 언제 PQS를 할지, 누구와 함께 작업할지를 스스로 결정한다. 학생들은 또한 재료를 선택하고 작업대를 준비하기도 한다. 심지어 유치원생들도 각자의 수채화 물통이 있고, 수채화 물을 흘렸을 때 치우는 방법을 연습한다.

✚ 학생 작업

작업시간이 되었다. 키티가 교실 저쪽 끝 구석에서 한 학생에게 뭔가 말하는 동안, 학생들은 작업하던 작품을 학급 보관함에서 꺼내온다. 조슈아Joshua는 종이를 받으러 당당히 걸어간다. 나름대로 계획이 있다. 종이와 연필을 들고 이젤로 향한다. 단숨에 티셔츠를 벗고 속옷만 입고 있다. 반 친구 몇몇이 그와 키티를 번갈아 쳐다보면서 그녀의 반응을 궁금해한다. 하지만 그녀는 다른 학생을 도와주느라 바쁘다. 다들 자기 자리에 돌아간다. 조슈아는 종이를 셔츠 위에 올리고 마커를 종이 위에 앞뒤로 그어대기 시작했다. 티셔츠는 질감이 있고 조슈아는 그 패턴을 종이 위에 옮기려고 한다.

처음에는 종이가 찢어진다. 연필로 바꿨지만, 곧 연필이 부러진다. 그러자 종이가 더 찢어진다. 같은 모둠 아이들이 자주 그를 쳐다보느라 멈췄지만, 조슈아는 개의치 않는 듯하다. 마침내, 누군가 그가 뭘 하고 있는지 알아챘다. "아! 나도 그거 한 적 있어. 동전으로!" 조슈아는 마침내 멈추고는 고개를 끄덕였다. "맞아. 내 티셔츠가 좀 웃기다고 생각했어. 그래서 이게 될 것 같았어. 전에 누가 이걸 하는 것을 봤거든." 조슈아는 자신의 아이디어를 계속 시도하고 좌절하기 전에 때마침 키티가 개입했다. 키티는 조슈아의 맨살과 찢어진 종이를 보고 무슨 일인지 깨닫는다. "조슈아, 더 나은 방법이 있어요." 키티는 서랍을 열고 질감판을 집어 보여준다. "이건 질감판이에요. 이걸 좋아할 거 같아요. 눈을 감고 느껴보세요. 이건 딱딱한데 셔츠는 부드럽지요. 그래서 잘 안 되는 거예요. 보세요, 여기 땡땡이 무늬도 있어요. …" 조슈아는 용 비늘무늬도 있는 걸 알게 됐다. "아, 맞아. 게일Gael?" 키티는 교실을 가로질러 불렀다. "게일이 좋아할 거 같아요. 조슈아가 용 비늘 같이 생긴 걸 찾아냈어요." 키티는 이번엔 마커로 용을 자세히 묘사하느라 바쁜 게일의 관심을 집중시켰다(그림 3.25 참조).

그림 3.25 용의 자세한 부분을 그리는 게일

한편, 다른 테이블에서는 에이든이 문어 그림을 체계적으로 탐구하고 있다. "이건 실험이었어요. 수채화 물감과 소금을 썼어요. 이 푸른 소금을 모두 넣었을 때 공에 붙어 딱딱해지는지 봤어요. 파란색은 내가 제일 좋아하는 색이에요. 또한 소금을 부어 색깔을 빨아들였어요. 이게 약간 울퉁불퉁한 효과를 주었어요. 그리고 뒤에 어떻게 되었나 보세요. 소금을 얹은 직후에 색깔이 나타나요. 수채화 물감 때문에… 눈 깜짝할 사이에 종이에 가라앉아요." 에이든은 같은 모둠 친구와 다른 친구들이 열심히 듣는 것을 깨닫는다. "저는 문어를 키우고 있어요. 집에 있는 큰 수족관에서요."

"정말?" 다른 아이가 묻는다.

그는 웃는다. "아뉘~" 그러나 곧바로 심각해진다. "이건 멸종한 거대 문어야. 사람들이 다 죽였지. 새끼도 죽였어. 멸종했어."

"이 아이디어는 어디서 나온 거야?" 옆에 있는 학생이 묻는다.

"할머니 생각이 났어. 돌아가셨는데, 이 문어도 그래. 이건 물 아래의 천국 같은 거야."

키티가 가르치는 학생들은 아이디어가 풍부하다. 그들의 이와 같은 자연스러운 성향은 학생들에게 영감의 근원을 찾도록 하는 키티의 체계적인 지도에서 영향을 받았다.

선택의 회전판 키티와 이전 교육실습생 중 한 명은 학생들의 참여와 끈기를 돕기 위해 회전판을 생각해냈다. 교육실습 수업을 마친 후, 키티는 바라던 대로 수업이 진행되지 않은 이유를 브레인스토밍하도록 도와주었다. 키티와 교육실습생은 인식한 문제점들을 살펴보았다. 문제는 어떤 학생들은 방향을 잃었고, 어떤 학생들은 좀 겁을 먹었던 것이다. 또 어떤 학생들에게는 협동 과제를 더 부여했다면 더 잘할 수 있었을 것이다. 그 후, 개별화된 지도와 더 많은 학생이 참여하도록 하기 위해 회전판을 만들었다(표 3.1 참조).

이전 작품으로 새로운 작업 알리기 학생들은 미술 전시회에서 작품을 전시할 준비를 하고 있는데, 처음에는 새로운 아이디어로 작품을 시작하는 데 어려움을 겪을 수 있다. 키티는 그런 학생들에게 도전과 탐구를 장려하여 최초의 아이디어가 새로운 작품으로 확장되도록 한다. 그런 방법 중 앞서 언급한 연작에 대해 이야기한다. 칠판에 본인이 그린 목가적 풍경 연작 중 대표적인 작품 몇 가지를 전시한다. 하나는 풍경 일부를 확대한 것이고, 다른 것은 흐릿하면서 좀 더 추상적인 작품이다. 학생들이 작업을 마치면, 새로운 작품을 위해 자신의 아이디어를 어떻게 변화시킬지 생각하도록 격려한다. 벽에 있는 포스터들은 학생들이 참고하기 위한 것이다(그림 3.26, 3.27 참고).

표 3.1 키티 콘드의 회전판에 담긴 내용

갤러리 워크	키티는 학생들이 다음에 뭘 할지 모르겠을 때 아이디어를 주기 위해 다른 친구들은 어떤 작업을 하는지 살펴보는 시간을 갖도록 격려한다.
아이디어 도표	교실 앞에 걸어둔 도표. 아이디어가 어디에서 나오는지 사례를 보여준다.
구상 활동지로 돌아가기	거의 모든 작품은 스케치나 계획으로 시작한다. 무엇이 바뀌었고 왜 바뀌었는지 인식하는 첫 단계로 돌아가면 학생들이 다음 단계를 생각하는 데 도움이 된다.
자세하게 설명하기	어떤 학생은 체크리스트의 도움을 받는다. 키티는 종종 개별 학생들이 체크리스트를 만드는 것을 돕거나 모든 학생이 작업 중인 프로젝트의 체크리스트를 만든다.
미술가 찾아보기/조사하기	학급 갤러리 워크 외에 인터넷, 학급 문고는 추가적인 영감을 준다. 교사 시연 시간에 키티는 인터넷으로 자신이 원하는 것을 조사하는 방법을 명확하게 가르친다.
목록 만들기	'씨앗 아이디어seed idea'(시간 여유가 될 때, 추후에 탐구될 아이디어)를 담은 스케치북은 학생들이 실현 가능한 아이디어를 담고 선택의 폭을 좁혀나가는 곳이다.
PQS *Praise, Question, Suggestion*/ **칭찬, 질문, 제안하기**	이 '씽킹 루틴'은 학생들이 피드백을 요청하는 구조화된 방법을 제공한다.
이야기에 대해 생각하기	종종 학생들은 숲이 아닌 나무를 보는 데 갇혀있다. 키티는 이를 돕기 위해 학생들이 작품 장면을 정하고 그 안에서 무슨 일이 일어나고 있는지 이야기하도록 격려한다.

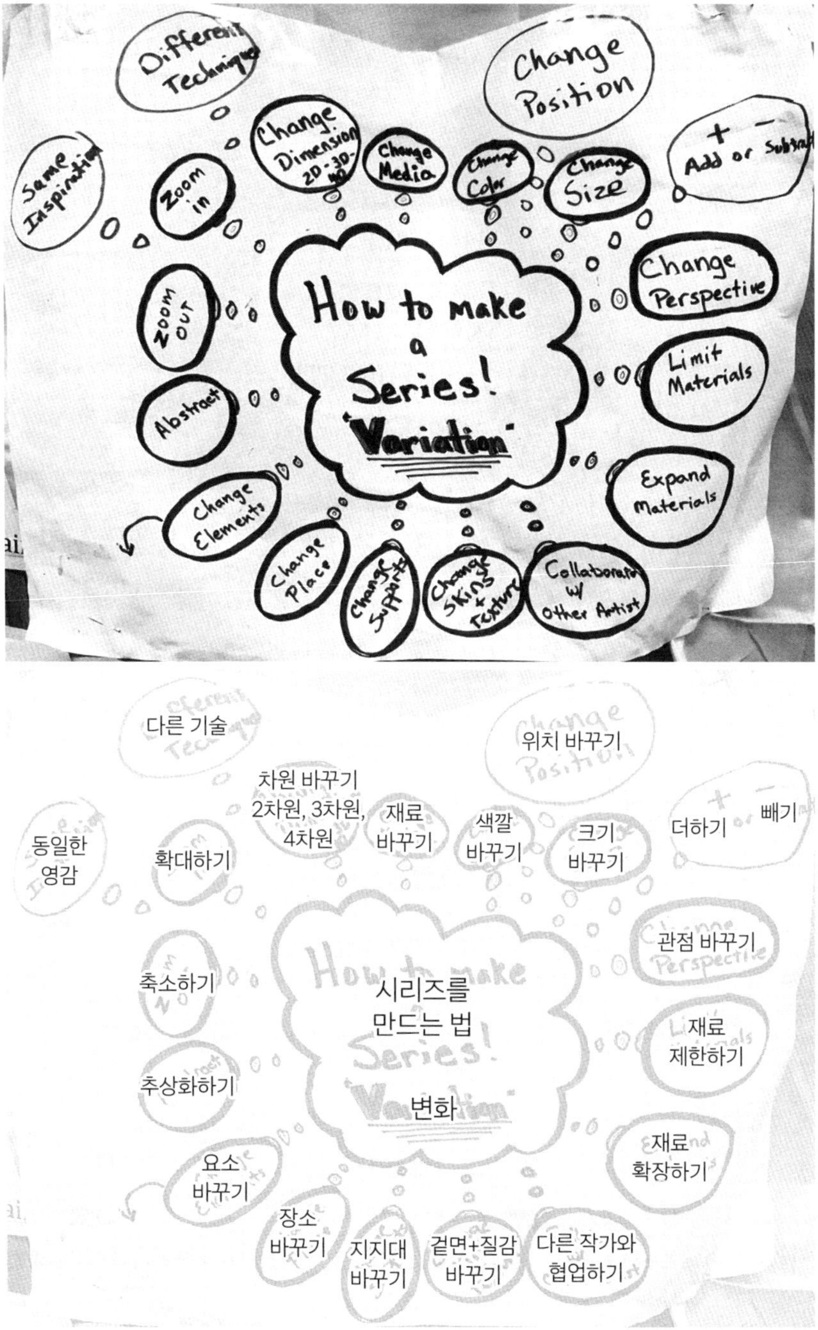

그림 3.26 작품을 연작으로 확장하기 위해 교실에 붙인 아이디어 참고 포스터(키티 콘드 개발)

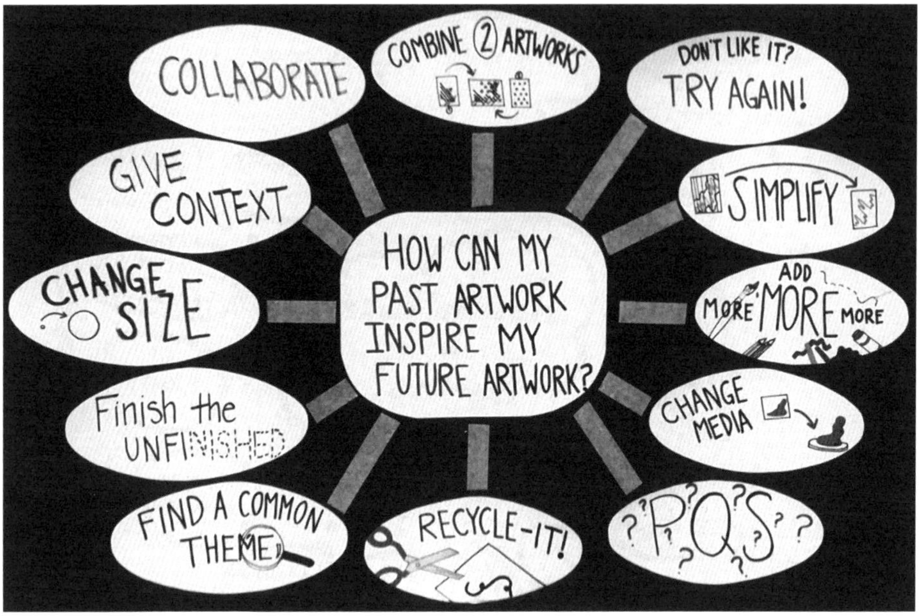

협업하기

두 작품 합치기

마음에 안 들면?
다시 하기!

맥락 형성하기

단순화하기

어떻게 나의
지난 작품이
나의 미래 작품에
영감을 주는가?

크기 바꾸기

추가하기

미완성이었던 것을
완성하기

재료 바꾸기

공통 주제 찾기

재활용하기

PQS
(칭찬-질문-제안)

그림 3.27 키티 콘드와 학생들이 앞서 완성한 작품을 어떻게 발전시킬 수 있는지 생각하는 방법

✚ 미술작품에 관한 대화

2학년 수업이 끝나고, 5학년과 6학년 통합 수업이 한창 진행 중이다. 다른 학생들이 짝을 이뤄 PQS 활동지를 상의하고 작성하는 동안 일부는 미술 작업을 한다. 빈센트Vincent는 방금 작품에 사용할 검은 배경을 선택했다(그림 3.28 참조). 그는 엽서에 검은 잉크로 칠한 부분을 느끼며 열심히 자기 작품에 대해 성찰한다.

그림 3.28 '황폐함'을 표현하는 질감이 있는 잉크 엽서를 자랑스럽게 보여주는 빈센트

"우리는 사람들이 다양한 재료 위에 염료 잉크로 그리는 것을 슬라이드쇼로 보았어요. 저는 이 엽서가 가장 마음에 와닿는다고 생각했어요. 키티 선생님은 잉크가 이 재료들과 잘 어울릴 거라고 말씀하셨어요. 제가 다양한 질감을 더하는 것을 좋아하기도 하고요. … 저는 하나의 큰 주제로 하고 싶지만, 다양한 엽서를 만들고 싶기도 했어요. 이건 모두 다 아주 무서운 거예요. … 저는 이걸 파괴적으로 만들고 싶었어요. 마치 공격당하는 도시인 것처럼요. 이건 혼자 들판에 있는 외로운 소녀고요. …"

빈센트는 이 작업을 4차시 동안 했다고 말한다. 잉크를 어디에 어떻게 칠할지를 결정하는 데 우연은 없었다.

"가장 위에 있는 카드를 보면, 사막에 여자가 있어요. 뭔가 무미건조한 느낌을 주기 위해 그냥 잉크를 칠했어요. 바닥에는 막대기로 잉크를 칠했어요. 제가 원하는 것을 그리고 그 위를 잉크로 칠했어요. 하지만 일부는 칠하지 않고, 그 주변에 질감을 만들기 위해 그냥 휘갈겼어요. 이 부분은 드리핑 기술을 썼어요. … 이 그림은 흑백이라서 제 생각에 되게 오래된 거 같았어요. 이 그림을 작은 TV처럼 정말 흐릿하게 만들려고 노력했어요. 여기 이건 색이 새로워서 더 새로워 보여요. 하지만 이건 아주 나쁘고 무서운 그림이에요. 그래서 저는 주변 잉크를 입으로 많이 불어서 지저분하게 만들었어요."

키티가 가르치는 학생들이 네 가지 모든 스튜디오 구조 안에서 이야기한 것들은 작품의 의미와 의사결정이다. 키티는 학생들에게 그렇게 할 수 있는 자원을 제공하고 꾸준히 타인의 미술작품에 대해 어떻게 이야기하는지, 어떻게 피드백을 주고받는지 시연한다. 이로써 학생들은 **학생 작업** 단계에서 독립적으로 미술에 대해 이야기할 수 있게 된다.

테이블을 사이에 두고 밀라Mila와 이든Ethan이 대화를 나누며 서로의 작품에 대해 피드백하기 위해 PQS 활동지를 작성하고 있다. 밀라는 산의 풍경을 두 패널에 그렸고, 이든은 밀라를 칭찬하고 있다.

"네가 바다와 숲의 세부 표현과 풍경을 구성한 방식이 마음에 들어. 내가 바다와 얼음이 언 산이 있는 곳을 정확히 알고 있거든. 이걸 오래 안 봐도 바로 알 수 있어."

"좋아." 밀라가 말한다. 밀라는 정보를 해석하기 위해 잠시 멈췄다가 활동지를 채워 넣는다(그림 3.29 참조). "그래서… 넌 작품을 이해한 거야?"

"응." 이든이 말한다.

"이게 뭔지 알고 싶어." 이든이 한 곳을 가리키며 계속 말한다. "그리고 저 떨어지고 있는 검은 것들은 뭐야?"

"키티 선생님도 똑같은 질문을 했어!" 밀라가 말한다.

"(이것들은) 소나무들이야. 산비탈에서 떨어지고 있는 것처럼 보이지만, 그렇지 않아. 그래서 내가 이걸 (지평선) 여기에 그려 넣은 거야."

PQS WORKSHEET

YOUR NAME Mila

PARTNER'S NAME Ethan

	What did you hear?	How was it helpful?
PRAISE	I could understand my artwork	That people know the reason just by looking at it
QUESTION	are the tree falling off the Mountins	conect the tree line to the mounting
SUGGESTION	add clould and snow	to make it look like a cold Breeze

NEXT STEPS

☆ add clouds an snow
☆ connect the tree line to the mountin

PQS 활동지

이름: 밀라

짝 이름: 이든

	무엇을 들었나요?	어떻게 도움이 되었나요?
칭찬하기	이든은 내 작품을 이해했다.	단지 보는 것만으로도 알 수 있다는 것
질문하기	나무가 산에서 떨어지는 건가?	나무를 묘사한 선을 산에 이어놓기
제안하기	구름과 눈을 더 그려 넣어라.	차가운 바람처럼 보이게 하기

다음에 할 일

☆구름과 눈 그려 넣기
☆산에 나무 그린 선 잇기

그림 3.29 이든의 피드백을 해석하여 작성한 밀라의 PQS 활동지

"이건 뭐야? 무슨, 하얀 하늘인가? 밖에 나갔을 때 해가 져도 하늘이 하얗지는 않잖아?"

"그건 태양이 아니야. 실수한 거야. 흰색 물감을 가지러 갔는데, 그때 붓에 노랑 물감이 조금 묻어있었어. 그래서 노랗게 칠해진 거야."

"그래서 난 회색이나 구름을 더 그려 넣어야 한다고 생각해."

"이렇게?" 밀라가 자신의 다른 작품을 가리키며 묻는다.

"응."

수업이 끝나자, 키티는 이 그룹의 작업에 대해 논평한다. "여러분이 서로를 미술가로 바라보는 점이 참 좋아요. 그리고 선생님 없이도 스스로 해냈어요. 좋아요."

교실 안을 살펴보면 학생들이 자주 미술작품에 관한 대화에 참여하고 있다는 것을 알 수 있다. 앞에서 이야기했듯, 키티는 교사 시연 시간을 PQS 과정을 시범 보이는 데 사용한다. 친구의 반응을 얻고 친구에게 반응하고 반응을 사용하는 것을

명확하게 가르침으로써 이것이 연속적인 과정이 되도록 한다.

✚ 전시

모든 학생은 어떻게 작품을 설치할지에 대해 개별·모둠별로 결정하고, 자기 작품을 미술 전시회에 설치했다. 전시회에는 성적표 수령과 함께 진행되기에 학부모는 이미 학교 건물에 들어와 있다.

전시회 준비하기 3학년 학생들이 도착하자, 키티는 교사 시연 시간을 활용해 작품들이 완성되어 전시가 준비됐는지를 아는 방법과 완성된 작품의 액자 틀을 선정하는 방법에 관해 이야기한다.

"작품이 완성되었다는 건 어떻게 알죠?" 키티가 묻는다.

"다른 사람이 생각하기에 괜찮고 내가 보기에도 괜찮을 때요." 그리핀Griffin이 말한다.

"좋아요. 다른 사람으로부터의 피드백. 그것에 대해 어떻게 느껴야 할까요?"

그리핀이 계속 말한다. "만약에 정말 좋으면, 전시하는 거죠."

"내 작품이 매우 자랑스러우면?" 키티가 해석한다.

"네, 키란Kiran의 상자 미술처럼요." 그리핀이 학생 작품을 언급하며 대답한다.

"완성되었다는 걸 알게 해주는 게 또 무엇이 있나요?"

"최선을 다해서 작업하고 내가 할 수 있는 최선이라는 것을 알 때요." 메건Megan이 말한다.

"그러니까 장인 정신이 최대한 들어갔다는 거죠. 최선을 다해 표현하기 위해 많은 시간을 투자했다는 것." 키티가 대답한다.

"완성되었다고 느꼈을 때 작품을 보면, 거기서 색만 보는 게 아니라 다른 무언가를 보게 돼요." 조이Joy가 말한다.

"그것에 대해 이야기해봅시다. … 스튜디오 씽킹 칠판을 보세요. 내가 표현한 것인가요? 아이디어를 표현해냈다는 의미인가요?"

"네, 사람들이 이게 뭔지 아는 것처럼요."

레베카Rebecca가 다른 아이디어를 말한다. "작품을 보고 '이것이 내가 구상한 것보다 훨씬 나아 보인다'라고 말할 때 완성된 거예요. 그리고 구상한 모든 것이 표현되어 있고요."

"레베카가 말하고 있는 것에 대해 말하고 싶은 게 있어요." 키티가 말했다. "스스로 머릿속에서 대화하는 것이죠. 그걸 '자기대화self-talk'라고 해요. 뭔가 자신감에 찼을 때 우리는 스스로에게 '이 느낌이 맞아. 느낌이 좋아'라고 해요. 머릿속에 '넌 나빠. 넌 틀렸어'라고 말하는 악마가 있는 사람 있나요? 있는 사람? 우리 집에서는 그 사람을 '베키Becky'라고 불러요. 우린 베키를 싫어해요. … 그래서 오늘, 베키에게 조용히 하라고 하세요. '조용히 해, 베키.' 스스로에게 긍정적인 자기대화를 하세요."

키티는 학생들이 작업을 시작하도록 하면서 전시가 가능한 수준에 대해 유의하도록 한다. "내가 표현하려는 아이디어를 생각해보세요. 장인 정신에 대해 생각해보세요. 내가 구상한 것에 대해 생각해보세요. 서로 피드백을 주고받으세요."

다음 미술 시간에 3학년이 왔을 때, 많은 작품이 줄지어 있고, 키티는 전시를 위해 작품 액자 틀을 무슨 색으로 해야 하는지에 대해 다시 이야기하고 있다. "작품을 자세히 보면서 생각해야 해요. 내가 작품에 쓴 색을 원하는지, 아니면 보색을 원하는지. 에두아르도Eduardo의 연작을 보면, 그는 검정이 핵심 색이라고 느꼈고, 그걸 강조하기 위해 검은색을 바닥에 깔았어요. 올리버Oliver는 주황색을 원했지만, 색을 배치해보고는 노란색이 낫다는 걸 깨달았어요. 그러니까 결정을 내려야 해요. 이미 작품에 많은 한 색을 강조할 것인지, 아니면 조금만 있는 색을 끄집어낼지, 아니면 완전히 다른 색으로 튀게 할지."

학생들은 작품을 완성했을 때, 교실 안을 돌아다니면서 자기 작품을 자랑스럽게 보여주며 의견과 제안을 주고받았다. 그러고는 종이 커터기 앞에 서 있는 키티에게 간다. 작품을 보고 별다른 제안사항이 없으면(혹은 학생이 그녀의 제안을 받지 않기로 결정하면), 액자 틀을 무슨 색으로 할지 이야기한다.

큐레이션 최근 몇 년간 키티는 작품의 전시가 작품 제작에 어떤 영향을 주는지가 더 궁금해졌다. 그리고 그녀는 학생들에게 이 질문을 생각해보도록 한다.

일정 잡기가 쉽지는 않지만, 몇몇 학급은 일주일에 한 번이 아닌 두 번 키티를 만난다. 모든 학급이 큐레이션 활동을 하기는 하지만, 이 여분의 수업 시간 일부에 큐레이션 활동을 추가한다. 키티는 다양한 전략을 사용하여 이 과정을 지도한다.

- 큐레이션을 염두에 둔 과제 만들기: 키티는 학생들이 건축을 공부한 후 도시 일부를 만든 과제를 기억해본다. 모든 학생이 자신의 작품을 만들었지만, 결국 연관성 있는 전시를 할 수 있는 주제들을 찾아야 했다.
- 주제를 찾는 연습: 유치원생들도 작품을 여러 가지 방법(구상적/추상적)으로 분류하는 것을 토론한다. 그래야 전시할 때가 되면 전시를 위한 논리적인 방안을 마련할 수 있다.
- 작품 소개글 재개념화: 4학년은 전형적인 작품 소개보다 더 많은 정보를 담고 있는 작품 소개글을 입체로 게시판에 만든다. 여기에는 배경 조사, 실제 사용된 재료, 작품에 영감을 준 근원 및 기타 정보가 포함되어 있어 작품에 들어간 모든 것(물리적, 정신적, 감정적)이 관람자에게 분명히 전해진다.
- 공공미술 만들기: 앞서 언급했듯, 키티는 중학교 방과후 선택 과목으로 공공미술 수업을 매년 운영한다. 학생들은 시작부터 관람자가 누구인지, 언제, 왜, 그리고 작품의 맥락에서 어떤 목적을 갖는지를 고려한다.
- 전시 공간 탐구: 키티는 때때로 전시가 열릴 곳을 촬영한다. 학생들이 작품을 주제별로 그룹화하여 정리할 때, 인쇄된 전시 공간 종이에 다양한 계획을 기록한다.

키티의 학생 중 가장 어린 학생들도 큐레이션에 참여한다. 그녀는 아이들이 자기 작품이 다양한 높이에 전시될 수 있다는 것을 깨닫게 된 유치원 수업을 기억한다. 아이들이 바닥에 낮게 설치한 닌자 거북 터널에서 시작되었다. 학생들은 새나 날아다니는 동물처럼 공중에 매달린 작품이 많다는 것을 깨달았고, 이것들은 벽에 더 높게 설치되었다. 한 학생이 뜨개질로 만든 구름 작품을 천장에 매달았다. 키티는 학생들에게 관람자가 전시를 잘 이해할 것이라고 확신하는지 물었다. 이에 따라, 아이들은 큰 빌딩과 나무를 추가하여 그 뿌리(닌자 거북 터널과 함께)부터 하늘(날아다니는 동물과 함께)까지 위로 자라고 있는 것을 보여주기로 결정했다.

학생들은 큐레이션 과정에 참여함으로써 스튜디오 습관에 몰입하게 된다. 그들은 서로의 작품을 조심스럽게 살펴봐야 하고, 무엇을 표현한 것인지 해석해야 하며, 작품 전시와 그것을 위해 서로 어떻게 협업해야 하는지 생각하고[미술계 이해], 전시장에서 작품이 어떻게 보일지를 구상해야 한다. 레이븐스우드 초등학교 학생들은 미술 제작의 모든 절차와 함께 네 가지 스튜디오 구조 활동과 스튜디오 습관을 연결하는 큐레이션 활동을 통해 미술적 실행을 심도 있게 인식하게 된다.

생각해보기

1. 줄리, 실리아, 그리고 키티 모두 스튜디오 습관을 이야기하기 위해 체계적인 용어를 사용한다. 이것의 장점은 무엇이라고 생각하는가? 최근에 가르친 수업을 떠올려라. 스튜디오 습관 용어를 사용할 만한 기회를 놓친 적이 있는가? 체계적인 용어와 그에 상응하는 시각적 교실 디스플레이를 어떻게 결합할 수 있는가?

2. 실리아는 항상 교사 시연 시간에 그날 사용할 스튜디오 습관에 대해 말한다. 그리고 스튜디오 습관 용어를 기호와 포스터로 보여준다. 당신이 가르치는 학생들은 주어진 시간에 어떤 스튜디오 습관을 사용하고 있는지 말할 수 있는가? 학생들이 미술적 사고에 대해 이야기하는 것이 가능하도록 어떻게 모델링할 것인가?

3. 줄리의 학생들은 학생 작업 단계에 모두 열정적으로 참여한다. 어떻게 하면 학생들이 자신의 작업에 개인적인 의미를 부여하면서 학습에 인내하고 참여하고자 하는 내재적 동기를 끌어올릴 기회들을 더 마련할 수 있는가?

4. 줄리에게는 학생들이 미술작품에 관한 대화에 참여하게 하는 다양한 방법이 있다. 나의 수업에서 시도했던 방법에는 무엇이 있는가? 키티가 PQS 짝과 하는 것처럼 학생들이 이 과정에서 스스로 참여하기 위해 어떻게 스캐폴딩할 것인가?

5. 학생들이 전시할 때 공공미술 전시를 고려해보라. 키티의 학생들은 큐레이팅과 포괄적이고 유익한 작품 소개글을 공유하는 경험을 한다. 실리아는 관람자에게 현재 무엇을 배우고 있는지 안내하는 게시물을 붙여놓았다. 당신의 전시회 관람자는 미술적 사고에 대해 어떻게 배울 수 있는가?

4장
스튜디오 씽킹 계획

교사는 동시다발적으로 해야 할 일이 너무도 많다. 지역, 주 및 국가 교육과정틀 및 성취기준 구현, 학교 계획 참여, 공개 전시회 계획, 학부모와 소통, 개별 교육계획 읽기 및 발표, 학교 및 더 큰 공동체에서의 예술 지지자, 우유팩 못 여는 아이 열어주기, 그리고 때때로 수백 명의 학생을 가르치는 것을 잊지 말아야 한다. 교사는 이러한 요구의 균형을 어떻게 맞추고 성공을 계획하는가? 초등학교 미술 프로그램을 진행하는 학생들을 위한 교사들의 목표와 우선순위는 무엇인가? 교사는 혼자 또는 그룹으로 어떻게 계획하는가? 이 장에서는 네 가지 이야기를 소개한다.

작품을 만든다는 것은 무엇을 의미하는가? - 니콜 그셀

니콜 그셀Nicole Gsell은 매사추세츠주 도체스터에 있는 공립 핸더슨 통합학교의 어린이집부터 7학년 학생들을 가르치는 3년 차 미술 교사다(그림 4.1의 자화상 참조). 학생들은 다양한 배경의 인종, 언어, 능력을 갖추고 있다. 핸더슨 학교는 통합학교이기 때문에 장애 아동이 일반 교실에서 또래와 함께 학습한다. 교실에서는 신체적·정서적·지적 문제 같은 다양한 특수 요구가 있는 학생들이 함께 수업을 듣는다. 니콜은 현재 활동하는 미술가로서의 경험과 아울러 다양한 학생을 위해 마련해야 할 차별화된 지도의 필요성을 느끼면서 자신의 교수법을 개발했다.

그림 4.1 찰흙과 물감으로 만든 니콜 그셀의 자화상

연간 교육과정 계획하기

일러스트레이터인 니콜(원서의 포스터와 표지 삽화가!)에게 미술은 항상 이야기하는 것이다. 이 신념은 연간 목표, 또는 가장 중요한 목표부터 교실에서의 일상적인 상호작용과 관련된 단원 및 수업 계획에 이르기까지 모든 수준에서 그녀가 계획하는 방식에 큰 영향을 미친다. 니콜은 미술이 자신의 목소리와 이야기에 관한 것이라고 믿는다.

니콜은 매년 '미술은 우리가 이야기하는 데 어떤 도움을 줄 수 있나요?'라는 질문을 한 해 내내 사용한다. 이는 학년 수준과 학급 학생들에 따라 다르게 나타난다. 스스로 미술가로서 스토리텔링/작품 제작 과정에 대해 어떻게 생각하는지에 따라 당해 학년을 여러 부분으로 구분한다(표 4.1 참조). 다음 내용에서 그녀가 8월에 계획했던 다음 학년도에 관한 생각들을 살펴볼 수 있다.

표 4.1 연간 계획표: 미술은 우리가 이야기하는 데 어떻게 도움이 되는가?

월	스토리텔링 연결	주된 '스튜디오 습관'	본질적 질문
9월	우리 자신과 서로를 알아가기	참여와 끈기 도전과 탐구	우리가 작품을 만드는 이유는 무엇인가?
10월	배경 설정	기능 개발 관찰 도전과 탐구	우리의 이야기를 하기 위해 어떤 기능이 필요한가?
11, 12월	나의 캐릭터 소개	참여와 끈기 구상 표현 성찰	내 작품에서 내 목소리를 나타내는 것은 무엇인가?
1, 2월	실행과 표현	기능 개발 참여와 끈기 구상 표현	어떻게 내 이야기에 생명을 불어넣는가?
3~6월	큰 프로젝트들	성찰 미술계 이해	어떻게 처음부터 끝까지 우리의 이야기를 말할 수 있는가?

✚ 9월

니콜은 9월이 '우리의 의향inclination을 발달시키는 달'이라고 공책에 써놓았다. 학교의 첫 달은 미술작품을 만들고자 하는 열망을 키우는 기간이며, 많은 탐구 활동과 개인적인 의미를 만드는 기회를 주는 시간이다. 개학 첫 달에 학생들이 좋아하는 것(그리고 싫어하는 것)을 발견할 기회를 제공함으로써 학생들이 미술작품 제작에 대한 내재적 동기를 갖는 것을 목표로 한다(5장에서 논의할 예정). 이번 달 아이디어 목록에서는 휴대폰 셀카 프로젝트를 브레인스토밍했다. 이 프로젝트에서 학생들은 휴대폰 모양의 틀에 자신이 선택한 재료를 사용하여 예술적 자화상을 만든다. 이를 통해 학생들은 자신의 스타일과 소품을 선택할 때 자신을 잘 표현해주는 것과 개인적으로 호감이 가는 것이 무엇인지 생각하게 된다. 다른 수업에서는 평면 공간이 의미 있는 주제로 채워진 '하트 맵'이나 큐브의 각 면이 미술가에 대한 다른 이야기를 하는 '취미 큐브'를 만들어 이 목표를 달성할 수 있다.

✚ 10월

10월부터 니콜과 학생들은 다음 질문을 해결하려고 노력한다. 이제 우리는 작품 제작에 의욕적이며, 작품을 흥미롭게 만드는 방법을 알고 있다. 그렇게 하려면 어떻게 해야 할까? 10월은 도구와 기술 및 미술실 절차[기능 개발]를 배우기에 중요한 달이다. 그러나 다양한 학생이 모두 자신의 과정에 관심을 두고 참여하도록 이번 달 안에 선택 항목을 넣어 계획한다. 니콜은 신시아 가우브의 '코너 학습' 활동에 관한 연수에 참석한 후 영감을 받아 학생들이 흥미를 느끼는 새로운 기술을 배우는 방식으로 이 활동을 구성했다(이러한 접근 방식에 대한 자세한 설명은 1장 및 부록 A 참조). 10월 한 달 동안 학생들은 드로잉, 회화 및 콜라주에 필요한 기술과 도구를 실험하면서 배경(실제 또는 상상의 풍경, 지도 또는 고층 건물이 있는 도시 풍경 등)을 계획하는 유연한 과제를 하게 된다. 학생들은 한 학기 동안 평면 재료로만 작업한다.

✚ 11월과 12월

이맘때까지 니콜은 학생들이 작품을 만들고자 하는 내재적 동기를 갖고[참여와 끈기], 미술실에서 도구를 사용하는 데 필요한 기술을 익히고[기능 개발], 이야기가 펼쳐지는 장소가 연상되는 배경에 대해 생각하도록[표현] 계획했다. 다음 단계는 이러한 설정을 캐릭터로 채우는 것이다. 학년 초에는 대부분 더 짧고 탐색적인 프로젝트를 만드느라 시간을 보냈다. 하지만 캐릭터 생성은 더 복잡하고 세련된 과정이며, 더 깊은 참여와 더 많은 끈기가 필요하다. 어린 학생들의 경우에는 지시 사항에 따라 제한된 자료를 사용하여 캐릭터를 만드는 데 어려움이 있을 수 있다. 상상의 친구, 스노볼 안에 있는 사람, 로봇 또는 곤충을 만들 수 있다[표현; 기능 개발; 도전과 탐구]. 고학년 학생들은 정물, 캐릭터 또는 자화상을 만들기 위한 현실적이고 환상적인 그림 기술을 익히는 데 시간을 보낸다. 이 작품들은 더 많은 시간이 필요하므로 니콜은 **학생 작업** 단계 동안 일대일로 작품을 설명하고 평가하거나 **미술작품에 관한 대화** 시간에 모둠으로 작품을 설명하면서 성찰하는 과정을 강조한다.

✚ 1월과 2월

니콜은 겨울방학에서 돌아온 학생들이 흥미로운 입체표현 재료를 활용하게 만듦으로써 긴 겨울을 준비한다. 학생들은 동작과 표현을 전달하는 방법에 대해 생각하면서, 관련 재료(예: 폴리머 찰흙 및 철사 입체작품 제작하기)를 사용하는 기술을 배운다. 니콜은 이것을 캐릭터 창조의 자연스러운 연장이라고 생각한다. 고학년 학생들은 이야기에 생명을 불어넣는 방법을 연습하기 위해 클레이 애니메이션 또는 기타 컴퓨터 애니메이션을 만든다[구상; 표현]. 어린 학생들은 확대된 정물 사진으로 평범한 사물에 대한 흥미를 표현하는 방법을 탐구하면서 조지아 오키프[미술계 이해: 영역]에게서 영감을 받아 작품을 만든다. 니콜은 또한 소모둠에서 작업하고 이야기를 전달하기 위해 상호작용하는 캐릭터를 만드는 협업 프로젝트를 브레인스토밍했다. 이번 달의 목표는 배경, 캐릭터, 액션, 표현 등 모든 요소를 하나로 통합하는 것이다.

✚ 3~6월

니콜은 아이디어 생성에서 최종 발표에 이르기까지 전체 스토리텔링 과정을 포괄하는 대규모 프로젝트를 하기 위해 해당 학년의 마지막 시간을 비워둔다. 2월 방학 주간에 시간을 내어 각 학년과 학급마다 관심을 가질 만한 것이 무엇인지 생각한다. 지난 몇 년 동안 니콜은 4월이나 5월까지도 마지막 단원을 시작하지 않았지만, 날씨가 따뜻해지면서 학기 마지막 주에는 학생들의 관심을 끌기 어렵기 때문에 더 일찍 시작할 계획이다.

니콜은 항상 스토리텔링에 초점을 두고 한 해를 운영하지만 해마다 그 특색이 다르다. 어떤 학생들은 환상이나 동화 같은 상상의 이야기에 초점을 맞춰 주제를 다루고, 어떤 학생들은 가족과 친구들에 대한 일기를 작성하거나 초상화를 그리면서 개인적인 이야기에 관심을 갖는다. 또, 어떤 학생들은 의상, 벽화, 애니메이션 같은 미술작품을 포함하는 퍼포먼스적 스토리텔링을 한다. 니콜은 자유로운 그림 그리기 활동, 비공식 설문조사(지금 모두가 가장 좋아하는 영화는 무엇입니까?), 점심시간에 학생들과 나누는 대화 중에 나타나는 대중문화 주제를 확인하여 각 수업에 적합한 것이 무엇인지 결정한다.

니콜은 작년 3학년의 슈퍼푸드 단원을 회상한다. '슈퍼푸드'는 대학에서 자신의 미술작품에서 영감을 받은 음식 기반 슈퍼영웅이다(아래에서 자세히 설명). 여기에서 우리는 해당 단원 프로젝트를 단계별로 살펴보면서 1년 내내 그녀가 다룬 일반적인 스토리텔링 과정과 얼마나 부합하는지 확인할 수 있다.

슈퍼푸드 단원에서 학생들은 가능한 주제(음식)를 선택하고 이를 환상이나 초능력과 결합한다. 이는 3학년 학생들의 발달 단계와 관련이 깊다. 학생들은 다른 푸드 아트를 살펴보고 향후 자기 작품에 대한 아이디어를 브레인스토밍하여 흥미를 유발하고, 배경을 설정하는 것으로 시작한다(9, 10월 수업의 초점에서와 같이). 니콜은 〈하늘에서 음식이 내린다면Cloudy with a Chance of Meatballs〉(Barrett, 1978)이라는 동화책을 영화화한 미술작품을 보여준다. 작품 속에는 악어처럼 물에 살지만, 입이 거대하고 타코처럼 생긴 타코다일 수프림Tacodile Supreme*이 등장한다. 또, 〈야채극장 베지테일Veggie Tales TV〉 프로그램에 나오는 등장인물들도 보여준다[미술계 이해: 영역]. 학생들이 감상한 작품에 대한 반응으로 아이디어를 형성하기 시작하면, 니콜은 학생들에게 가장 좋아하는 음식 10가지 목록을 브레인스토밍하도록 한다. 이 중 하나가 각 학생이 만든 주인공으로 캐스팅될 것이다. 니콜은 음식을 의인화하는 기술을 가르치고(먼저 음식 안에 얼굴이 있는 캐릭터를 만든 다음 음식 바깥에 눈과 귀를 넣어보세요)[기능 개발: 기술], 학생들은 주요 캐릭터의 다양한 버전을 스케치한다(캐릭터에 다리와 팔을 만들어준다면? 팔이 몇 개일까요? 바퀴를 추가하면 어떨까요?)[구상; 도전과 탐구]. 학생들은 스케치

* 타코다일Taco+Crocodile 수프림: 멕시코 음식 타코와 악어의 형태를 합친 상상의 슈퍼영웅.

중 하나를 선택하여 더 발전시킨 캐릭터 카드를 만들고, 11, 12월에 있었던 캐릭터 창작 과정과 유사하게 이름이나 초능력을 부여하기도 한다. 이 시점에 학생들은 게임할 때 필요한 더 많은 캐릭터를 만들어나간다(그림 4.2 참조). 일부 학생은 보조 캐릭터를 만든다(타코맨의 보조는 과카몰리 보이나 스파게티 트론이고, 스파게티 트론은 릴 파마산을 조수로 고용할 수 있음). 다른 학생들은 가장 싫어하는 음식을 사용하여 악당이나 악당 팀을 만든다. 학생들은 캐릭터 카드를 게임으로 확장하고 다른 반 친구들과 복제 카드를 거래한다. 반면, 또 다른 학생들은 새롭게 제공되는 입체 선택 재료로 자신의 캐릭터를 재창조한다. 학생들은 이 이야기를 만화, 클레이 애니메이션 비디오, 디오라마* 또는 기타 표현 형식으로 바꾼다.

그림 4.2 똑바로 서기까지 여러 번 수정된 당근 인간

스튜디오 습관 내면화하기

니콜은 처음에 계획 과정을 설명할 때 스튜디오 습관에 대해 언급하지 않는다. 그러나 질문을 받으면 연간 계획의 각 부분에서 어떤 것이 가장 강조되는지 쉽게 알려준다. 대학원에서 스튜디오 습관으로 계획하는 것을 강조하는 교육을 받았고, 보이는 곳에 숨겨진 스튜디오 습관을 보는 관점을 개발했기 때문이다. 그래서 처음에 습관들이 떠오르지 않더라도 진정한 미술 경험을 계획함으로써 그녀와 학생들

* 디오라마diorama: 풍경이나 그림을 배경으로 두고 축소 모형을 설치해 역사적 사건이나 자연 풍경, 도시 경관 등 특정 장면을 만들거나 배치하여 하나의 장면을 만든 것.

이 진행하는 작업에 포함된 스튜디오 습관에 쉽게 집중할 수 있다는 것을 믿는다. 또한 니콜은 그림 4.3과 같이 스튜디오 씽킹을 포함하여 다양한 관점을 통해 한 해를 보는 데 도움이 되는 포괄적인 비주얼 맵을 만든다.

특수 학생을 위해 계획하기

통합교육은 헨더슨 학교 학생과 교사를 위해 일상적으로 이루어진다. 이는 미술수업에도 해당한다. 아래에 니콜이 계획한 몇 가지 전략을 설명한다. 니콜은 특별한 도움이 필요한 학습자와 함께 작업할 수 있도록 정식으로 교육받지는 않았기 때문에 도움을 받기 위해 학교의 담임 교사 및 치료사와 정기적으로 상의한다.

✚ *생산적 휴식 장려하기*

니콜은 미술가로서 작업할 때 휴식을 취하곤 한다. 학생들에게도 그러한 기회가 필요하다고 생각한다. 휴식을 취하고, 필요할 때 다른 것으로 전환할 수 있다는 것을 알면 생산적으로 참여하는 데 도움이 된다. 연필 깎기, 게시판에서 떨어지거나 떨어질 것 같은 작품 확인하기 등과 같은 휴식은 때때로 빠르게 에너지를 채워준다. 때로 다른 작품으로 작업 전환하기 같은 좀 더 실질적인 변화로 나타나기도 한다.

니콜은 슈퍼푸드 프로젝트에서 자신의 캐릭터를 입체로 만들기 위한 전환에 어려움을 겪었던 학생을 회상한다. 학생에게 다양한 그리기 재료를 가지고 놀도록 격려했고, 결국 그 방법으로 학생은 안정을 찾을 수 있었다. 그 학생은 새로운 그리기 재료를 사용하여 캐릭터를 평면으로 확장했다. 니콜은 "저는 여러분을 괴롭히려는 것이 아니에요. 이곳이 실수도 할 수 있고 다른 시도를 할 수 있는 장소가 되었으면 좋겠어요[참여를 위해]. 다른 시도라는 건 잠깐 완전히 다른 일을 해보는 거예요"라고 말했다.

대부분의 경우, 이 학교 학생들은 각기 다른 방식으로 작업하는 데 익숙하다.

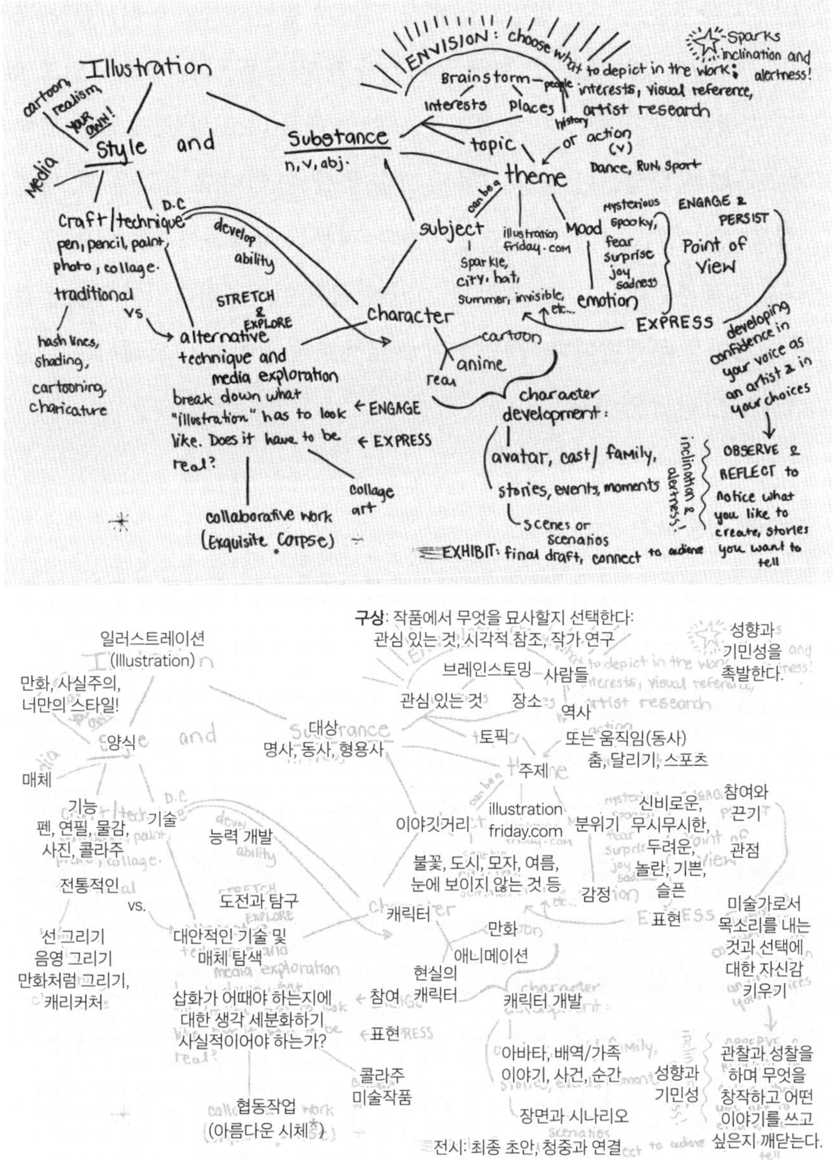

그림 4.3 자신의 계획을 이해하기 위해 니콜 그셀이 사용하는 비주얼 맵

* 아름다운 시체Exquisite Corpse: 20세기 초반 초현실주의 미술가들이 고안한 창의적인 게임. 종이를 여러 번 접어두고, 다른 사람이 보지 않도록 한 후 한 명씩 돌아가며 자신에게 할당된 자리에만 그림을 그림. 무엇을 그렸는지, 얼마나 더 그릴 게 남아있는지 알 수 없어 평소와 다른 방식으로 그림의 요소들이 서로 연결되며 예측할 수 없는 작품을 만들 수 있음.

그러나 일부 학생들은 다른 방법으로 해도 되는지 질문하기도 한다. "분노 조절 문제가 있는 학생이 있었어요. 그 학생은 자기가 하고 싶은 일을 정확히 알고 있었습니다. 그 학생은 '난 신발 상자에 콜라주를 할 거예요'라고 말했고, 나는 그렇게 하라고 했죠." 다른 학생들이 왜 자기들도 그렇게 할 수 없냐고 물었을 때, 니콜은 이게 그 학생이 참여하는 방식이라고 설명했다. 질문한 학생들에게는 이미 잘 참여하고 있다고 말해주었다. 그녀는 적절한 지원에 대해 이야기한다. "여러분이 걸을 수 없다면 휠체어를 주겠습니다. 친구가 이 프로젝트에 참여하기 위해서는 다른 방식이 필요해서 그걸 주었어요."

✚ 강점에 집중하기

니콜은 학생들이 할 수 없는 것에는 관심이 없다. 그녀는 학생들이 할 수 있는 것에 집중한다. 몇몇 학생을 격려하여 보조 전문가로 자원하도록 한다. 한 학생이 바늘에 실을 꿰는 데 능숙하다고 하면 다른 학생들이 실을 꿰는 데 도움을 주어 완벽한 한 팀이 될 수 있다. 강점에 집중하는 것은 어려움이 있는 학생들에게 특히 도움이 되는 접근 방식이다. "시간이 5분 남짓 남았을 때 [자제력을 잃던] 학생이 있었어요. 연필을 던지는 등 공황 상태였어요. 제가 '타이머를 줄게. 수업이 끝나기 10분 전에 타이머가 울리면 청소까지 5분 남았다고 모든 친구에게 알려줘'라고 말했죠. 우리에게는 이제 시간 지키미가 생겼습니다." 학급마다 상황은 다르다. 다른 교실에서는 소음에 민감한 시각장애 학생 한 명이 소음 감독이 되었다. 니콜은 적절한 지원을 특권으로 바꾸어서 모든 사람을 소중한 미술 공동체의 일원으로 만든다.

✚ 적절한 지원을 위해 카메라 제공하기

니콜의 수업에는 미술작품을 만드는 손재주가 부족한 학생들이 있다. 그녀와 보조 전문가들은 학생들에게 사진 촬영을 위해 카메라를 사용하도록 한다. 9월에 설명한 셀카 프로젝트에서 일부 학생들은 자신의 사진을 찍고 소프트웨어를 사용하여 편집한다. 표현적인 어려움으로 그림을 쉽게 그리지 못하는 학생들은 사진 찍는 데 필요한 소품을 만들거나 찾을 수 있다.

✚ 게시물 제공하기

이러한 전략 외에도 니콜은 학교 환경에서 흔히 볼 수 있는 배려 방안을 사용한다. 그녀는 다양한 재료를 사용하는 방법을 상기시키기 위해 단어, 그림 및 점자로 많은 게시물을 만든다. 비언어적 학생들에게는 소통 게시판에 미술 상징을 만들도록 한다. 그림 4.4는 니콜이 가르치는 일부 학생들이 편안하게 미술수업을 진행하기 위해 사용하는 기호를 보여준다. 때로는 마지막 '자유 선택' 시간이 30초에 불과하거나 집에 가져갈 스티커나 종이 한 장을 얻는 것 같은 간단한 것일 수도 있다. 여기서 초점은 외적 보상이 아니라 학생들에게 수업 과정 중 도움이 되는 구조를 제공하는 것이다.

그림 4.4 특수 학생들을 위해 니콜 그셀이 사용하는 적절한 지원 체크리스트

미술가이자 교사로서의 생활

니콜은 거의 매일 일러스트레이션이나 추상화 작업을 한다. 그녀는 계속해서 미술 작업을 하는 것이 어떤 느낌인지에 대해 꾸준히 몰두하고 있다. 이는 그녀가 학생들과 좀 더 원활하게 관계를 맺도록 해준다. 미술가로서 작업하는 방식을 포착하게 해주는 디자인 과제를 개발하는 데도 도움이 된다. 또한 과제를 주기 전이나 학생들이 작업하는 동안 자신도 미술작품을 만든다. "어떤 교사는 안 해도 되겠지만 저는 실제로 해봐야 해요. 개인적으로 시간을 들이지 않으면 수업은 효과가 없거든요." 직접 자신의 미술작품을 만드는 것이 그녀의 수업 준비 방식이다.

때때로 과제에 대한 아이디어는 그녀의 이전 또는 진행 중인 작품에서 나온다. 슈퍼푸드 과제의 경우도 그랬다. 대학에서 니콜은 설탕 컵케이크, 다른 간식들과 싸우는 달걀이 들어간 캐릭터('초강력 단백질 파워'를 가짐) 팀을 디자인했다. 바로 이 경험이 니콜이 프로젝트를 개발하고 학생들이 그 과정에서 겪는 어려움을 연상하도록 도왔다. 경험해보았기 때문에 스토리텔링 과정을 모방할 수 있다. '학생 작업' 단계 동안 학생의 의미 있는 질문에 답하기 위해 과정 단계에 적절하게 스캐폴딩을 설정할 수도 있다. 또한 그녀는 학생 미술가와 교환하기 위해 자신의 캐릭터 트레이딩 카드를 만든다(그림 4.5 참조).

"제작자로서 저만의 작업 과정은 … 제가 가르치는 모든 것에 영향을 미칩니다. 저는 큰 아이디어에서 시작해서 구체화하죠." 니콜은 성향과 기능을 개발하고, 표현력이 풍부한 캐릭터를 만들어 이를 실행에 옮기는 등 스토리텔링에 기반한 한 해 프레임워크를 설명했다. 이는 미술가로서의 작업 방식에 영향을 받았다. 현재 니콜은 자신이 작업 중인 동화책의 주인공이 될 강아지 다윈Darwin을 개발하는 데 많은 시간을 할애하고 있다. 작업 과정은 그녀가 학생들을 위해 준비한 것을 모방했다. 먼저 폭넓은 놀이와 탐구를 통해 관심을 발전시킨다. 다윈을 여러 각도에서 그렸고, 다양한 재료로 만들었으며, 여동생이 있는 소녀의 개로 삶의 이야기를 썼다. 그런 다음, 캐릭터를 더욱 발전시켰다. 배경을 깊이 탐구하면서 그 개가 살았던 세

그림 4.5 니콜 그셀이 직접 학생들과 교환하는 달걀 캐릭터 트레이딩 카드

상의 여러 특징에 대해 생각해보았다. 이제 그녀는 다윈의 이야기를 표현하는 데 집중한다. 다윈과 주인은 해변에 가거나 생일 파티에 가고, 어린 소녀들이 겪는 전형적인 우정 문제를 겪는 주인을 도와준다.

니콜이 작업 과정을 설명하면서 작업을 잠시 멈춘 자신의 추상 연작을 꺼낸다. 캔버스 위에 물감, 콜라주, 바느질한 부분 등이 있다. "때로는 작품에도 휴식이 필요해요. 그럴 때는 잠시 다른 일을 해야 하죠." 미술적 창작 과정의 복잡성에 대해 인식하는 것은 쉽게 좌절하는 학생, 휴식이 도움이 되는 학생, 동시에 많은 프로젝트를 진행하는 학생을 돕는 방법의 하나다.

니콜의 계획 과정은 미술교육에서 진정으로 작품을 만드는 것이 어때야 하는지를 상기시켜준다. 미술가로서 경험해나가는 과정에 충실하고 모든 학생이 존중받는 공간을 만들어냄으로써 학생들이 도달할 수 있는 진정한 경험을 창조해낼 수 있다.

선택 기반 학급의 1년 계획하기 – 위니타 하몬

텍사스주 플래노에 있는 허프먼 초등학교의 미술 교사 위니타 하몬Wynita Harmon은 학생들에게 미술수업뿐만 아니라 어디에서든 미술가로서 행동하고 생각하도록 격려한다(그림 4.6 참조). 그녀는 "제 수업을 통해 학생들이 삶에서 직면하는 도전에 쉽게 적응하고 그것을 해결할 수 있는 창의적이고 혁신적인 마음을 갖게 하려고 합니다. 어떤 환경에서건 창의적으로 자신을 표현할 수 있는 도구와 지식을 가질 수 있기를 바랍니다"라고 말한다. 위니타가 설정하는 우선순위, 활동 계획, 1년간 이끌어가는 특별 행사에서 그녀의 믿음을 볼 수 있다.

위니타는 허프먼 학교의 8년을 포함해 총 12년의 미술교육 경험으로 중견 교사가 되었다. 한 해의 변화를 예상하고, 자신의 미술 학습에 대한 관점과 교육청의 기대 사이에서 균형을 맞춘다. 베이커 시범연구학교의 줄리 툴(3장에서 설명)과 마찬가지로 위니타는 미술적 행동 교수법TAB 교사로 교실에서 미술적 행동을 가르치기 위해 스튜디오 센터를 설계한다. 그녀는 교육청에서 사용하는 교육과정 모형인 백워드 설계(Wiggins & McTighe, 2005)*를 바탕으로 수업을 계획한다. 그녀는 일주일에 한 번 학생들을 50분씩 만나기 때문에 매 순간이 생산적일 수 있도록 계획한다.

그림 4.6 위니타 하몬

* 백워드 설계Backward Design: 성취기준을 달성하기 위해 목표와 평가를 중시하는 교육과정 설계모형. 목표와 평가를 확인하고 그것에 도달하기 위해 학습 내용을 거꾸로 설계backward하는 교육과정.

전체적인 모습

위니타는 마음속에 매년 순서가 일관적으로 유지되는 간단한 맵map을 떠올리면서 계획하기 시작한다. 경험 많은 미술적 행동 교수법TAB 교사들과 마찬가지로, 그녀는 작업실 센터 문을 언제 열지 예상해본다. 올해 교육의 중점 영역은 재료 탐구부터 미술적 표현, 전시에 이르기까지 세 영역으로 나누어 진행될 것이다. 표 4.2는 위니타가 빅 아이디어(위니타가 개발한 학생에게 활용 가능한 주제), 전체 학급토론 및 개별 학생에 대한 응답에서 강조되는 스튜디오 사고 습관(빅 아이디어와 중점 영역에 연결되도록 선택된 것), 미술적 행동 교수법TAB 작업실 센터(학생이 사용할 수 있는 재료 센터)를 통해 이런 광범위한 중점 영역을 개발하는 방법을 보여준다.

표 4.2 위니타의 계획 주기: 중점 영역, 빅 아이디어 및 스튜디오 습관

가을 주기 계획(8월) 중점 영역: 재료 탐구		*겨울 주기 계획*(겨울방학 이후) 중점 영역: 미술 표현		*봄 주기 계획*(봄방학 이후) 중점 영역: 전시	
빅 아이디어 • 미술 올림픽 • 미술가들이 아이디어를 얻는 방법 • 초상화	**스튜디오 습관** • 도전과 탐구 • 구상 • 관찰 • 기능 개발: 미술실 실습	**빅 아이디어** • 분위기 • 우정 • 정체성 • 미술가의 전시	**스튜디오 습관** • 기능 개발: 기술 • 참여와 끈기 • 성찰: 질문과 설명	**빅 아이디어** • 움직임 • 자연 • 봄	**스튜디오 습관** • 관찰 • 성찰: 평가 • 미술계 이해
작업실 센터 • 드로잉 • 회화 • 콜라주 • 기술		**작업실 센터** • 드로잉 • 회화 • 콜라주 • 기술 • 찰흙 • 조소작품		**작업실 센터** • 드로잉 • 회화 • 콜라주 • 기술 • 찰흙 • 조소작품 • 바느질 • 판화 • 복합 매체	

위니타는 한 해 전체에 대한 세부 사항을 미리 계획하지 않는다. 그 대신, 연도가 진행됨에 따라 교육과정을 조정할 수 있도록 연도를 여러 주기로 나눈다. 8월에 재료 탐구 중점 영역을 가르칠 때 가을 수업을 계획한다. 겨울방학 동안 각 수업의 학생 진도를 검토하고, 미술 표현 중심으로 가르치는 1월부터 3월 초까지 계획을 세운다. 또한 겨울방학 동안 전시 중심의 봄 전시회를 계획한다. 봄방학에는 남은 학기를 조망하고 연초에 다루지 못한 목표를 달성하기 위한 계획을 세울 수 있다.

✚ 1년 계획 원칙

작업실 센터 위니타는 학생들이 기능을 개발하는 데 도움이 되는 특정 기술을 소개하거나 검토하여 드로잉에 중점을 두고 한 해를 시작한다. 미술적 행동 교수법TAB 교실은 작업실 센터로 구성되어 특정 매체, 즉 드로잉, 콜라주, 회화, 기술, 찰흙, 입체작품, 섬유 등을 전문으로 하는 공간이 있다. 각 교실에는 재료, 도구, 참고자료 및 지침이 있다. 위니타는 센터를 여는 일반적인 미술적 행동 교수법TAB 순서를 따른다. 드로잉, 콜라주 및 회화 센터는 가을에 즉시 열고 이후 기술 센터를 연다. 교사가 각 센터를 소개한 후 학생들은 재료, 도구 및 참고자료를 사용할 수 있다. 가을 동안 학생들은 사용 가능한 각 센터에서 기술을 연습하고 재료를 관리한다. 초겨울에는 공간과 난방 문제로 찰흙과 입체작품 수업은 학년 사이를 순환하는 임시 미술실에서 이루어진다. 봄에 전시회 일정이 다가오면 판화, 바느질, 복합 매체 작업실 센터가 열려 학생들에게 다양한 재료 선택 기회를 준다.

스튜디오 습관 위니타는 개학하고 나서 첫 두 달 동안 1~5학년에게 각각의 스튜디오 습관을 소개하거나 재도입한다. 그녀는 교사 시연 중에 한 번에 하나 이상을 수행한다. 위니타는 학년 수준의 적절한 언어를 사용하여 각 스튜디오 습관을 설명함으로써 학생들에게 자기 생각을 설명하는 정확한 용어를 알려준다. 용어를 도입하고 반복함으로써 특정 스튜디오 습관을 언제, 왜, 어떻게 사용하는지에 대해 학생들이 인식하도록 한다. 해가 거듭될수록 위니타는 빅 아이디어와 중점 영역에 해당하는 스튜디오 습관들을 강조한다(표 4.2 참조).

빅 아이디어 위니타는 '빅 아이디어'(개별 사실을 포괄하여 개념을 이해하게 하는 상위 수준의 개념)를 사용하여 재료와 안내된 탐구를 연결한다. 저자 그랜트 위긴스(Grant Wiggins, 2010)는 "일상의 혼재된 경험들과 흩어진 사실들을 이해하도록 하는 것이 '빅' 아이디어입니다. 점과 점을 연결한 그림이나 복잡한 문제를 해결할 때, 과거의 경험에서 효과적이던 간단한 원칙을 사용하는 것과 같습니다"라고 설명한다. 허프먼 학교의 학생들은 빅 아이디어의 맥락을 통해 미술 재료와 스튜디오 씽킹으로 의미를 찾고 이해한다. 위니타는 몇 주마다 하나의 빅 아이디어를 소개하고, 종종 일부의 스튜디오 습관 묶음과 결합한다.

✚ 계절별 중점 영역

가을 가을의 중점 영역인 탐구는 학년 초를 위한 발견적 접근이다. 위니타는 재료 탐구를 스튜디오 습관의 **구상**, **도전과 탐구**, **관찰**, **기능 개발**과 연결하여 학생들이 드로잉, 회화 및 콜라주 센터에서 기능을 연습할 수 있도록 돕는다. 위니타는 블로그에 다음과 같이 썼다.

> '도전과 탐구'는 자신의 능력을 넘어서는 것, 아이디어와 생각을 탐색하는 것, 실수로부터 배울 기회를 수용하는 것에 중점을 둔다. … 유치원 아이들에게는 아이디어를 선택하게 했지만 목탄 연필, 크레용, 오일파스텔, 도장으로 재료를 제한했고, 네 개의 테이블에 놓고 돌아다니며 각 재료를 탐색하게 했다. 각 매체를 모두 탐색하려고 새로운 종이를 받거나 한 종이에 여러 재료를 혼합하는 유치원생들을 보는 것은 즐거웠다. 자신의 능력을 뛰어넘어 평소에 만들지 못했던 새로운 주제에 도전하고 새로운 것을 시도하는 사람들이 있다는 것이 자랑스러웠다 (Harmon, 2016).

위니타는 또한 연초에 **기능 개발: 미술실 실습**을 강조하여 학생들이 작업 공간을 설정하여 매체와 도구를 관리하고, 다음 수업을 위해 작업실 센터를 정리하는 방법에 대한 기준치를 설정한다. 위니타는 학생들이 미술실 실습에서 능숙하게 작업할 때 스튜디오 습관 **구상**을 소개한다. 이에 대해 그녀는 블로그에서 자세히 설명한다.

> 시작하기 전에 나는 학생들에게 아이디어를 얻을 수 있는 곳(환경, 기억, 감정, 자연, 삶, 가족, 미술가 스타일 연구 등)을 생각해보게 한다. 눈을 감고 우리 자신의 미술 활동과 그날의 영감을 얻고자 하는 것에 대해 성찰한다. 일부 학생들은 자신의 개인 스케치나 아이디어가 담긴 공책을 미리 준비한다. 학생들이 학교 밖에서 미술 시간에 대해 생각하게 하는 것은 대단한 일이다(Harmon, 2016).

겨울 늦은 겨울, 위니타는 학생들에게 미술 재료를 늘려 추가 재료를 소개한다. 더 복잡한 기술과 개념을 통해 학생들은 이제 봄 미술 전시회를 준비하기 위해 좀 더 표현적인 작품을 만들 수 있다. 1년 내내 위니타는 미술가 영감을 통합하고, 특히 표현에 집중하는 동안 많은 현대 및 동시대 미술가를 소개한다. 그녀는 뱅크시Banksy, 파블로 피카소Pablo Picasso, 아메데오 모딜리아니Amedeo Modigliani, 멜리사 매크레켄Melissa McCracken, 짐 다인Jim Dine 및 앙리 마티스Henri Matisse 같은 표현력을 강조할 미술가를 선택한다. 작업 중인 미술가들의 영상을 보여주면서 위니타는 학생들에게 전문 미술가의 스튜디오 습관 사용 방법을 지적함으로써 학생들이 자신의 작업 과정과 미술가들의 습관 사용 방법의 유사점을 찾도록 한다.

봄 봄 학기*는 4월에 시작하여 5월 학년말까지 열리는 미술 전시회를 포함하여 학교 전체의 교육과정 발표회로 절정에 달한다. 이 행사는 학교 문화에 확고하게 자리 잡고 있다. 매년 열리는 '예술의 밤'에서는 미술과 음악 프로그램을 모두 선

* 미국은 보통 가을에 시작해서 봄에 한 학년이 끝나는 시스템이므로 우리의 학년말에 해당함.

보인다. 위니타는 교육과정 중점 영역으로 전시회를 설정했다. 학생들은 행사를 계획하고 준비하는 데 열심히 참여한다. 겨울방학 동안 그녀는 전년도에 작성한 공책을 검토하여 수업 활동을 계획한다. 학생들은 종이 포트폴리오에 지속적으로 미술 전시회를 위한 작품을 수집하고, 포트폴리오에서 전시 작품을 선택하거나 새 작품을 만든다. 학부모들은 위니타가 액자 작업을 하고 라벨을 붙이는 것을 도와준다. 학년별로 구성된 전시에는 작품 소개글과 텍사스주 해당 예술 성취기준의 필수 지식과 기능도 함께 전시된다.

스튜디오 습관 중 **관찰**, **성찰**, 그리고 **미술계 이해**는 **전시** 중점 영역과 밀접하게 연결되어 있다. 위니타는 학생들이 전시를 위해 작품을 선택하고 준비하는 것을 지원한다. 비평할 공간을 마련하고 작품 선택, 설치 및 작품 소개글 작성을 돕기도 한다. 전시회는 학생들이 전시의 목적과 이점에 대해 이해할 수 있는 새로운 학습 공간이다. 전시 중점 영역 기간의 마지막 행사는 고학년이 다른 미술가들의 작품을 보기 위해 댈러스 미술관을 방문하는 것이다. 이 기회를 통해 학생들은 미술계라는 큰 맥락에서 전시를 이해하게 된다. 학생들은 자신이 전 세계 미술가 공동체의 일부임을 인식하기 시작한다.

위니타의 플래너 살펴보기

어떤 미술 교사는 노트북에 계획을 세우거나 스케치북에 계획하고, 위니타 같은 교사는 구식 3공 바인더를 선호한다. 매년 8월, 그녀는 다음 학년도를 위해 새 플래너를 주문 제작한다. 그녀의 경력상 진행되는 순서와 연결하기 위한 여러 사항을 잘 알고 있으므로 계획서에 항상 모든 것을 기록하지는 않는다. 플래너에는 특정 수업을 위한 준비 일정 및 메모와 같이 유용한 일상 정보도 포함되어 있다. 올해 그녀는 학년별 주간 달력으로 수업을 구성하고 있다. 정리 우선순위는 각 표의 상단에 있는 제목 순으로 나열된다. 학년, 빅 아이디어, 목표/성취기준, 시연/간단한 설명, 참고자료/영상, 스튜디오 사고 습관/용어, 메모/특별 준비물. 이러한 각 범주는 연구하고 준비해야 할 수업의 구성요소를 잘 나타낸다. 스튜디오 씽킹이 위니타의 조직화 우선순위 및 계획 루틴에 어떻게 부합하는지 살펴보자.

✚ 학년 수준

플래너 왼쪽 열에는 각 학년이 각 요일에 계획된 순서대로 나열된다. 허프먼 학교의 미술실에서는 여섯 개의 다른 수업이 학년별로 하나씩 열린다. 위니타는 5개 학년 수업으로 각 수업 사이에 단 5분의 시간이 있다. 미술적 행동 교수법TAB 교사로서 위니타의 작업실 센터는 수업 간, 학년 간 일관성을 유지해 이러한 빠른 전환을 원활하게 한다. 고학년 학생에게는 더 정교한 자료가 표시될 수 있지만, 각 수업이 끝난 후 교실을 크게 바꿀 필요는 없다. 유치원 수업만 다른 교육과정을 운영하여 자체 빅 아이디어 그리고 작업실 센터와 분리되어 개발된 매체를 사용한다.

표 4.3은 위니타가 작성하는 플래너의 한 페이지다.

표 4.3 위니타의 플래너

학년	빅 아이디어	목표/성취기준	시연/간단한 설명	참고 자료/영상	스튜디오 사고 습관/용어	메모/특별 준비물
2	미술가의 전시	*117.108.b.4.A* 개인 작품 선호에 대한 이유를 설명한다. *117.108.b.4.C* 미술작품을 모은다.	• 작품 설치하기	가상 미술관	관찰 성찰 *미술계 이해* 전시 작품 설치	
1	미술가의 전시	*NCAS VA:Pr5.1.1a* 언제, 어디에, 왜, 어떻게 미술작품 전시가 준비되어야 할지 질문하고 답한다.	• 미술적 사고(미술에 대해 이야기하는 전략) • 미술작품 제목 짓기	가상 미술관	관찰 성찰 *미술계 이해* 전시 작품 설치	

학년	빅 아이디어	목표/성취기준	시연/간단한 설명	참고 자료/영상	스튜디오 사고 습관/용어	메모/특별 준비물
유치원	우정	*117.102.b.3.C* 일상생활에서 미술의 활용을 이해한다. *117.102.b.3.A* 개인 작품에 관한 생각을 표현한다.	핵심 질문 • 왜 친구가 필요한가요? • 누가 내 친구인가요? • 어떻게 친구를 대해야 할까요?	해당 없음	표현 우정 복합 매체	• 자른 종이
3	미술가의 전시	*TEKS 117.111.b.4.B* 주제를 파악하기 위해 말로 반응하거나 작품 소개글을 활용한다. *NCAS VA:Pr5.1.3a* 미술 전시 장소를 확인하고 발표하기 위해 작품과 작가 소개글을 준비한다.	• 작품 설치 전략 • 제목	가상 미술관	관찰 성찰 *미술계 이해* 전시 작품 설치	• 색도화지 • 작품 • 소개용 라벨지
4	미술가의 전시	*TEKS GR 4* *117.114.b.4.C* 자기평가나 전시를 위해 개인 작품을 수집한다. *117.114.b.3.C* 미술을 진로교육과 연결한다. *NCAS VA:Cr3.1.4a* 친구와의 토론을 통해 얻은 통찰력으로 진행 중인 작품을 수정한다.	• 미술적 사고 • 제목 • 작품 설치하기	가상 미술관	관찰 성찰 *미술계 이해* 전시 작품 설치	• 색도화지 • 작품 • 소개글 양식
5	미술가의 전시	*117.117.b.4.C* 자기평가나 전시를 위해 개인 작품들을 모은다.	• 미술적 사고 • 제목 • 작품 설치하기	가상 미술관	관찰 성찰 *미술계 이해* 전시 작품 설치	• 색도화지 • 작품 • 소개글 양식

✚ 목표/성취기준

빅 아이디어를 찾은 후 위니타는 각 학년에 대한 핵심 지식과 기능을 찾기 위해 주 및 국가 성취기준을 확인한다. 플래노 학교 교사는 모든 수업에 텍사스주 성취기준Texas Essential Knowledge and Skills, TEKS(Texas Education Agency, 2013)을 적용해야 한다. 미술을 위한 TEKS는 네 가지 영역에서 학년말 기준점을 포함한다. 조직과 지각의 기초, 창의적 표현, 역사·문화적 관련성, 비판적 평가 및 응답. 각 학년 수준에서 12개의 시각예술 성취기준은 재료, 표현, 시각적 문해력, 미술작품에 관한 반응에 관한 학습을 목표로 하는 기술과 개념을 열거한다.

위니타와 동료 미술 교사들은 추가 기능을 확인하기 위해 국가 핵심 예술 성취기준National Core Arts Standards, NCAS을 살펴본다. NCAS의 기준은 스튜디오 습관(State Education Agency Directors of Art Education, 2015)을 포함하여 미술수업에서 발전하는 더 많은 미술적 사고행동을 다룬다(NCAS와 스튜디오 습관이 어떻게 겹치는지에 대한 참조표는 부록 F 참조).

위니타는 빅 아이디어에 따라 친숙한 언어와 형식을 사용하여 화이트보드에 전 학년의 목표로 '나는 …할 수 있다'라는 문장을 쓴다. '나는 …할 수 있다' 문장은 성취기준에서 파생되며, 하나 이상의 스튜디오 습관과 일치한다.

- 유치원 **나는 삼원색으로 미술작품을 창조하는 기능을 연습하고 그것을 확인할 수 있다**[기능 개발: 기술].
- 1학년 **나는 다양한 재료를 사용하여 드로잉, 회화, 콜라주를 만드는 데 필요한 다양한 기능을 연습할 수 있다**[기능 개발: 기술].
- 2학년 **나는 드로잉, 회화, 콜라주를 만드는 데 필요한 아이디어와 느낌을 작품으로 표현하고 기능을 연습할 수 있다**[표현].
- 3학년 **나는 상상한 아이디어를 정교하게 발전시킬 수 있고, 미술 재료, 참고자료 및 기술에 대한 지식을 사용하여 나만의 아이디어를 탐구할 수 있다**[구상].

4학년 **나는 미술적 아이디어와 작품을 일반화하고 개념화할 수 있다**[구상].

5학년 **나는 삶의 경험**(학교, 가족, 자신, 친구)**에 대한 아이디어와 미술작품 영감을 위한 상상력을 개발하고 소통할 수 있다**[구상].

✚ 시범 수업 또는 체험 수업

각각의 수업과 시연에서는 성취기준에서 확인된 목표와 기능을 이해하는 것을 목적으로 하는 활동을 소개한다. 시연 또는 간단한 설명은 종종 스튜디오 습관, 빅 아이디어 또는 도전을 소개한다. 또한 빅 아이디어를 교수-학습하기에 좋도록 하위 요소로 쪼갠다. 예를 들어, 유치원의 한 수업에서는 '우정'이라는 빅 아이디어에서 관계 개념을 탐구하는 세 가지 본질적 질문에 중점을 둔다.

- 왜 친구가 필요한가요?
- 누가 여러분의 친구인가요?
- 어떻게 친구를 대해야 할까요?

다른 날, 2학년 학생들은 작업실 센터에서 도전하고 탐구하는 방법을 생각한다. 여기서 빅 아이디어는 탐색이며, 이 수업에서는 미술가가 선택한 재료에 대한 **기능 개발: 기술**의 다양한 방식을 다룬다. 모둠에서 학생들은 '미술가들은 왜 연습을 하는가?'라는 본질적인 질문에 대해 토론하며 **도전과 탐구**, **기능 개발: 기술**, **참여와 끈기** 등 스튜디오 습관 묶음을 연결한다. 해를 거듭할수록 스튜디오 습관은 간단한 설명을 할 때마다 자주 검토되어 친숙한 개념이 된다.

때때로 위니타는 학생들이 자신의 기능과 이해도를 테스트하도록 유도하기 위해 도전적인 과제로 수업을 확장한다. 종종 1~5학년의 모든 학생에게 선택지를 제공하기도 한다. 초등학생과 중학생들은 익숙한 일상의 반전을 즐기고, 끌리는 도전 과제를 해결하려고 한다. 예를 들어, '실수해도 괜찮아 챌린지'(『실수해도 괜찮아!』 책에서 영감을 얻음, Saltzberg, 2010)는 학생들이 의도적으로 실수를 한 다음, 그 실수를 예술로 승화시키도록 한다. '지구촌 판지 챌린지The Global Cardboard Challenge'는 상상협회(Imagination Foundation, 2017, 3장과 6장 참조)에서 시작되었다. 이 챌린지는 학생들이 판지만으로 만들어진 조각이나 구조물을 상상하고 만들도록 한다. 나중에 일부 학생들은 자신이 발견한 사물로 만든 작품을 구상하도록 권장하는 '스크랩 챌린지'에 참여한다.

✚ 참고자료/영상

위니타의 플래너 속 참고자료/영상 부문에는 수업에 대한 추가 정보를 제공하는 웹사이트, 미술가 또는 영상에 대한 링크가 포함되어 있다. 위니타는 자신의 유튜브 채널 '예술은 삶Art is Life'에 과정이나 기술을 보여주기 위해 제작하거나 수집한 영상을 모아두었다. 미술실 시연을 놓쳤거나 복습이 필요한 학생은 시작하기 전에 관련 비디오를 시청할 수 있다.

✚ 스튜디오 습관/용어 및 메모/특별 준비물

스튜디오 사고 습관/용어 목록에는 스튜디오 습관과 소개하고 검토할 다른 미술 용어들을 나열한다. 위니타 플래너의 마지막 줄에 있는 메모/특별 준비물은 매일 하는 준비 외에 추가 재료나 특별한 준비물을 표시한다.

위니타는 자유롭게 계획하는 것을 즐긴다. 교육청의 유일한 요구는 수업 계획에 텍사스주 성취기준TEKS을 인용하고 백워드 설계(Wiggins & McTighe, 2005) 원칙을 따르는 것이다. 다른 모든 교사에게도 마찬가지겠지만, 계획을 세우는 것은 학생들에게 미리 안내할 것과 수업 중 중요한 개념을 강조할 것을 잊지 않게 한다. 플래너에 평가 실행을 쓰지는 않더라도 간단한 평가 루틴에 따라 학생의 학습을 추적하고 다음 주 계획을 알린다.

평가

플래노 학교의 유치원부터 2학년 학생들은 1년 내내 모든 과목에서 자기 작품을 대표하는 교실 포트폴리오를 만들어나간다. 포트폴리오는 점수를 매기는 대신 학생의 이해와 성장을 기록하여 검토하게 한다. 미술수업에서 아이들이 두 가지 차원의 포트폴리오를 만들면, 위니타는 각 학생의 과정에 대한 정보를 얻어 수업 영역을 정할 수 있다. 위니타는 학생들의 이해 정도를 점검하기 위해 각 수업 후반부의 출구 티켓에 대한 루틴을 개발했다. 이 성찰 접착 메모지는 복도에 있는 성찰 게시판에 게시된다. 학생들은 네 가지 국가 핵심 예술 성취기준NCAS의 기반이 되는 성취기준(창작하기, 발표하기, 반응하기, 연결하기) 중 하나를 선택해 각 지시사항을 따른다.

창작하기

- 나는 ( )을/를 배웠다.
- 나는 ( )한 점이 좋았다.
- 나는 ( )을/를 탐구했다.
- 나는 ( )을/를 만들었다.
- 나는 ( )을/를 실험했다.

발표하기

- 작품을 해석하세요.
- 작품을 만든 이유를 설명하세요.
- 사용한 재료에 대해 토론하세요.

반응하기

- 미술이 당신의 삶을 보여주는 방법을 설명하세요.
- 미술 주제에 대해 이야기하세요.
- 작품을 만든 이유를 설명하세요.

연결하기

- 여러분의 작품의 목적을 이야기하세요.
- 여러분의 작품을 학교 밖의 미술이나 유명한 미술가와 비교해보세요.
- 여러분의 미술은 공동체의 영감을 받았나요?
- 여러분의 미술은 사회, 문화 또는 역사에 영감을 받았나요?

계획에 없던 행사와 주제

계획의 유연성은 위니타에게 아이디어를 연결할 여지를 준다. 아이디어들은 계획이 순환되는 사이에 예기치 않게 떠오를 수 있다. 발현적 교육과정emergent curriculum은 학생들의 관심, 최근 행사, 대중문화에서 비롯되며 학습과 학생들의 삶을 연결한다. 올해는 하계 올림픽이 막바지에 접어들면서 개학 첫 주가 다가왔다. '미술 올림픽'은 탐구에 집중한다는 면에서 적절한 첫 번째 수업이었지만, 올림픽이 아닌 해에는 관련성이 덜했을 것이다. 불과 몇 주 후, 학생들은 '점의 날'에 아동용 책 『점 *The Dot*』(Reynolds, 2003)을 통해 스튜디오 습관 중 **도전과 탐구**를 인식했다. '점의 날'은 레이놀즈 교수학습 창의성 센터에서 제공하는 활동을 통해 전 세계의 초등학교가 창의성과 문해력을 기념하는 날이다. 플래노의 모든 초등학교 학생들이 참여한다.

마네킹 챌린지가 인기를 끌었던 2016년 가을, 위니타는 자세를 취하다가 멈춘 사람들과 제스처 드로잉이 연결된다고 생각했다. 텔레비전에서 유행하기 시작했을 때, 그녀는 많은 학생들이 유행을 따라할 것이라고 예상했다. 그래서 모두를 위한 드로잉 시간이 만들어졌다. 학급의 절반은 2분간 포즈를 취하고 나머지 절반은 친구를 그리면서 관찰을 연습했다. 이러한 발현적 수업의 결과, 학생들은 시각문화가 미술에 어떻게 정보를 제공하고 미술을 위한 아이디어가 어떻게 일상에서 발견될 수 있는지 이해하기 시작했다.

유행은 외부에서 학교로 유입되거나 개별 학급 내에서도 생겨날 수 있다. 복합 매체 물고기 콜라주를 협업했던 모둠처럼 때때로 아이들이 교사가 계획한 수업보다 더 흥미로운 아이디어를 가져오기도 한다. 떠오르는 아이디어를 인정하고, 그 순간 기어를 변속할 수 있는 것이 미술적 행동 교수법TAB의 핵심 원칙이다. 주제는 공동체나 학교의 어른에게서도 발현될 수 있다(그림 4.7 참조). 위니타는 학교가 아이티를 위해 '브릿처럼 되기 캠페인'*(The Be Like Brit Foundation, 2017)에 참여했을 때와 같이 여러 학교 차원에서 계획을 교육과정에 통합한다.

그림 4.7 희망을 공유하는 공동체 주제 게시판

이러한 사회적 행동주의 노력의 하나로, 학생들은 예술을 창조하고 아이티의 브릿의 집 고아원에 보낼 카드를 만든다. 허프먼 학교 공동체에서 인식을 높이는 동시에 공동체의 좋은 뜻을 전파하기 위해서다. 한 해의 중반, STEAM 계획에 따라 예술이 과학, 기술, 공학 및 수학을 융합하는 방식을 조사하기 위해 학교 공동체들이 모였다. 허프먼의 학생들은 미술을 통한 융합 학습을 강조하기 위해 이 지역의 광범위한 노력에 합류했다. 봄에는 동료 미술 교사가 위니타에게 고등학생들과 협업하겠느냐고 물었을 때 바로 동의했다. 허프먼 학생들이 괴물을 그리면 고등학생들이 디자인하고 바느질하는 공동 작업에 참여하는 것이었다. 이러한 활동의 대부분은 올해 계획이 시작된 8월에는 예상할 수 없었다. 위니타는 TAB 교육과정의 유연성 때문에 학습 기회가 실제 세계의 행사를 반영하여 새롭게 나타난 주제를 포

* 브릿처럼 되기Be Like Brit 캠페인: 2010년 아이티 지진으로 희생된 대학생 브리트니 겐젤Britney Gengel이 봉사했던 뜻을 잇는 아이티 어린이 돕기 캠페인.

함하도록 일정을 조정할 수 있다.

유연성과 균형

때때로 신규 교사들은 위니타 하몬 같은 연륜이 풍부한 교사를 보면서 그 계획 방식이 자신에게 적합하다는 것을 인식한다. 그들은 광범위한 개별 수업 계획 없이 개방적이고 유연한 모형에 감탄한다. 그러나 위니타가 처음부터 이런 방식으로 수업한 것은 아니니다. 누구나와 마찬가지로 시행착오를 통해 교육과정을 구축했으며, 점차 스튜디오 습관 및 TAB 같은 미술적 행동의 전반에 걸쳐 계획의 기초가 될 초석을 찾았다. 교사들은 도전하고 탐구하고 기능을 개발하고 지난해를 성찰함으로써 자신의 길을 발견한다.

일부 교육청에서는 미술 교사에게 1년간의 목표, 주제 및 활동을 설명하는 교육과정 틀을 제공한다. 우리가 이 책을 쓰고 있을 때, 플래노 학교의 미술 교사들은 초등 미술 프로그램에서 스튜디오 씽킹을 실천하기 위해 연구 부서를 막 꾸리고 있었다. 미술 코디네이터 로라 그런들러Laura Grundler는 "우리의 비전은 스튜디오 사고 습관, 빅 아이디어, 미술적 사고(Project Zero, n.d. a)를 계획 과정에 넣는 거예요. 다양한 사고와 기능이 균형을 이루기를 바라고 있어요. 그 균형은 스튜디오 습관이 놀이가 되는 지점이지요. 끈기를 갖고 아이디어를 구상할 수 있도록 아이들을 가르치는 거예요"라고 했다(개인적 대화, 2017년 5월 25일). 교사는 계속해서 자신의 교육과정을 텍사스주 성취기준TEKS에 맞추고, 구체적인 본질적 질문과 빅 아이디어들을 강조한다. 평가는 필수적인 이해를 반영한다. 각 교사는 개별 수업 계획뿐만 아니라 자신의 평가를 설계할 수 있다. 이러한 새로운 교육과정 계획을 통해 플래노 학교 미술 교사들은 계속해서 많은 유연성을 즐긴다. 위니타의 TAB 미술 프로그램에 딱 들어맞는다.

교육과정 범위와 계열성에 대한 협업 – 캐런 앤드루스와 제니퍼 스튜어트

샌프란시스코 프렌즈 학교San Francisco Friends School, SFFS에서 캐런 앤드루스Caren Andrews와 제니퍼 스튜어트Jennifer Stuart는 활기찬 팀이다(그림 4.8과 4.9 참조). 유치원생부터 8학년 학생들을 위한 순차적이고 종합적인 학습 경험을 설계하기 위해 미술 교육과정의 모든 측면에서 협력한다. 캐런과 제니퍼는 이해, 학습, 인성 개발이 서로 얽혀 있다는 믿음을 갖고 있다. 자세히 보면 그 구조가 드러난다. 샌프란시스코 프렌즈 학교SFFS 공동체의 핵심 가치는 2016~2017년 미술 프로그램 개요의 서두에 반영되어 있다.

> 우리는 예술의 성찰적 실천을 통해 사고를 발전시키는 미술가 공동체다. 직관과 창의성을 중시하며 즐겁고 유쾌하게 접근한다. 동시에, 우리는 집중하고 성찰하며 성장하고 실천하는 것이 함께 일하는 작업의 핵심이라는 데 주목한다. 우리 프로그램을 주도하고 안내하는 핵심 원칙 중 하나는 모든 어린이가 잠재력이 넘치

그림 4.8 학생들과 아이디어에 대해 이야기하는 캐런 앤드루스

그림 4.9 자신의 수업 실행에 대해 성찰하는 제니퍼 스튜어트

는 창의적인 존재라는 것이다.

캐런은 16년 전 SFFS가 개교한 이후 유치원생~4학년과 중학교 1~2학년을 가르치고 있다. 제니퍼는 7년 후 교사진에 합류하여 5학년~중학교 2학년과 함께했다. 수업을 위해 1년 내내 일주일에 두 번 45분 동안 모였다. 매주 기획 회의를 함께 했고, 음악·연극 교사들과 2차 기획 회의를 했다.

제니퍼와 캐런의 파트너십은 SFFS가 중학교를 확장하던 2007년에 시작되었다. 제니퍼는 캐런에게 『스튜디오 씽킹』(Hetland et al., 2007)을 주면서 거기에 제시된 아이디어를 사용하고 유치원생~중학교 2학년 미술 프로그램에 적용해보자고 제안했다. 실천하는 미술가로서 스튜디오 씽킹 틀이 공감을 불러일으켰다. 나중에, 캐런은 제니퍼에게 줄리아 마셜이 광범위하게 연구하여 쓴 예술 기반 연구 접근법을 소개했다(Marshall & D'Adamo, 2011). 캐런과 제니퍼는 이 두 가지 사례처럼 평생 배우겠다는 태도로 협력했는데, 이는 프로그램의 시초가 되었다.

교육과정 범위 및 계열성

샌프란시스코 프렌즈 학교SFFS는 '퀘이커 신앙'의 가치를 교육과정에 반영한다. 모든 교육과정에는 미술 프로그램으로 확장된 공통 언어와 실천을 통한 사회·정서적 학습이 포함되어 있다. 캐런과 제니퍼는 계획을 촉진하는 핵심 주제 또는 목표를 설정하고(Blythe et al., 1998), 그해 본질적 질문에 스튜디오 씽킹을 반영했다. 미술 교사는 이러한 포괄적인 목적을 가지고 각 학년 수준에서 재료와 기술을 적절하게 제시하기 위해 학생들의 기능을 살펴본다. 국가 및 주 단위 성취기준은 SFFS의 시각예술 교육과정을 구체적으로 제시하지 않는다. 캐런은 "일단 제니퍼와 제가 2D, 3D로 작업을 해서 4D로 만들어요. 거기서 교육과정 범위와 계열성을 조정합니다. 어떤 재료에 집중할지 생각하면, 나머지는 도미노처럼 연쇄적으로 해결되죠"라고 설명한다. 각 교육과정 요소에 대한 간략한 설명은 다음과 같다.

✚ 퀘이커 신앙

캐런과 제니퍼의 계획에서 '진정성', '단순성', '공동체'라는 퀘이커 가치는 매우 중요하다. 그들은 연간 목표(핵심 주제)에 간단한 질문을 통해 예술적 진정성을 반영한다. 프로그램은 유치원생에게 미술 교과를 소개하고 매년 기초 개념을 구축한다. 학교는 의도적으로 좁은 교실 공간을 가지고 있으며, 환경은 따뜻하고 친절하다. 지역사회 봉사는 미술 프로그램 전반에 걸쳐 포함되어 있으며, 미술을 통한 학생 활동의 기회가 많다.

✚ 핵심 주제

전체 미술 프로그램에 대한 핵심 주제Throughlines를 바탕으로 매년 계획을 세우기 시작한다. 핵심 주제는 다음과 같은 질문이다.

1. 미술이란 무엇인가요? 미술가란 무엇인가요?
2. 어떻게 여러분이 미술가인가요?
3. 미술, 정의, 행동은 어떤 관계인가요?

캐런과 제니퍼의 교실에는 이와 같이 매우 단순한(실제로는 매우 복잡한!) 질문이 게시된다. 이 질문들은 학생들이 세상에서 자신의 위치에 대한 폭넓은 이해를 구성하도록 생각과 행동을 안내한다. 『프레임워크 이해를 위한 교육*Teaching for Understanding framework*』(Blythe et al., 1998)에 설명된 대로 이것은 핵심 주제의 목표다. 핵심 주제는 학생들이 학문적 이해, 즉 중요한 메시지를 발전시키는 데 도움이 된다. 학생과 교사는 1년 내내 이 핵심 주제를 다시 보기 때문에 학생들은 질문에 대해 점차 풍부하고 체계적인 답변을 구성한다.

퀘이커 교도 교육의 핵심 가치는 지역사회 봉사다. 세 번째 핵심 주제인 '미술, 정의, 행동은 어떤 관계인가요?'라는 질문은 학생들에게 세 가지 개념의 관계를 설정하도록 한다. '사회 정의'는 샌프란시스코 프렌즈 학교SFFS의 모든 것과 관련된다.

교사와 학생 모두의 말과 행동에서 볼 수 있고, 교실 게시판에서 볼 수 있으며, 학교 전체의 많은 전시에서도 드러난다. 이 세 가지 개념 간의 관계에 대한 믿음은 학교가 내건 사명의 핵심이다. 교사의 관점, 미술가 사례 선택, 선택한 특정 단원의 학습을 통해 미술 프로그램 곳곳에 스며든다. 예를 들어, '미술, 정의, 행동 사이의 공간'이라는 선택 단원에서 학생은 자신의 작품 제작을 공동체 활동과 직접 연결한다. 이 같은 이슈 기반 선택에서 학생은 사회 정의 주제를 검토한다. 두 번째 선택 과목인 '팝업 전시부터 미술관까지'에서 학생은 미술을 통해 대중을 설득하며, 사회적 문제해결을 위한 기금을 마련하기 위해 자기 작품을 판매한다.

✚ 본질적 질문

연간 핵심 주제를 정한 후, 제니퍼와 캐런은 각 학년을 위한 학습 범위와 계열성을 계획하기 시작한다. 각 학년 수준에 대해 2~4개의 본질적 질문을 정하는 데서부터 시작한다. 목표는 미술작품과 미술가의 작업 방식을 살펴보는 것으로 시작한다. 이는 점차 사회에서 공동체의 목소리로서 미술가의 역할에 대한 이해로 심화된다. 표 4.4에 소개한 교육과정의 개요는 핵심 주제의 목록과 각 학년 수준의 본질적 질문을 제시하고 있다. 다음으로, 계획 과정에서는 스튜디오 사고 습관으로 전환하여 미술 활동의 핵심인 사고와 미술적 실천을 강조하는 폭넓은 교육과정을 설계한다.

✚ 스튜디오 씽킹

스튜디오 사고 습관은 1년 내내 핵심 주제와 본질적 질문에 나타난다. 간접적으로 나타나기도 하고, 때로는 단원 또는 수업 계획에서 직접적으로 언급된다. 학년별 본질적 질문(표 4.4 참조)을 자세히 살펴보면 각각에 스튜디오 사고 습관이 함축되어 있음을 알 수 있다. 습관이 명시되기도 하고("미술가가 자신의 작업 과정과 작품을 관찰하는 이유는 무엇인가?"), 어떤 경우에는 말속에 담겨 나타나기도 한다("미술가의 목소리

표 4.4 샌프란시스코 프렌즈 학교의 미술 교육과정

<table>
<tr><td colspan="2">핵심 주제(전 학년)
1. 미술이란 무엇인가요? 미술가란 무엇인가요?
2. 나는 미술가라고 할 수 있는가?
3. 미술, 정의, 행동은 어떤 관계인가요?</td></tr>
<tr><td>학년</td><td>본질적 질문</td></tr>
<tr><td>유치원</td><td>• 우리는 왜 미술을 하는가?
• 미술수업에서 어떻게 도전과 탐구를 할 수 있는가?</td></tr>
<tr><td>1학년</td><td>• 미술가는 실수했을 때 무엇을 하는가?
• 미술가는 왜 작업을 계획하는가?
• 미술가는 작업이 끝났음을 어떻게 결정하는가?
• 우리는 어떤 면에서 미술가이자 작가인가?</td></tr>
<tr><td>2학년</td><td>• 미술가는 어떻게 보는가?
• 미술가는 어떻게 세상을 관찰하는가?
• 미술가가 자신의 작업 과정과 작품을 관찰하는 이유는 무엇인가?</td></tr>
<tr><td>3학년</td><td>• 미술가의 목소리란 무엇인가?
• 미술가는 어떻게 자신의 기술을 발전시키는가?
• 미술가는 왜 자신의 생각을 표현하는가?</td></tr>
<tr><td>4학년</td><td>• 미술가는 어떻게 도전하고 위험을 감수하는가?
• 우리가 미술가로서 도전하고 탐구할 수 있는 방법은 무엇인가?
• 미술가는 왜 공동체에 영향을 미치는가?</td></tr>
<tr><td>5학년</td><td>• 나는 무엇을 나타내며, 나를 나타내는 것은 무엇인가?
• 미술가는 어떻게 소통하는가?</td></tr>
<tr><td>6학년</td><td>• 나는 무엇을 상징하며 나를 상징하는 것은 무엇인가?
• 미술가는 어떻게 공동체 형성을 돕는가?</td></tr>
<tr><td>중학교 1~2학년</td><td>• 어떻게 미술적 실천을 잘 할 수 있을까?
• 나는 미술 공동체에 어떻게 기여하는가?
• 행복한 삶에 예술이 중요한 이유는 무엇인가?</td></tr>
</table>

란 무엇인가?"[표현]). 습관은 하나의 본질적 질문에 연결될 수도 있고, 다른 습관과 묶여 작동할 수도 있다. 예컨대, 2학년 질문 "미술가는 세상을 어떻게 관찰하는가?"는 '관찰'이 '미술계 이해'와 함께 묶여 있다. 미술실 바깥의 공동체와 지식 영역을 인식하기 위한 것이다. 제니퍼와 캐런은 매 수업마다 **교사 시연**과 **학생 작업**을 사용하는 스튜디오 구조를 따른다. 학생들은 예술 기반 성찰 공책에 과정 전반을 성찰한다. 각 단원은 **미술작품에 관한 대화**와 **전시** 및 전시회로 마무리한다.

✚ 사회적·정서적 학습

샌프란시스코 프렌즈 학교는 '반응이 있는 교실'(Center for Responsive Schools, 2016)을 활용하여 어린이에게 자기 모니터링 기능을 가르치는 안전한 학습 환경을 설계한다. 개학 후 첫 6주 동안 학생들은 한 해의 학습을 위한 루틴을 연습한다. 제니퍼와 캐런은 학생들과 함께 미술실 규칙을 정하고 해당 연도의 기록 체계를 준비한다. 여기에는 각 학습 단원에 대한 예술 기반 연구 공책, 과정(계획, 스케치 등부터 최종 작품까지)과 작품이 담긴 프로세스폴리오가 포함된다.

학습을 위한 역량

샌프란시스코 프렌즈 학교의 시각예술 프로그램의 개요는 '미술은 학생들이 의미를 구성하고 주변 세계를 이해하는 방법을 제공한다'이다. 수년에 걸쳐 캐런과 제니퍼는 학생들의 학습 역량 변화를 관찰했다. 대부분의 유치원~고등학교 교육자들과 마찬가지다. 한 학년 내에서도 학생들의 능력과 태도는 폭넓고 다양하며, 샌프란시스코 프렌즈 학교의 미술 교사는 모든 학생을 개별적 수준에서 만나 참여시키고 존중하기 위해 노력한다.

교사는 모든 학생이 심화 학습에 자발적으로 도전할 준비가 되어 있지 않다는 것을 알고 있다. 이러한 인식은 교사들이 제시하는 본질적 질문에서 드러난다. 그래서 본질적 질문에서 미술과 미술가에 대한 기본적인 이해를 높이도록 하고, 각 학년 단계에서 점진적으로 새로운 개념을 소개한다. 주간 회의에서는 모둠 및 개별 학생에 대해 논의한다. 교육과정에 접근하는 데 필요한 도구 제공을 위한 핵심 사고, 사회적·정서적 기능, 기술적 기능이 목표다.

교육과정 매핑

주간 회의에서 제니퍼와 캐런은 계획을 논의하고 매핑mapping하여 시각화한다. 폭넓게 시작하여 각 수업을 상세히 설명하기 위해 다양한 관점을 통해 작업한다. 각각 자신에게 필요한 교육과정 지도를 계획하고, 학사 일정이 진행됨에 따라 보완한다. 캐런은 지도하는 학년을 '수영장 레인'에 비유하기를 좋아한다. 각 행은 학년 수준으로, 해당 학년의 교과 과정 진행 상황을 보여준다(그림 4.10 참조). 제니퍼의 지도는 학년당 두 쪽을 사용해 교육과정의 더 많은 요소를 자세히 설명한다(그림 4.11 참조).

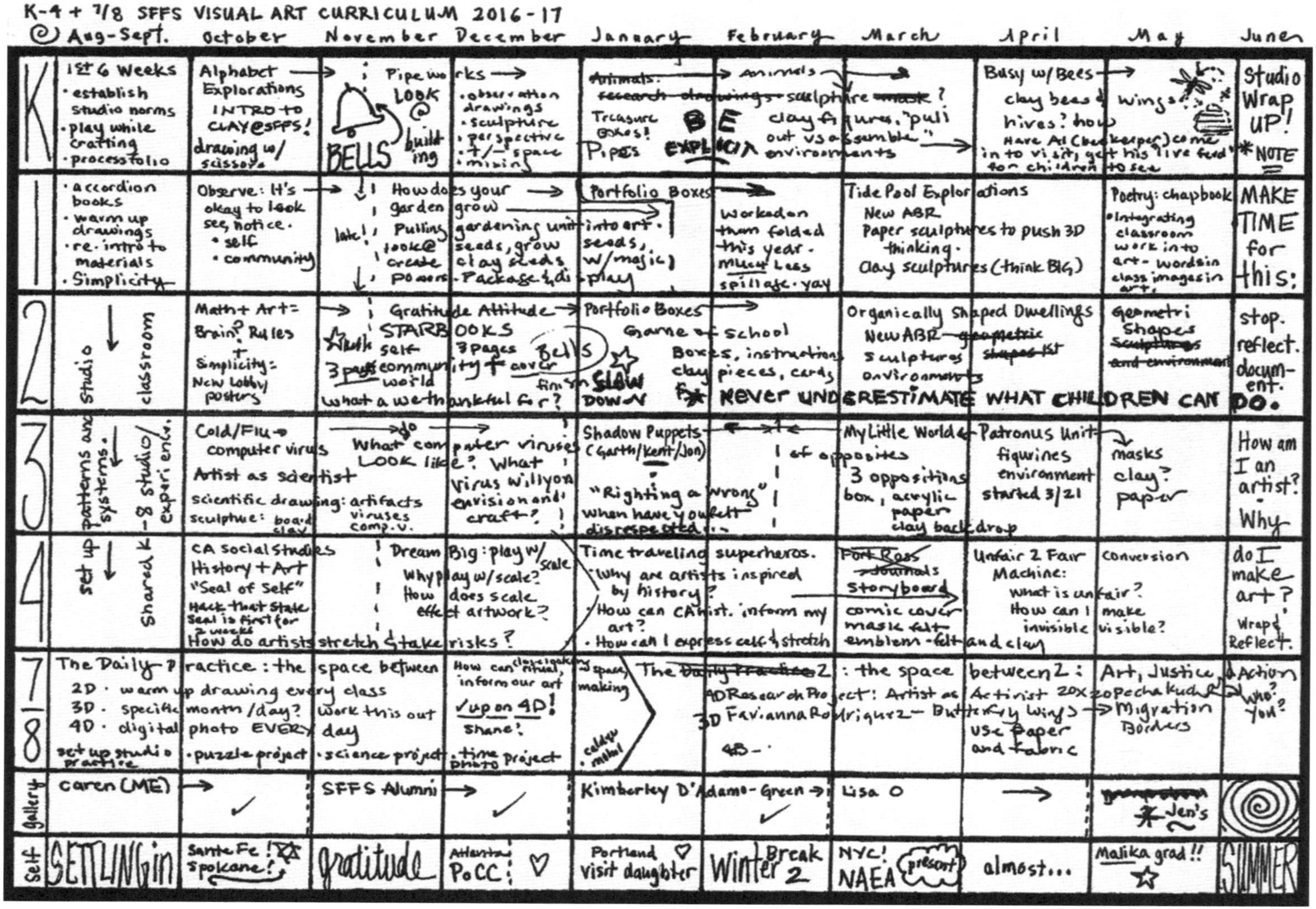
K-4 + 7/8 SFFS VISUAL ART CURRICULUM 2016-17
Aug-Sept.
October
November
December
January
February
March
April
May
June
1st 6 Weeks
Alphabet Explorations
INTRO to CLAY@SFFS!
BELLS
Busy w/Bees
Studio Wrap UP!
Tide Pool Explorations
Portfolio Boxes
Poetry: chapbook
MAKE TIME for this:
Gratitude Attitude
STARBOOKS
Organically Shaped Dwellings
stop. reflect. document.
NEVER UNDERESTIMATE WHAT CHILDREN CAN DO.
Shadow Puppets
Patronus Unit
How am I an artist? Why
CA Social Studies History + Art
Time traveling superheros.
Unfair 2 Fair Machine:
do I make art?
The Daily Practice: the space between
Art, Justice & Action
gallery
Caren (ME)
SFFS Alumni
Kimberley D'Adamo-Green
Lisa O
self
SETTLING in
gratitude
Winter Break 2
almost...
Malika grad!!
SUMMER

그림 4.10 캐런 앤드루스가 월별 진행 방식으로 설명한 각 학년의 커리큘럼. '수영장 레인'으로 부르며, 각 학년은 단원의 행을 '수영'하듯이 나아감.

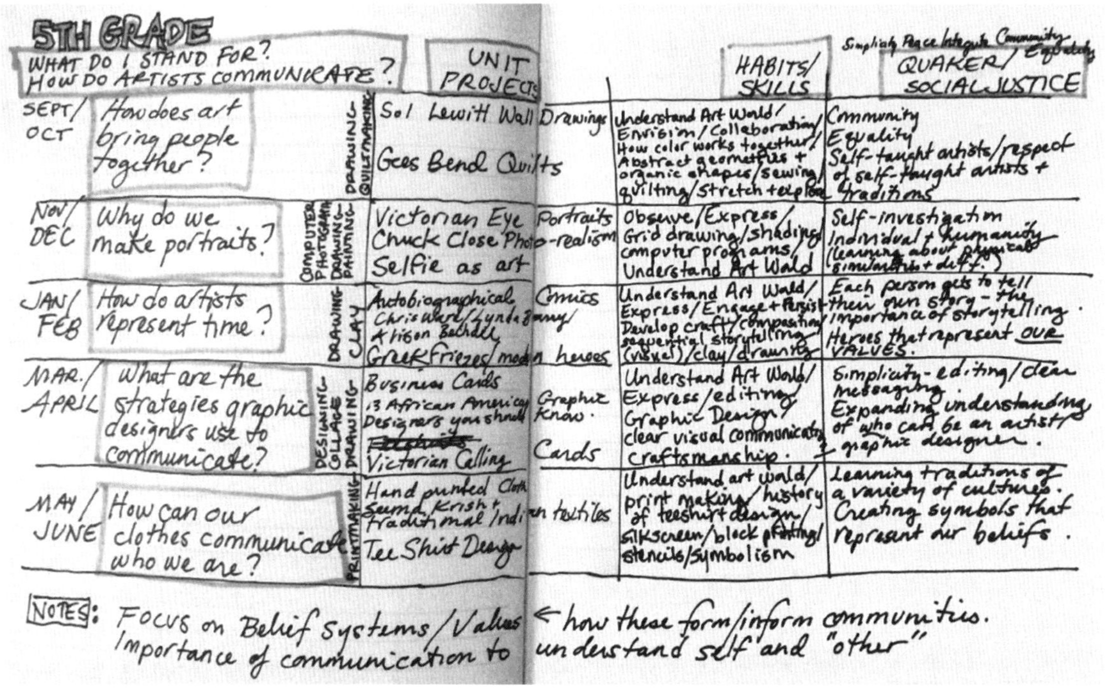

5학년

나는 무엇을 나타내나요? 미술가는 어떻게 대화할까요?		단원 프로젝트	습관/기능	퀘이커 신앙/사회 정의
9/10월	미술은 어떻게 사람들을 하나로 모을까요?	솔 르윗Sol Lewitt의 벽 드로잉 지스 벤드Gee's bend의 퀼트	미술계 이해 / 구상 / 협업 / 색이 함께 작용하는 방법 / 추상 기하 + 유기적 형태 / 바느질 / 퀼팅 / 도전과 탐구	공동체 평등 독학 미술가들/독학 미술가와 전통 존경하기
11/12월	왜 우리는 초상화를 만들까요?	빅토리아 시대 눈 초상화 미술로서 척 클로스Chuck Close의 포토 리얼리즘 자화상	관찰 / 표현 / 격자 드로잉 / 음영 / 컴퓨터 프로그램 / 미술계 이해	자기 조사 개인적 + 인류애
1/2월	미술가들은 어떻게 시간을 재현할까요?	자전적 만화 크리스 웨어Chris Ware / 린다 배리 Lynda Barry / 앨리슨 벡델Alison Bechdel 그리스 시대 프리즈* / 현대 집	미술계 이해 / 표현 / 참여와 끈기 / 기능 개발 / 구성 / 순차적 스토리텔링(시각적) / 찰흙 / 드로잉	각자의 이야기를 들려주는 스토리텔링의 중요성. 우리의 가치를 대표하는 영웅들
3/4월	그래픽디자이너들이 소통하기 위해 사용하는 전략은 무엇인가요?	명함 여러분이 알고 있는 13명의 흑인 그래픽디자이너 빅토리아 시대 초대 카드	미술계 이해 / 표현 / 그래픽 디자인 편집 / 명확한 시각적 소통 / 장인 정신	단순-편집 / 명확한 메시지 누가 그래픽디자이너가 될 수 있는지에 대한 이해 확장
5/6월	옷으로 어떻게 우리가 누구인지 소통할 수 있을까요?	핸드프린트 의상 시마 크리쉬** 인디안 전통 직물 티셔츠 디자인	미술계 이해 / 판화 제작 / 티셔츠 디자인 역사 / 실크스크린 / 블록 판화 / 스텐실 / 상징주의	다양한 문화의 전통 학습. 우리의 신념을 나타내는 상징 제작

메모: 신념/가치관에 집중하기 ← 공동체를 형성하고 정보를 제공하는 방법
나와 '타인'을 이해하기 위한 소통의 중요성

그림 4.11 제니퍼 스튜어트의 5학년 지도. 핵심 주제, 본질적 질문, 재료, 습관/기능, 사회 정의를 나타냄.

* 프리즈frieze: 그리스 건축의 표준적인 부분으로, 기둥 위와 지붕선 아래에 있는 장식 영역

** 시마 크리쉬Seema Krish: 2012년에 설립된 텍스타일 및 벽지 컬렉션. 인도 장인 정신에 대한 이야기를 전하고자 한 야드씩 수작업으로 제작되며, 수작업 블록 판화, 자수, 직조라는 오랜 전통의 기법을 사용함.

✚ 5학년: 초상화 단원(제니퍼)

교사 제니퍼의 두 번째 주요 단원에서는 5학년 학생들이 다양한 형태의 초상화에 대해 배운다. 먼저, 학생들은 자신의 눈을 관찰하기 전에 눈 그리기를 연습한다. 이것은 틀 안에 있는 눈의 세부 묘사가 특징인 조지 왕조 시대의 미니어처 눈 초상화*에서 영감을 받은 그림으로 이어진다. 이 단원에서 척 클로스Chuck Close의 포토 리얼리즘 작품은 미술적 영감을 주는 역할을 한다. 학생들은 존경하는 사람의 사진을 선택하고 사진과 종이를 격자선으로 그은 후 연필로 이미지를 복제한다. 다음으로, 학생들은 비크 무니스Vik Muñiz와 애나 멘디에타Ana Mendieta의 초상화를 보고 '매체 기반' 콜라주 초상화를 그리기 시작한다. 이 단원은 초상화에 대한 동시대적 시각인 '셀카 미술'로 마무리된다.

과정을 통해 제니퍼가 설계한 경험이 본질적 질문에 대한 학생들의 감상을 어떻게 발전시킬 수 있는지 알 수 있다. 얼굴에 있는 요소(눈)를 자세히 관찰함으로써 "나는 무엇을 상징하며 나를 상징하는 것은 무엇인가?"라는 질문이 발전했다. 이는 학생들이 '상징하는 것'(가치)을 표현한 조지 왕조 양식의 눈 초상화로 발전했다. "미술가는 어떻게 소통하는가?"라는 질문은 관찰 드로잉, 조지 왕조 시대 눈 초상화, 포토 리얼리즘, 대중문화 셀카 등 다양한 형태로 학생들의 경험에서 드러난다.

✚ 유치원: 파이프 여행 단원(캐런)

5학년 학생들이 초상화에 대해 배우는 동안 캐런의 교실에서 유치원생들은 학교를 탐색하여 건물에 대해 이해하고 미술과 공학, 과학 및 수학을 통합한다. 한 유치원 교사는 아버지가 도시 배관공이었다는 이야기와 연결하면서 아이들을 참여시킨다. 건물 이야기에서 초점은 파이프에 관한 연구로 좁혀진다. 이 또한 연결 역할

* 눈 초상화eye portraits: 영국 조지 왕조 시대, 사랑의 징표로 가족이나 애인의 눈만 그린 미니어처.

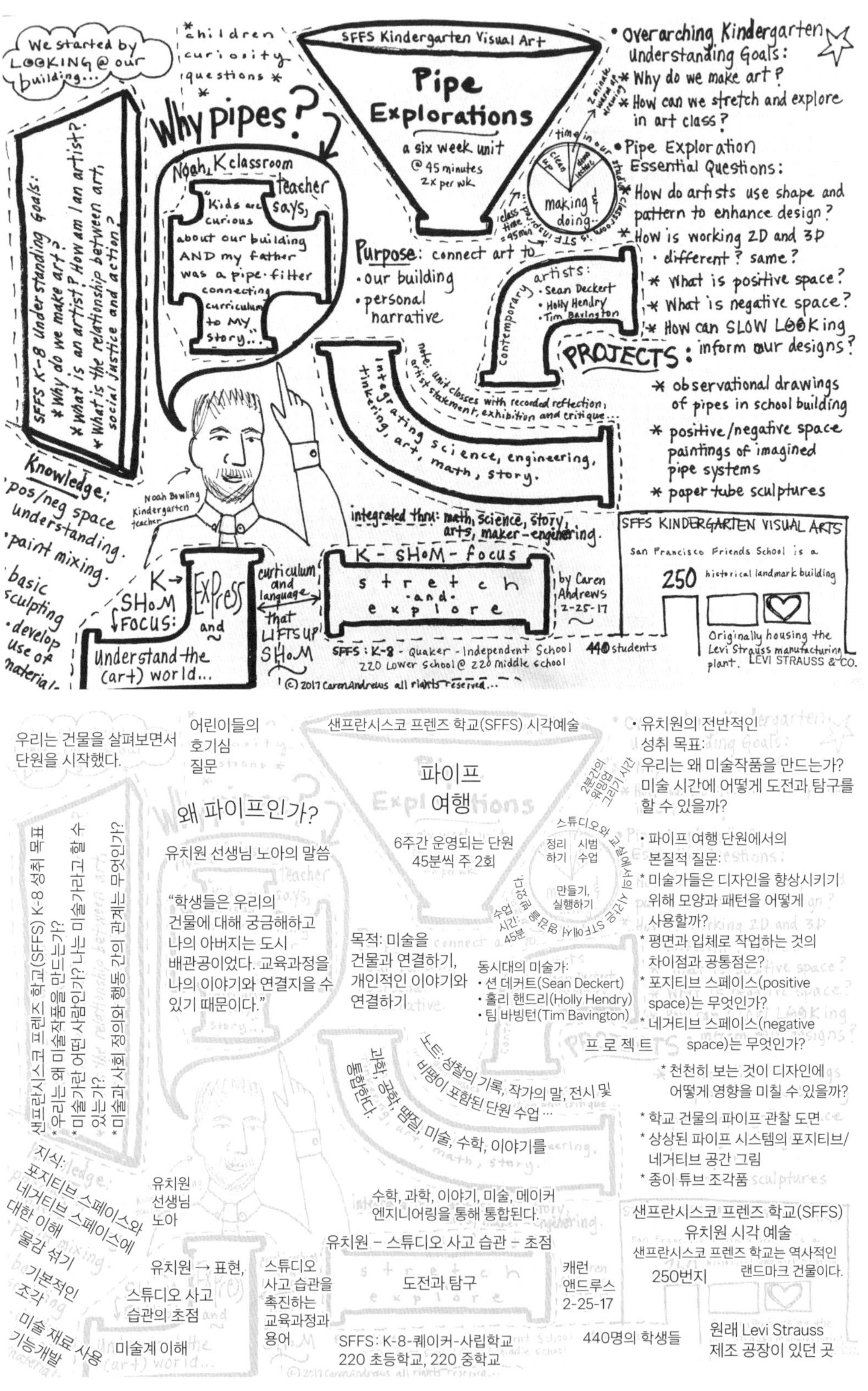

그림 4.12 6주간의 유치원 단원 파이프 작업에 대한 개념, 목표 이해 및 스튜디오 사고 습관을 보여주는 캐런 앤드루스의 단원 계획

을 한다(그림 4.12 참조). 아이들은 모양과 패턴을 고려하여 파이프 디자인을 스케치할 준비를 하기 위해 파이프 사진을 보며 자세히 관찰하는 연습을 한다. 스케치는 가상의 액체(초콜릿, 오렌지주스, 반짝이)를 보이지 않는 목적지로 운반하는 파이프가 있는 크고 자세한 선 드로잉이다(그림 4.13 참조). 판지 튜브 구조와 함께 파이프에 대한 입체적인 해석이 이어진다. 이 단원은 성찰, 작품 소개글, 전시로 마무리된다.

그림 4.13 파이프 주변의 배경을 칠하면서 작품에서 물체가 차지하는 공간과 그 외 여백을 관찰하는 유치원생

제니퍼의 단원과 유사하게 유치원의 본질적 질문은 파이프 단원을 통해 발전한다. 매력적인 사람이나 이야기로의 연결을 통해 "우리는 왜 미술을 하는가?"라는 질문이 나타난다. 건물에서 파이프로 주제가 발전하기도 한다. 아이들이 이야기부터 시작하여 자세한 관찰, 파이프 디자인, 예쁘고 자세한 파이프와 액체 드로잉, 3차원 표현까지 이어지는 탐구를 경험하면서 "미술수업에서 어떻게 도전과 탐구를 할 수 있는가?"라는 질문이 나타난다.

✚ 중학교 1, 2학년 예술 선택 과목

상급 학년은 캐런과 제니퍼가 가르친 시각예술, 드라마 또는 음악 중에서 학기 단위 예술 선택 과목을 네 개 선택한다. 시각예술 선택 과목은 대부분 학생이 수년 동안 샌프란시스코 프렌즈 학교에 다녔기 때문에 학생이 유치원부터 6학년까지 이해한 것을 확장한다. 가을 학기 학생들은 두 학기 코스의 시각예술 선택 과목의 수업 주제인 '사이의 공간The Space Between'에서 "사이의 공간이 무엇인가요? 면밀한 관찰과 의식이 어떻게 우리의 작품 제작에 영향을 미칠 수 있을까요?"라는 질문에 대답한다. 어린 미술가들은 삶의 임계 공간*을 발견하기 위해 자신의 내면을 들여다보았다. 봄 학기 선택 과목 학생들은 "예술과 행동 사이의 공간은 무엇인가?"라는 질문에 대답함으로써 사회적 책임을 고민했다. 또 하나의 선택 과목인 '웨어러블 아트'**에서 한 학생은 "우리가 몸을 장식하는 방식은 우리에 대해 무엇을 말해주는가?"라고 질문했다. 어린 미술가들은 수업에서 타투, 헤나, 옷, 모자, 장신구에 이르기까지 몸에 걸치는 것을 성찰함으로써 스스로를 표현하는 방법의 다양성에 대해 알아보았다. 학생들은 탐구과 프로젝트를 통해 인간이 신념과 가치를 표현하거나 이야기하기 위해 자신의 몸을 장식하는 특별한 방법을 조사했다.

학생 기록

학생들은 미술가로서의 성장에 대한 주인의식을 갖고, 학습 내용을 문서화하여 꾸준히 기록한다. 학생 기록은 스케치, 계획, 글쓰기, 작품 등과 함께 예술 기반 연구 공책으로 시작하며, 한 해에 걸친 다양한 유형의 학습을 연결하는 스케치, 계획, 쓰기 및 작품과 함께 프로세스폴리오 형태로 보관된다(부록 E 참조).

예술 기반 연구 공책Arts-Based Research Notebooks, ARBN(Marshall & D'Adamo, 2011)은 학생들이 관찰과 탐구를 통해 아이디어를 탐구하고 확장하는 곳이다. 학생들은 예술을 통해 탐구와 과학적 사고를 포함하는 미술적 재능을 확장한다. 예술 기반 연구 공책ARBN은 학생의 통찰력, 발견, 지도 및 아이디어로 가득한 정교한 미술가 책이 될 수 있다. 개념이나 본질적 질문에 대해 더 깊이 들어갈 수도 있다. 유치원부터 4학년까지의 학생들은 각 단원당 예술 기반 연구 공책 한 권을 사용한다. 중학생들은 학기당 예술 기반 연구 공책ARBN 한 권을 만든다.

* 임계 공간the liminal spaces: 한 상태나 장소에서 다른 상태나 장소로의 변환 과정에서 발생하는 중간적이고 임시적인 상태. 변화, 성장, 변형이 일어나는 경계 영역.

** 웨어러블 아트wearable art: 입을 수 있는 의류 또는 착용할 수 있는 보석 조각 형태의 예술작품.

제니퍼와 캐런은 예술 기반 연구 공책을 포함하여 학생들의 작품 제작 과정에서 나오는 모든 작품이 프로세스폴리오에 수집되도록 했다. 가끔은 상자 안에 보관하여 성찰하도록 했다. 학생들은 자신의 과정을 되돌아보고, 생각을 연결하고, 기능을 개선하는 방법을 배운다. 이처럼 문서화 도구를 명시적으로 사용하면 학생들이 과정에 대해 인식하는 데 도움이 되며, 감상자에게 미술작품의 이면에 있는 생각에 대해 알려준다.

이 교사들은 우리에게 계획의 힘을 보여준다. 우리는 각 학년 수준에서 '도입' 부분에 본질적 질문을 하여 중요한 핵심 주제를 설계하는 것부터 단원 목표 정렬, 목표 개발 경험에 이르기까지를 볼 수 있다. 즉, 교사가 중요한 목표를 찾는 과정이나 학생이 이해하는 데 도움이 되는 경험을 설계하는 계획 과정을 볼 수 있다. 프로세스폴리오 및 예술 기반 연구 공책을 포함한 교사의 세심한 기록화 작업은 교사와 학생 모두에게 계획하고 성찰하는 데 도움이 된다. 목표, 경험, 기록 간의 일관성을 보여줌으로써 교사가 계획을 사용하여 모든 미술 프로젝트를 의도적으로 연결하는 방법을 볼 수 있다. 또한 학생들이 여러 학년을 거치는 동안 점차 심화된 이해를 형성하는 과정을 확인할 수 있다.

학군 수준 계획 및 전문성 개발 –
매사추세츠주 액턴박스버러 학군의 초등 미술 교사들

매사추세츠주 액턴박스버러 학군의 초등학교 미술 교사들은 전문적이고 재미있는 사람들이다. 그들은 학교 전체의 단축 수업 동안 한 달에 한 번 정도씩 정기적으로 모인다. 초등학교 교사 에일린 바넷Eileen Barnett, 앤 크레스Anne Kress, 하이디 쿠퍼먼Heidi Kupferman, 베스 워너Beth Warner는 중앙 회의 장소인 실리아 나이트Celia Knight의 교실(3장 참조)에 들어선다. 학과장이자 고등학교 미술 교사 다이애나 애덤스 우드러프Diana Adams Woodruff와 함께 전형적인 미술 교사의 '물건'에 대해 이야기한다

그림 4.14 스튜디오 습관에 대해 이야기하는 액턴박스버러 교사들 – 베스 워너, 하이디 쿠퍼먼, 실리아 나이트, 앤 크레스, 에일린 바넷, 다이애나 애덤스 우드러프

(그림 4.14 참조). 다정한 인사와 간식, 종이 타월 사용을 줄이거나 빠르게 준비물을 구매하거나 주문하는 방법에 대한 가벼운 대화를 마친 후 업무에 착수한다. 이 회의에서 교사들은 몇 년 전 처음 작성된 부서의 문서를 다시 들여다본다. 이 모든 문서는 스튜디오 사고 습관 틀을 사용한다.

협의체 구성

다이애나는 약 5년 전 모든 학교 부서가 교육과정 문서를 재검토했다고 설명한다. 미술팀은 교육과정을 작성하고 학습 목표를 재정의하기 위해 교사 연수 기간을 가졌다. 규정된 교육과정이 있는 수학 같은 다른 과목보다 미술은 더 많은 유연성이 필요하다는 것을 알고 있었다. 각 교사들은 선호하는 수업을 계속 활용하거나, 학교 전통을 잇는 시간을 가지거나, 특정한 장소에서 담임 교사와 통합 수업을 할 수 있는 자유를 원했다. 한편, 중학교 교사들은 좀 더 형식적 교육과정이 이루어지길 바란다. 즉, 학생들이 초등학교에서 기본적인 일련의 기능을 학습하고 지역 중학교에 진학하기를 바란다.

✚ 공통 단원

교사들은 표준화와 자유 사이에서 행복한 타협점을 마련했다. 드로잉, 회화, 조각에서 각각 하나씩 학년당 세 개의 공통 단원을 만들었다. 이는 대부분의 교사가 단원을 계획하는 방식과 일치한다. 본질적 질문을 포함하는 재료, 더 큰 미술계와의 연결, '매사추세츠주 미술 교육과정' 틀이 포함된다. 표 4.5는 1학년 조소 공통 단원을 나타낸다. 각 학년의 다른 모든 단원은 각 교사가 개별적으로 생성한다.

표 4.5 1학년 공통 단원(조소)

빅 아이디어	• 조소작품은 다른 미술 형식과 다르다. • 미술가는 일시적 조소작품과 영구적 조소작품을 모두 만든다. • 미술가는 일시적 조소작품을 만들면서 재료를 탐색한다.
본질적 질문	• 입체작품과 평면작품의 차이점은 무엇인가? • 재료 탐색을 통해 무엇을 배울 수 있을까? • 미술가가 일시적 조소작품을 만들기로 선택한 이유는 무엇인가? • 미술가가 영구적 조소작품을 만들기로 선택한 이유는 무엇인가?
기능	• 종이, 나무, 찰흙, 철사, 재활용 재료 같은 다양한 조소 재료로 실험한다. • 연습 과정: 선택하고 조작하고 배열하고 결합한다. • 일시적 조소작품과 영구적 조소작품의 차이를 이해한다. • 조소작품 제작에 대해 설명한다.
용어	• 2차원적/3차원적, 평면/입체 • 형/형태 • 일시적/영구적 • 균형 • 선택, 조작, 정렬, 결합

미술사 연결	• 제안된 작품을 보고 토론한다. 대니얼 체스터 프렌치Daniel Chester French의 〈링컨 기념관Lincoln Memorial〉, 〈콩코드 긴급 소집병Concord Minuteman〉/데보라 버터필드Deborah Butterfield, 키티 웨일스Kitty Wales, 패트릭 도터리Patrick Doughtery, 앤디 골즈워디Andy Goldsworthy의 모래성 대회 작품 • 일시적인 조소작품을 어디에서 보았는가? (모래, 얼음, 눈, 놀이 반죽, 둥지…) • 영구적인 조소작품을 어디에서 보았는가? (동상)
평가	• 지시문을 사용한 교사/학생 토론 *지시문: 조소작품은 어떻게 만들었나요? (과정)* • 짝과 함께 지시문을 사용하여 영구적인 조소작품 보여주고 말하기 *지시문: 조소작품의 이 부분을 어떻게 만들었어요? (가리키기)*
성취기준 (매사추세츠주 미술 교육과정 틀*)	1.1 다양한 재료와 매체를 사용한다. 1.2 다양한 2차원(평면) 및 3차원(입체) 재료로 작품을 만든다. 1.3 방법, 재료 및 기술과 관련된 적절한 용어를 배우고 사용한다. 1.4 재료와 도구를 관리하고 안전하게 사용하는 방법을 배운다. 2.4 형과 형태를 위해 평면과 입체작품에서 형과 형태의 사용을 탐구한다. 3.3 기억이나 상상으로 평면과 입체작품을 만들어 이야기하거나 아이디어나 환상을 구현한다. 5.1 작품을 만들고 감상하는 과정에서 토론하는 방법을 배운다. 5.2 작품을 일반적인 범주로 분류한다. 6.1 시각예술의 예시를 볼 때, 조소작품에 대해 묻고 답한다.

✚ 학년별 학습 목표

몇 년 전 교사들이 목표와 교육과정을 계획하기 위해 만났다. 그들은 더 소규모 작업 그룹으로 나뉘었고, 각각 다른 틀로 학습 목표를 다루었다. 다시 만난 교사들은 스튜디오 사고 습관이 자신들에게 필요한 것에 가장 부합된다고 판단했다. 이 그룹은 학생들이 배우고 있는 것에 대해 이야기할 수 있는 것이 얼마나 중요한지, 과다하고 폭넓은 공식적 국가 성취기준이 초등학교의 일상적 언어에 포함되기가 얼마나 어려웠는지를 공유한다.

* http://www.doe.mass.edu/frameworks/arts/1099.pdf

다이애나 : 현실적으로 국가 성취기준에서 모든 것을 다룰 수는 없지만, 스튜디오 사고 습관에서는 가능해요. (학생들에게) 적용 가능성이 있어요. … (학생이 배우고 있는 것을) 분명히 할 수 있어야 한다고 생각해요. (만약 학생들이) 기술적인 것 외에 자기가 무엇을 하고 있는지 명확하게 설명할 수 없다면, 그것에 대해 '정말로' 말할 수 없죠. 말할 수 없으면, (미술의) 중요성을 이해할 수 없어요.

실리아 : 동의해요. 아이들이 그 용어를 사용하면 다른 사람들도 알게 돼요. 우리는 알고 있지만 많은 사람들은 모르잖아요. 학생들은 미술작품에는 정말로 많은 생각이 들어가고, 그냥 '예쁜' 것만은 아니라는 것을 이야기하고 있어요.

베스 : 그리고 아이들에게 미술에 대한 인식을 심어주기도 해요. 아이들은 미술을 하면서도 미술을 모를 수 있어요. 아이들은 (선생님이 말할 때) 고개를 끄덕이고 있었지만, (작업 맥락 내에서) 알게 해야 해요.

앤 : 말로 표현하지 못하는 학생 몇 명이 있는 것 같아요. 자신이 하는 작업에 대해 말하지 않거든요. 저는 분명히 알아차릴 수 있었어요. 제가 가르치는 아이 중에 4학년 남자아이가 있는데, 그 아이가 사고 습관을 보여주더라고요. 그 아이는 분명히 그렇게 하고 있지만, 말을 별로 하지 않아요. 그래서 저는 "말은 안 했지만 이러저러해서 **참여와 끈기**를 실행하고 있는 것 알아요? 문제를 해결했네요" 했죠. 그러자 그 아이는 저한테 미소를 짓더라고요. 아이가 사고 습관을 식별하는 데 도움이 되기를 바라고 있어요. 반드시 그런 식으로 생각할 필요는 없지만, 아이가 그렇게 하고 있다는 것을 스스로 알았으면 좋겠어요.

에일린 : 앤 선생님께서 말했듯이 개별적으로 하는 것이 매우 중요해요. 가끔 전체를 대상으로 하기도 하지만, 일대일로 하면 훨씬 의미가 큽니다. 일대일로 이야기하면, 대화가 가능하니까요.

표 4.6 액턴박스버러 미술부: 유치원에서 12학년까지 학습 목표

기능 개발	학생들은 선택된 도구와 재료를 사용하여 미술적 기술을 연습하고 적용한다.
참여와 끈기	학생들은 미술작품 제작에 문제 해결, 연습 및 인내가 필요하다는 것을 이해한다.
구상	학생들은 작품 제작의 일부를 시각화하고 계획한다.
표현	학생들은 아이디어, 감정 및 개인적인 의미를 전달하는 작품을 만든다.
관찰	학생들은 주변 세계를 보고 미적 가능성과 아이디어를 고려한다.
성찰	학생들은 자신과 타인의 작품 제작 과정에 대해 깊이 생각하고 그 생각을 표현한다.
도전과 탐구	학생들은 자기 작품 제작 과정에서 실험하고 위험을 감수하며 아이디어를 탐구한다.
미술계 이해	학생들은 미술사 및 동시대의 미술 표현법에 대해 배우고 자기 작품을 더 큰 공동체와 공유한다.

학군의 전체 유치원~12학년 미술 부서는 표 4.6에 표시된 대로 스튜디오 습관을 사용하여 학습 목표를 요약한다. 광범위한 각 학습 목표는 각 스튜디오 습관에 대한 해석과 일치하고 모든 연령대의 학생들이 다룰 수 있다.

유치원생부터 6학년까지 지도하는 교사들은 어린 학생들이 발달론적으로 적절한 방법으로 스튜디오 습관을 사용하는 데 도움을 줄 수 있도록 학년별로 더 상세한 목표를 만들었다. 이는 교사들이 계속해서 재검토하고 논의하며 필요에 따라 변경하는 살아있는 문서다. 교사들이 회의 중 깨달았듯 각 스튜디오 습관 내에서는 학년에 따른 차이가 적지만, 그러한 부분은 추가 분석을 위해 기억해둔다. 표 4.7은 여덟 가지 학습 목표에 대한 4학년의 성취기준을 보여준다.

표 4.7 액턴박스버러 학군 미술 부서: 4학년 학습 목표 및 성취기준

기능 개발	*학생들은 선택한 도구와 재료를 사용하여 미술적 기술을 연습하고 적용한다.* • 관찰화를 그릴 때 모양과 공간을 만들 수 있다. • 수채화를 그릴 때 색상과 붓 터치를 이해하고 있다. • 찰흙 그릇을 만들면서 코일 기술에 대해 이해하고 있다. • 미술과 조형 요소(초점: 선, 형, 색, 질감, 공간)에 대해 이해하고 있다. • 훌륭한 장인 정신을 보여주고 연습한다.
참여와 끈기	*학생들은 미술작품 제작에 문제 해결, 연습 및 인내가 필요하다는 것을 이해한다.* • 미술작품 제작 과정에서 어려움을 겪을 수 있으며, 해결책을 찾기 위해 미술적 지식이 필요하다는 것을 이해한다. • 단원 기능을 집중적으로 연습한다. • 집중력을 유지하고 당면한 과제에 집중할 수 있다.
구상	*학생들은 작품 제작의 일부를 시각화하고 계획한다.* • 작품 제작(시각화, 계획, 구현) 이전과 작품 제작 중에 사고 과정이 있다는 것을 이해한다.
표현	*학생들은 아이디어, 감정 및 개인적인 의미를 전달하는 작품을 만든다.* • 개인적인 관심사를 바탕으로 작품에서 아이디어를 전달할 수 있다.
관찰	*학생들은 주변 세계를 보고 미적 가능성과 아이디어를 고려한다.* • 자신이 관찰한 것을 미술작품으로 '재현'한다. • 자신의 작업 과정을 성찰하여 얻은 지식을 적용한다.
성찰	*학생들은 자신과 타인의 작품 제작 과정에 대해 깊이 생각하고 그 생각을 표현한다.* • 작품에 대해 성찰할 수 있다. • 작품에 대해 토론할 수 있다. • 자기 작품을 평가할 수 있다.
도전과 탐구	*학생들은 자기 작품 제작 과정에서 실험하고 위험을 감수하며 아이디어를 탐구한다.* • 새로운 기술, 과정 및 재료를 기꺼이 적용한다. • 다양한 선택을 기꺼이 고려한다.
미술계 이해	*학생들은 미술사 및 동시대의 미술 표현법에 대해 배우고 자기 작품을 더 큰 공동체와 공유한다.* • 자기 작품을 공유하는 것이 미술 제작의 일부임을 이해한다. • 작품을 공유할 때 적절하게 상호작용하는 능력을 보여준다. • 미술이 문화적 맥락에서 만들어지는 것임을 이해한다.

✚ 학습 목표 전략

학습 목표는 교사가 초등학생들에게 길러주고자 하는 사고와 행동을 분명히 나타내고 있다. 교사들은 학생들을 지원하기 위해 전략으로 가득한 문서를 작성했으며, 스튜디오 씽킹을 촉진하기 위해 이러한 전략을 공유했다. 처음에 이 문서는 유치원생~2학년을 위한 것과 3~6학년을 위한 것으로 분류되었다. 그러나 대부분 발달 단계에 따라 약간씩 조정하여 모든 학년에서 사용할 수 있는 전략으로 합쳐졌다.

교사들은 여덟 가지 스튜디오 습관 학습 목표 각각에 대한 목록을 검토하는 회의로 많은 시간을 보냈다. 이는 간과했던 전략을 기억하고 아직 목록에 없는 새로운 전략에 대해 이야기를 나눌 기회였다. 다이애나는 "지금 상황은 이것을 처음 작성했을 때와 같지 않습니다"라고 이야기하면서 모든 새로운 추가 사항 및 변경 사항을 기록한다. 이 목록은 1장에 제공된 목록과 유사하다. 표 4.8은 액턴박스버러 학군의 교사들이 만든 **참여와 끈기**에 대한 문서를 재구성한 것이다. 회의에서는 특정 전략이 하나의 습관 또는 다른 습관에 가장 효과적인지에 대한 유익한 토론과

표 4.8 액턴박스버러: '참여와 끈기' 전략

- 학생의 흥미를 끌 수 있는 선택지를 제공하라.
- 집중 시간 사이에 휴식 시간을 권장하라.
- 서두르지 않도록 격려하라.
- 학생들의 지속 시간을 인식하고 인정하라.
- 포기하지 않는 것에 대해 이야기하라.
- 끈기를 위한 브레인스토밍 전략: 좌절감을 느끼면 어떻게 해야 할까요?
- 어떻게 끈기 있게 작업했는지에 대해 짝과의 대화 기회를 제공하라.
- 포스터 게시: 만약 잘 안 되면, 어떻게 해야 할까요?
- 실수는 가능성이며 학습 과정의 일부임을 강조하라.
- 질문하기: 문제를 해결하거나 비전과 기대치를 충족하기 위해 무엇을 변경해야 할까요?
- 출구 티켓 제공하기: 오늘 어떻게 지속했나요?
- 학생들에게 오늘 어떻게 인내심을 발휘했는지 이야기해보도록 하라.

함께 다른 사람들이 시도한 경험을 나눈다. 단순한 행정 업무가 아니라, 서로에게서 배우고 전문적으로 성장할 기회다.

전문성 개발

바쁜 일정임에도 교사들이 만나는 시간은 매우 중요하다. 미술 교사는 학교 안에서 유일한 예술가인 경우가 많다. 미술 교사는 같은 역할을 하는 다른 사람들을 만날 기회를 가짐으로써 종이 타월을 사용하는 것 같은 일상적인 대화에서 더 큰 프로그램 전체 학습 목표에 이르는 중요한 이슈를 생각해볼 수 있다. 이것은 모든 교사에게 필요한 중요한 전문적 지원이다.

액턴박스버러 학군 교사들은 학습 목표에 스튜디오 습관을 사용하기 위한 전략에 대해 논의한다. 더 나아가 질문, 이야기, 도전 과제 및 교수법의 장점을 공유한다. 그들은 스튜디오 습관에 초점을 맞춘 공동 연구에 참여한다. 때때로 이러한 습관이 다른 대화가 시작되는 출발점이 된다.

교사들이 성찰에 대해 논의하기 시작할 때, 다이애나는 앤의 교실을 방문하는 동안 관찰한 것을 공유한다. 앤은 수업 종료 시간 몇 분 전에 3학년 학생들에게 어떤 것이 잘 어울리고 그 이유는 무엇인지 생각해보라며 몇 장의 미술작품 엽서를 게시했다. 교사들은 이것이 학생들에게 성찰 또는 관찰하도록 하는 활동인지 이야기한다. 교사들은 처음에는 의견이 분분하다가 둘 다라는 것을 깨닫는다. 교사들은 스튜디오 습관 관점을 통해 활동에 대해 논의할 때 여러 습관이 함께 포함되어 있음을 알고, 각 습관의 의미에 대한 명확성을 이해한다.

나중에 교사들은 **도전과 탐구**를 고려하여 각 습관의 세 가지 요소인 기능, 성향, 기민성에 대한 대화에 우연히 참여하게 된다. 방문한 질 호건이 다른 학습 목표와 달리, 기능보다 태도(의지)에 중점을 둔 "새로운 기술, 과정, 재료를 기꺼이 적용하려고 한다", "기꺼이 다양한 선택을 고려한다"라는 학습 목표의 언어 표현에 주목한다. 교사들은 기능 관점(예를 들면, **기능 개발: 기술**)을 통해 먼저 확인될 가능성이 더 큰 몇몇 스튜디오 습관을 생각해본다. 또 다른 교사들은 성향 또는 기민성 관점(예를 들면, **도전과 탐구**)을 통해 바꿔 생각해본다. 대화가 어수선하고 명확하지 않아 혼란을 더 주었을 수도 있지만, 문제가 해결되는 것만이 능사는 아니다. 다른 미술 교사들과 이야기할 기회는 성찰할 가능성을 열어준다. 이것이 핵심이다. 미술 교사는 비슷한 환경과 어려움을 공유하여 생각이 같은 사람들을 만나면 깊이 있는 분석을 할 수 있다. 아울러 담임 교사나 다른 전공 교사와는 달리 연대감을 느낄 수 있다.

액턴박스버러 학군 초등학교 미술 교사들은 스튜디오 씽킹을 생각하며 가르치는 일에 헌신한다. 동시에, 개인과 그룹으로 만나 성장할 기회를 가진다. 그들의 이야기는 미술 매체와 주제별로 교육과정을 구성하는 전통적인 방법을 보여준다. 그리고 학생들의 미술적 사고를 평가하는 방법으로서 스튜디오 사고 습관을 사용한다.

생각해보기

1. 계획할 때 고려해야 할 모든 사항에 대해 생각하라(이 중 일부에는 주 또는 국가 성취기준, 학군 교육과정, 스튜디오 사고 습관, 스튜디오 구조, 주제별 내용 또는 교실 통합이 포함될 수 있음). 이러한 고려 사항의 우선순위와 이유는 무엇인가? 교사로서의 개인적인 가치에 더 잘 맞도록 그것들을 어떻게 바꿀 수 있을까?

2. 좀 더 시각적인 사람이라면 계획할 때 고려하는 모든 항목과 상호작용 방식을 적어보라. 당신이 좀 더 언어적인 사람이라면, 당신이 고려하는 것과 그러한 것들이 어떻게 상호작용하는지 보여주기 위해 그림지도를 그려보라. 비전형적인 접근 방식을 사용할 때, 당신에게는 어떤 변화가 있는가?

3. 니콜은 일부 학생들을 위해 체계적으로 지원한다. 교실에서 어떻게 지원하고 있으며, 어떤 영역에서 학생들을 더 잘 도와주고 싶은가? 누가 당신을 도울 수 있는가?

4. 위니타는 학생의 관심과 대중문화의 유행을 잘 반영하기 위해 계획을 유연하게 세웠다. 자신의 수업 과정 중 유연성이 나타나 있는 부분을 살펴보라. 학생들의 삶에 관련성을 갖기에 충분한가? 지금 유행하는 것 중 교실에 의미 있게 통합할 수 있는 것은 무엇인가?

5. 캐런과 제니퍼 학교의 퀘이커 핵심 가치는 계획과 교육의 모든 요소에 반영된다. 당신이 근무하는 학교의 명확한 가치는 무엇인가? 미술 프로그램에서 어떻게 나타나는가?

6. 액턴박스버러 학군 교사들은 정기적으로 모여 아이디어를 공유한다. 새로운 아이디어를 공유하고 학습하기 위해 참고가 되는 사람은 누구인가? 학교나 학군에 생각을 공유할 사람이 없는 경우, 해당 지역이나 소셜 미디어에서 연락하거나 비대면 매체(스카이프Skype)를 통해 '만날' 사람이 있는가? 당신의 작품에 관해 이야기를 나누며 교육과정 문제에 대해 기꺼이 함께 생각을 공유할 수 있는 미술가가 있는가? 이 책을 읽고 토론하고 싶은 소규모 그룹의 사람들이 있는가?

EVALUATING STUDIO THINKING

3부
스튜디오 씽킹
평가와 공유하기

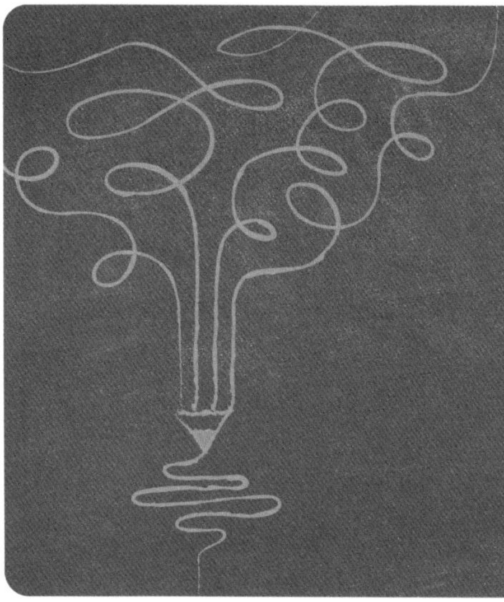

5장 스튜디오 씽킹 평가

> 다른 분야에서 결과물이나 과정을 평가하기 위한 방법론은 예술 분야에서 유용하기도 하지만 그렇지 않은 경우가 많다.
>
> – 예술위원회인증협회(2007: 7)

이 장에서 우리는 미술에서의 성가신 문제에 직면한다. 위 인용문에서 알 수 있듯이, 대학의 미술교육자들은 초등학교 미술 교사들과 마찬가지로 미술을 평가하는 방법에 대해 고민하고 있다. 교사들은 결과나 과정을 꼭 평가해야 할까? 어떤 결과와 어떤 과정을 평가해야 할까?

무엇을, 어떻게 평가하는가는 교사, 관리자의 가치관뿐만 아니라 사회 전체의 가치를 보여준다. 무엇을 평가할지 선택할 때, 우리는 가장 중요한 가치를 두는 것이 무엇인지 골라야 한다. 결국 "우리가 소중히 여기는 것을 측정한다"라는 표현처럼, 우리는 평가하기로 정한 것에 더 가치를 둔다. 우리가 지닌 가치를 토대로 평가 과정을 만들어야 하며, 가치가 가장 우선시되어야 한다. 그러므로 우리는 미술교육 분야의 사람들이 지닌 가치가 무엇인지 정할 필요가 있다.

우리의 관점에서 미술교육의 가장 중요한 결과는 모든 학생이 미술가처럼 생각할 수 있는 능력이다. 이것이 바로 우리가 가장 소중하게 여기고 평가해야 하는 '미술적 사고 과정artistic thinking process'이다. 우리는 미술적 사고가 단지 일련의 기능, 최종 작품, 작품들의 포트폴리오에서만 나타날 수 있다고 생각하지 않는다. 오히려, 미술적 사고 과정을 이해하기 위해서는 학생들의 동기와 스튜디오 사고 습관을 사용하는 능력을 통합적으로 살펴보아야 한다. 이처럼 우리는 모든 스튜디오 사고 습관을 사용하여 학생들의 사고를 평가해야 함을 지지한다.

질적 평가

여기서의 초점은 형성평가*에 있다. 평가의 목표는 교수-학습에 도움이 되고자 하는 것이며, 형성평가가 그러한 역할을 하기 때문이다. 형성평가는 학생들에게 스스로의 성장을 이해하게 하고 학부모에게는 아이들이 무엇을 배우고 있는지를 이해하게 한다. 또한 학교 관리자에게는 미술수업을 통해 학생들이 얻게 되는 중요한 사고 성향을 인식하게 한다.

분명히 일부 독자는 최종 판단에 '합산'되며 일반적으로 등급에 반영되는 총괄평가**에 대해 알고 싶어 할 것이다. 우리는 총괄평가가 꼭 필요하다거나 누군가에게 도움이 된다고 생각하지 않는다. 오히려 학생들과 교사들에게 나쁜 영향을 주는 사례들을 본다. 학생들이 잘하지 못한다는 것을 미리 생각하게 함으로써 미술에 관심을 잃게 만든다. 또한 미술적 탐구에 모든 학생이 참여하게끔 하는 교사의 사기를 꺾는다. 또, 미술적 사고에서 중요한 질을 평가하는 대신, 쉽게 볼 수 있는 것(기능, 미술사 지식, 어휘력)만 평가하도록 한다. 잠재적인 단점에 비해 장점이 많기 때문에

* 형성평가formative assessment: 수업 과정 중 수시로 이루어지는 평가.

** 총괄평가summative assessment: 형성평가와 대조적으로 정해진 기간의 학습이 끝난 후 교수학습의 목표 달성 여부를 보는 평가.

우리는 미술에서 총괄평가를 주장하는 사람들에 반대한다. 그 주장은 납득하기 어렵다.

✚ 형성평가란 무엇인가?

형성평가는 관찰을 통해 학생들에 관한 정보를 수집하고, 문서화하고, 해석하고, 다양한 사람과 결과를 소통하는 것을 포함한다. 많은 미술 교사들은 이미 이런 일들을 하고 있다. 학생들의 작업을 보면서 '정보를 수집'하고(학생들이 시시각각 무엇을 만드는지 관찰하기), 학생들과 이야기하거나 성찰하며, 작품 소개글을 작성하도록(학생들이 무엇을 말하는지 듣고, 무엇을 쓰는지 읽기) 하며, 수업에서 학생들이 어떻게 반응하는지를 관찰한다(학생들이 무엇을 하는지 보기). 보통 교사들은 사진, 비디오, 메모, 리스트, 표로 수집한 일부 정보를 '문서화'한다. 다음으로, 학생들의 사고를 설명할 수 있는 관찰 내용들을 '해석'한다. 이는 교사와 학생이 현재 학습 과정에 대해 소통하며 이해하고 단서들을 통합할 때 일어난다. 끝으로, 여러 사람과 함께 평가 내용을 '소통'한다.

✚ 질적 평가를 위한 지침

이 절에서는 교사가 질적 평가를 계획할 때 참고할 수 있는 가장 중요한 지침에 대해 서술하고자 한다(Blythe et al., 1998; Wiske, 1998). 이것들은 최종적 판단(총괄평가)을 위한 것이라기보다는 '학습을 잘하게 하기' 위한(형성평가) 것이다.

학습 목표를 보여주어라 학생들은 무엇을 배워야 하는지 알아야 할 필요가 있다. 교사가 교실에 학습 목표를 게시하고 목표와 관련하여 작업에 대해 토의하도록 할 때, 학생들은 목표를 알게 된다. 목표는 성취기준에 연결되고, 단원이나 학습 수준 목표, 지역교육청 기준은 교사가 만든 표, 메시지, 형식으로 중요해 보이도록 게시된다. 교사가 학습 목표를 보여주고 이를 자주 언급하는 것은 학생이 자신의 사고 과정에 관해 이야기하기 위한 추가적인 용어를 습득할 수 있게 하여 메타인지를 강화한다.

질적으로 평가하라 미술적 사고는 수량화된 점수를 산출하는 필기시험으로는 제대로 측정하기 어렵다. 교사는 학생들이 자신이나 다른 사람의 미술에 대해 말할 때 이야기 내용이나 관찰한 것을 토대로 질적으로 평가해야 한다. 학생들이 형성평가에 참여하면 자동으로 질을 판단하는 능력이 개발된다. 교사는 미술가들이 무엇을, 어떻게 하는지에 대해 지속적인 토론을 촉진하여 전문적인 미술가들처럼 학생들이 자기 작품에 대해 친구들에게 이야기하고 전시회를 위한 작품 소개글을 작성하거나[미술작품에 관한 대화], 공동 전시를 기획할 수 있도록 한다[전시]. 학생들은 기성 작가의 작품뿐 아니라 다른 사람들의 작품을 평가하는 방법을 배우면서, 관람자를 만족시키는 특성이 무엇이고 특성 중 무엇이 다를 수 있으며, 무엇이 다른 사람의 사고나 궁금증을 유발하는지를 알게 된다. 따라서 학생들은 수업이나 전시 중[전시] 공개 토론을 통해 자신들의 작품과 생각이 타인에게 중요하다는 것을 깨닫고, 그 결과, 작업의 질에 대한 중요성을 더 인식하게 된다.

진행 중인 작업을 평가하라 최종 작품만 평가하는 것은 불충분하다. 왜냐하면 결과물에서는 미술적 사고의 일부 특성만 드러나기 때문이다. 교사는 학생의 사고에 대한 미술 평가에 초점을 두기 위해 미술작품을 만들고 보고 토론하는 과정을 평가할 필요가 있다. 학생들이 어떻게 결정을 내리고 수정하고 평가하는지를 고려해야 한다. 즉, 어떻게 참여하고 지속하고 탐구하고 성찰하는지, 어떻게 다른 미술가들의 작품과 자신의 작품이 연결되는지, 그리고 어떻게 가능한 해결책들을 상상하고 선택하는지를 고려해야 한다. 이러한 질적 요소들은 완성된 그림, 조각 등 어떠한 최종 작품에서도 눈으로 볼 수 없다.

지속적으로 평가하라 교사는 평가를 끊임없이 지속되는 것으로 생각해야 한다. 평가를 위한 증거 자료들을 모을 기회는 학생이 출석했을 때와 수업 전후 지속적인 관찰을 통해 일어난다. 교사는 대부분 **학생 작업** 단계와 **미술작품에 관한 대화** 시간에 관찰하게 된다. 이 시간은 학생들이 자기 생각을 활발하게 구성하고 드러내는 시간이기 때문이다. 교사는 이렇게 관찰한 바를 평가로 전환한다. 학생의 작업 과정 관찰을 토대로 교사는 학생의 수행을 해석하고, 평가에 대한 잠정적 가설을 세우고, 어떻게 평가할지 실행 계획을 세워 학생이나 다른 사람과 소통한다. 또한 지속적인 형성평가는 교사가 교수법과 교육과정을 연구하는 데 도움이 된다. 교사는 평가로부터 얻은 정보를 통해 학생들에게 의미 있는 것과 바꿀 필요가 있는 것이 무엇인지를 확인할 수 있다.

장기적으로 평가하라 교사는 학생들의 성장을 이해하기 위해 반복적으로 학생들의 사고를 확인하려고 노력해야 한다. 미술 교사는 종종 학생들을 몇 년에 걸쳐 만나기도 하는데, 이는 장기적인 변화를 관찰할 기회가 된다. 장기간에 걸쳐 학생 사고를 평가하는 것은 말, 행동, 진행 중인 작품을 끊임없이 관찰하고 해석함으로써 미술적 사고의 향상을 확인하는 데 필요하다. 학생들이 시간이 지남에 따라 만든 작품들과 접근법을 비교하면, 예년에 심은 씨앗이 어떻게 자라고 열매 맺기 시작하는지를 알아낼 수 있다. 어떤 교사들은 온라인이나 실물 포트폴리오에 들어 있는 성찰 내용과 매년 찍은 사진들을 통해 학생 작품을 수집한 것을 검토하기도 한다(부록 C와 E 참조).

평가를 전략적으로 관리하라 대부분의 초등 미술 교사들은 매주 수백 명의 학생들을 가르치므로 시간적인 여유가 없어 이런 평가를 자주 엄격하게 할 수는 없다. 그러나 이 장에 소개하는 사례와 같이 혼자서 혹은 그룹으로 한 학생을 깊이 있게 분석할 수 있다. 정기적으로 몇몇 학생을 자세히 살펴보면 교사의 평가 능력이 향상되어 교실 수업의 질을 즉각적으로 식별할 수 있게 된다. 따라서 모든 학생을

대상으로 일괄적인 평가를 하지 말 것을 권장한다. 모든 학생을 평가하기 위해서는 교사의 통찰이 빨리 사라질 수 있으므로 주목할 만한 것을 발견하는 즉시 메모하는 것이 도움이 된다(평가를 위한 문서와 해석을 어떻게 관리하는지에 대한 예시는 부록 E 참조).

평가를 근거로 주장하라 이는 당신의 가치관이다! 형성평가는 미술에서 일어나는 '사고'와 '이해'를 강조하므로 다른 학교 구성원들과 더 넓은 범위의 공동체에 강력한 지지를 요구하는 도구로 사용된다. 교사가 학교 및 더 큰 공동체와 함께 진행 중인 평가를 통해 수집한 자료를 활용하여 미술교육의 장점을 이야기하는 것이 중요하다(6장 참조).

✚ '스튜디오 사고 습관' 보기: 켈리Kelly의 폭포

교사들이 학생의 사고를 평가하기 위해 대화 과정에서 어떻게 스튜디오 씽킹 틀을 사용할 수 있는지 보여주기 위해 5학년 학생인 켈리에게 초점을 맞추었다. 다이앤 자퀴스는 5년 동안(유치원~4학년) 켈리의 교사였으며, 그동안 작품 샘플을 수집했다. 초등학교 시절, 켈리는 자연을 주제로 하는 평면 작업을 좋아했으며, 종종 색, 패턴, 질감을 탐구했다[기능 개발: 기술]. 이제 5학년이 된 켈리는 4학년 때 그린 폭포 그림을 교사와 함께 다시 본다(그림 5.1 참조). 다음 문단부터 켈리가 한 말은 기울임체로 표시한다. 로이스 헤틀랜드와 다이앤은 자신과 켈리의 대화 녹취록을 검토하면서 성찰한 내용을 곳곳에 표시했다. 로이스와 다이앤은 스튜디오 습관에서 켈리가 무엇을 했는지, 무엇을 하지

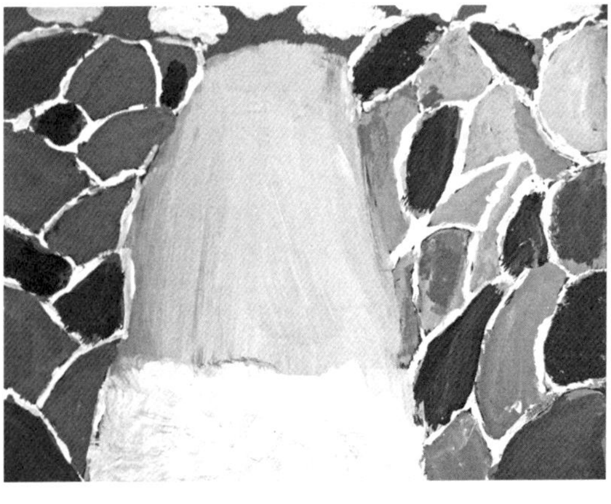

그림 5.1 켈리의 폭포 그림

않았는지, 교사가 그녀의 미술적 성장을 지원하기 위해 무엇을 할 수 있었는지, 또는 했을 수 있는지를 탐구하고 있다. 처음에 다이앤과 로이스는 켈리가 사용한 스튜디오 습관을 간단히 확인한다. 그 후에 대화는 스튜디오 습관의 관점에서 켈리의 작업을 이해하는 것으로 이동한다.

켈리: *(제가 이 그림을 고른 이유는) 제 친구들이 모두 풍경화를 그리는 것 같아서예요. 우리 아빠한테 보트가 하나 있어서… 제가 언젠가 폭포를 봤던 게 기억나요* [관찰로부터의 구상]. *그리고 제 남동생이 폭포를 그렸는데, 저한테 방법을 알려줬어요* [미술계 이해: 공동체]. *그 폭포 이미지가 떠올랐고* [구상], *이걸 진짜 그리고 싶었어요* [참여와 끈기의 연결]. *그림을 그릴 때마다* [기능 개발: 기술] *정말 끝까지 하고 싶었어요* [참여와 끈기]. *그림 그릴 때 질감을 더 표현하는 게 좋아서* [구상] *폭포 아랫부분에 표현했어요. 그 질감이 막… 더… 물처럼 보이게 하는 것 같아요* [표현].

다이앤: 켈리는 자기 아이디어를 한번 결정한 후에는 그것을 계속해서 몇 주 동안 생각해요 [참여와 끈기]. 이 그림에서 켈리가 물의 질감처럼 거품을 그리려고 시도한 것처럼 보여요.

로이스: 그게 **표현**일까요? '거품'에 대한 아이디어를 표현하려고 했나요?

켈리: *폭포의 아랫부분을 더 뭉실뭉실하게 만들었고, 물이 더 사방으로 튀는 것처럼 보이게 했어요. 폭포 윗부분처럼 직선으로 내려오는 게 아니잖아요. 일직선으로 내려오다가 아랫부분에서는 자기 맘대로 엉망진창이 돼요* [성찰: 질문과 설명].

다이앤: 켈리는 마음속에 그림이 어떻게 되어야 하는지를 생각하고 있어요. 그래서 다시 돌아가 [구상; 성찰: 평가] 조정했어요 [표현].

로이스: 여기서는 자기가 구상한 것과 비슷하게 하려고 **표현**을 활용했어요.

다이앤: 맞아요. 폭포의 모습이 어때야 하는지에 대한 생각을 표현하고 싶어 해요.

켈리: *저는 바위 색깔을 바꾼 방법이 좋아요* [성찰: 평가]. *왜냐하면, 폭포를 보면* [관찰; 구상] *그 주변의 모든 바위가 모두 같은 색이 아니거든요. 그래서 색깔을 바꾸려고 했어요* [기능 개발: 기술]. *색을 섞어서 바위의 차이를 보여주려고 그사이에 선들을 그려 넣기 시작했어요* [기능 개발: 기술; 구상; 표현]. *여기서 실수를 많이 했지만, 다 고쳤어요* [도전과 탐구].

로이스: 저는 켈리가 가족들과 폭포를 봤던 기억에 대해 생각했어요 [관찰]. 바위는 모두 다 같은 색이 아니었기 때문에 켈리는 그림 그릴 때 만족스럽지 않은 거죠 [성찰: 평가]. 왜냐하면 자기의 실제 [관찰] 기억과 맞지 않았으니까요 [구상]. 켈리는 실제를 표현하고 싶어 한 거예요.

다이앤: 켈리는 자연의 폭포에 있는 바위가 모두 다른 색이라고 말했어요 [구상]. 자연주의naturalism를 나타내고 싶었나 봐요 [표현].

로이스: 그 순간에 관찰했다면, 더 많은 색을 봤을 거예요 [관찰]. 실제로 관찰한 것보다는 기억하는 색들이 덜 풍부한 것 같아요.

켈리: *처음에 이걸 만들었을 때는 선 없이 바위를 그리고 모두 같은 색으로 칠했어요. 나중에 선을 그리고 색을 바꾸기 시작했어요* [관찰; 성찰: 평가; 기능 개발: 기술에서 표현으로]. *그게 이상하게 보여서* [성찰: 평가] *실수였긴 하지만* [도전과 탐구], *그냥 모든 바위를 다른 색으로 칠해야겠다고 생각했어요* [도전과 탐구]. *그러고 나서 폭포에 색을 칠하기 시작했고* [관찰], *덧칠했어요. 폭포를 덧칠하고* [도전과 탐구], *다른 수업에서도 모두 다시 해야 했다고 생각했죠* [참여와 끈기]. *왜냐하면 모두 다른 색이었으니까요* [성찰: 평가]. *그림에서 폭포가 어떻게 다른 색들이었는지 보여주고 있어서* [구상] *좋은 것 같아요* [성찰: 평가]. (그녀가 그린 폭포는 다양한 파랑의 명암이나 톤을 나타내고 있기는 하지만, 흑백 인쇄본이라서 확인하기 어렵다.)

로이스: 폭포 속에서 번지는 바위의 색에 대한 문제를 해결하려고 했어요. 이게 **도전과 탐구**예요.

다이앤: 이게 어떻게 **도전과 탐구**인지 설명해주세요.

로이스: **도전과 탐구**는 실수하면서 배우는 거예요. 여기서 켈리는 자기가 계획하지 않았던 실수를 알아차렸어요. 실수를 만회하려고 폭포의 색을 다양하게 만들었죠. **도전과 탐구**는 실수했을 때 이전으로 되돌리려고 하는 것이 아니라, 그걸 기회로 삼는 거예요. 켈리는 원래 아이디어에 집착하여 절망하지 않고, 실수에 대한 해결책으로 폭포를 다시 칠했어요. 유연하게 미술적 접근을 한 거죠.

다이앤: 아직 잘 모르겠어요. 저는 켈리가 실수를 통해 참여와 끈기를 활용했고, 실수를 만회하려고 **기능 개발: 기술**을 활용한 것 같은데요.

로이스: 켈리가 바위들을 가지고 얼마나 씨름하면서 작업을 변화시켰는지 보세요. 다양한 관점에서 보려고 하거나 다양한 스튜디오 습관(**도전과 탐구**, **참여와 끈기**, **기능 개발: 기술** 등 아마 더 많은 것)을 활용했을 거예요. 모든 게 포함되면서도 매우 빠르게 일어나고 있어요. 하나의 묶음이죠(1장에서 소개함). 너무 많은 것이 포함되어 있어서 때로는 정확히 특정 행동이 어떤 스튜디오 습관인지 콕 집어 말할 수 없기도 해요.

다이앤: '묶음clusters'에 대해 좀 더 설명해주세요.

로이스: 이런 의미예요. 미술가들의 작업에서는 미술적 사고 성향이 빠르게 바뀌어요. 예를 들어, 관찰한다고 해서 그냥 관찰만 하는 것이 아니라 한 가지 습관에서 다른 습관으로, 즉 **관찰**, **구상**, **기능 개발**, **표현**, **도전과 탐구**, **미술계 이해**, 그리고 다시 **관찰**로 이동하는 거죠. 이러한 움직임들은 길이거나 자취이거나 흐름이에요. 각각의 습관적 작업들은 진행 중인 과정에서 다음 단계를 위한 발판으로 작용하지요. 이런 걸 '스튜디오 씽킹'이라고 불러요. 그렇지만 때로는 그 길에서 함께 작용하는 습관의 작은 모음collection이 있기도 해요. 이런 걸 '묶음'이라고 부르죠. 두 개 이상의 습관이 서로에게 영향을 주며 작용해요. 예를 들면, **표현**은 만드는 것을 의미하는데, **기**

능이라는 단어도 비슷한 의미로 쓰이지요. 예술가들은 종종 **표현**과 **기능 개발: 기술** 사이를 왔다 갔다 해요. 그래서 만약 어떤 아이디어를 가지고 학생 작업을 보면, 저는 그 재료가 지닌 다양한 방식들을 제안해줍니다. 색, 연필 진하기, 구성과 배치를 가지고 놀게끔요[기능 개발: 기술]. 예를 들면, 그 재료로 표현하면 좋겠다고 생각하는 것을 말하게 해요[표현]. 이건 **표현**과 **기능 개발: 기술**의 묶음이지요. 그렇지만 만약 그 학생이 그 재료를 너무 좋아한다면, 판지를 예로 들면, 저는 그걸 가지고 놀게 하겠어요[도전과 탐구]. 새로운 기술을 개발하기 위해 무엇을 할 수 있는지 볼 수 있게요[기능 개발: 기술]. 그리고 이 다른 효과들이 전달할 수 있는 것에 대해[표현] 생각하게 하는 거죠[성찰: 질문과 설명]. 그러니까 여기서 우리는 **도전과 탐구**가 **기능 개발: 기술**, **성찰: 질문과 설명**, **표현**과 묶여 있는 것을 볼 수 있어요. 묶음에 포함된 습관의 개수는 정해져있지 않아요. 두 개도 될 수 있고, 여덟 개도 될 수 있어요.

이처럼 한 작품에 대한 확장된 대화는 교사가 세심한 주의를 기울이고 학생들이 어떻게 사고하는지를 알아차릴 수 있는 능력을 키워준다. 교사가 모든 학생에게 그렇게 해야 하는 것은 아니다. 그렇게 많은 학생에게 적용하는 것은 불가능하다. 핵심은 다양한 스튜디오 습관에 익숙해지는 것이다. 그러므로 매주 성찰문을 작성해보거나, 다른 교사들과 함께 월별 스튜디오 씽킹 모임을 만들어 학생의 작업을 함께 보는 것이 좋다.

평가와 동기부여

여기서 우리는 예술교육에서의 가치에 기초한 형성평가에 대한 접근 방식을 제안한다. 질적 예술교육의 목표는 모든 학생이 발달 수준에 적합한 균형 잡힌 미술적 사고를 개발하는 것이다. 이는 학습하는 것, 즉 교육과정이 학생들에게 모든 습관을 사용할 기회를 주고, 기능을 사용하게 하고(할 수 있는가?), 사용하고자 하게 하고(하려고 하는가?), 사용할 때 알아차리도록 해야 한다(언제, 왜 하는지 아는가?)는 것을 의미한다. 학생들은 전문 미술가들처럼 습관이 하나에서 다른 하나로 물 흐르듯 원활하게 사용할 수 있어야 한다. 예를 들어, **미술계 이해**는 학생들에게 다른 미술가의 아이디어를 제공하여 참여하게 한다. **참여**는 지속하게 하고, 다른 미술가의 작품을 더 많이 보게 하는 식으로 계속하여 순환한다. 이것은 하나의 묶음이 된다. 또 다른 습관의 묶음에서, **관찰**은 학생들이 목표로 하는 현실 세계를 그대로 모방하는 기능을 개발할 수 있게 한다. 이는 다시 **관찰**, **기능 개발: 기술**, **관찰**로 순환한다. 그리고 미술가는 자신이 하는 것을 명확히 하고 개선하기 위해 성찰하며, 이는 다른 습관들과 묶음을 이룬다. 교사들은 학생들에게 미술가처럼 생각하는 방법을 가르치기 위해 이 통합 과정을 일부러 느리게 진행하여 한 습관이 어떻게 다른 습관을 이끄는지, 어떻게 한 습관이 다른 습관을 강화하는지를 보여주어야 한다.

스튜디오 씽킹 교실에서 교사의 역할은 학생들에게 충분한 동기를 부여하여 작품을 만들고 모든 습관을 개발하는 데 참여하도록 하는 것이다. 우리의 관점에서는 학생들의 강점을 기반으로 하는 것이 가장 좋은 방식이다. 약점에 초점을 두면 학생들이 참여하지 않게 하는 원인이 된다. 우리는 형성평가의 핵심으로 학생 참여와 피드백의 원천이 되는 동기부여를 제안한다. 학습과 평가에 대한 담론들에서는 너무 오랫동안 동기부여를 주요 요인으로 고려하지 않은 듯하다.

"어떤 학생이 매우 열심히 노력했기 때문에 그 노력을 인정해야 한다"는 교사와 "노력한 것만으로 A를 줄 수는 없다. 작품의 질은 고려하지 않는가?"라고 이야기하는 교사들 사이의 논쟁은 오랫동안 이어져왔다. 이러한 덫에 빠져서는 안 된다.

점수를 매기기 위해 해야 할 일들을 하되, 가능한 한 아이들에게 도움이 되는 방식으로 해야 한다. 그런 다음 교사는 아이들이 학습하도록 어떻게 동기를 부여할 것인지에 진짜 에너지의 초점을 맞추어야 한다.

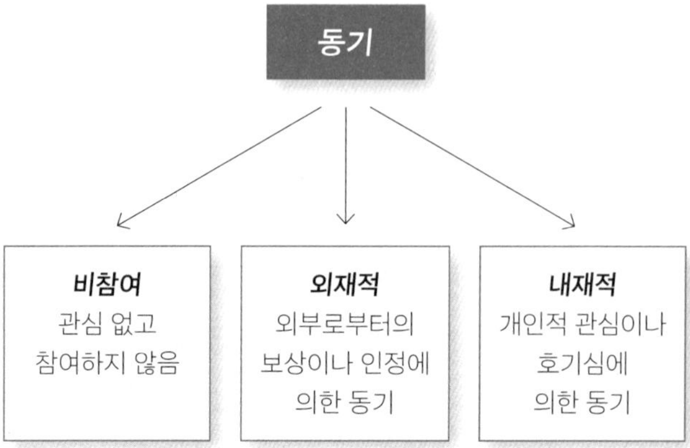

그림 5.2 진정한 학습의 동력이 되는 동기

첫째, 학생들의 동기를 알아차려라. 학생이 전혀 동기부여가 되어 있지 않거나 참여하지 않았는가? 만약 동기부여가 되어 있다면 외재적 동기(예를 들어, 숙제이기 때문에 완료한 숙제)인가, 내재적 동기(예를 들어, 학생이 흥미가 있어서 완료한 숙제)인가?(그림 5.2 참조)

학생이 가진 동기의 근원에 대한 솔직한 평가로 시작하는 것이 정확하지 않을 수 있다. 내재적 동기가 있는 학생은 외부 관찰자에게 그리 긍정적으로 보이지 않을 수 있다. 겉으로 보기에 산만하거나 가만히 있지 못하는 것처럼 보이기 때문이다. 정리 시간에도 작업을 멈추지 않는 학생은 반항하는 것이 아니라 자신의 작업에 몰두하는 것일 수 있다. 반면, 외재적 동기가 있는 학생은 순응적이고 단정하기 때문에 외부 관찰자의 시선에서 긍정적으로 보일 수 있다. 이러한 학생은 지도하기에는 편하지만 당근과 채찍이 없어지면 미술적으로 사고하지 않을 수도 있다는 점이 우려된다.

이렇게 동기의 근원에서 시작하는 방식으로 생각하는 것은 미술수업에서 학습을 진지하게 받아들이도록 하는 데 결정적으로 중요한 변화다. 동기부여는 모든 진정한 학습의 동력이라고 볼 수 있다. 동기 없이 중요한 일은 일어나지 않으며, 아무것도 진행되지 않는다. 내재적 동기가 부여될 때, 학생들은 일상에서 적극적으로 미술적 행동을 통합하려고 한다. 또한 미술가가 되든 되지 않든 간에 일생의 미술적 사고의 자원이 되는 스튜디오 사고 습관을 개발할 수 있게 된다. 내재적 동기는 학생들이 스튜디오 습관을 완벽하게 보완하도록 하는 데 도움을 준다. 학생들은 높은 수준의 작품을 만들고, 무엇보다 미술가처럼 사고하게 된다. 아래에서 학생들을 비참여, 수동적 참여, 능동적 참여로 분류한 후, 각각에 사용할 차별화된 평가 및 교육 전략에 대해 설명한다.

✚ 참여하지 않는 학생들

참여하지 않는 학생들은 관심이 없어 참여하지 않는 것처럼 보인다. 교사는 그 이유에 대해 알지 못한다. 학생들은 화가 나 있거나 배고프거나 지루하거나 피곤하거나 절망에 빠졌을 수도 있다. 수업에 잘 참여하지 않는 학생들은 자신이 성공할 수 있다는 자신감이 거의 없다. 미술이 자신의 삶과 전혀 관련이 없는데 왜 귀찮게 하는 건지 모르겠다고 생각할지도 모른다. 학생들이 미술 활동에 거의 참여하지 않으면 교사는 평가할 수 없다. 어떠한 스튜디오 습관도 배울 수 없으며, 아무리 훌륭한 수업일지라도 실패하기 쉽다. 참여하는 것이 학습의 전제 조건이기 때문이다. 이러한 학생들을 가르치는 교사의 첫 번째 목표는 참여하도록 동기를 부여하는 것이다.

- 그 학생이 참여하지 않는 이유에 대해 시간을 들여 알아내라. 가끔은 미술수업의 문제이기도 하고, 또 가끔은 교사가 통제할 수 없는 미술 이외의 요인이 문제가 되기도 한다. 그 학생의 문제는 무엇인가? 교사는 어떻게 그 미술수업을 그 자체로 안심할 수 있는 공간으로 만들 수 있는가?
- 강점(미술 영역에서의 강점이 가장 좋지만, 다른 강점을 활용해도 좋음)을 활용하고, 능력이나 관심을 기반으로 하라.
- 내용을 개별화하고, 선호하는 재료와 주제를 가지고 자유롭게 작업하도록 하라.

- 한 차시 내에 완성할 수 있는 짧은 작업에서 시작하라. 장기적인 과제는 부담스럽게 느껴질 수 있다.
- 작품을 혼자 완성할 것인지, 모둠으로 완성할 것인지에 대한 유연성을 지녀라. 극도로 내성적이거나 외향적인 학생들은 참여에 큰 차이가 있다.
- 학생에게 리더십을 발휘하는 위치에 서게 하라(모둠장, 청소왕, 연필 담당관). 때때로 학생들은 주의를 끌기 위해 '놀이'에 참여하지 않는다. 어떻게 하면 학생의 주의를 끌도록 긍정적으로 상황을 바꿀 수 있을까?
- 재료나 주제를 선택할 때, 학생들의 관심을 끄는 작품을 만드는 동시대 미술가를 찾아라.
- 흐름에 따라가라. 여기서 우리의 출발점은 참여다. 학습은 참여 없이 이루어지지 않는다. 프로젝트 지침 또는 수업 규칙에 대해 예외를 만들어주면 참여를 촉진할 수 있다.

대부분 시간에 참여하지 않는 아이에게 어떻게 다가가는지 잭Jack의 예를 살펴보자.

잭은 운동을 좋아하는 활동적인 아이다. 나중에 커서 미식축구 선수가 되는 것이 자신의 꿈이자 가족의 최우선순위다. 잭은 주의력 결핍 과잉행동 장애ADHD를 진단 받았고, 미술 시간이 아닌 교실 수업에서는 보조 교사와 함께한다. 그는 웬만하면 작업하지 않으려고 하고, 보건실에 가거나 물을 마시겠다는 핑계를 댄다. 미술 수업을 포함해 다른 친구들에게 뒤처지고 있다. 잭은 지루하다고 생각하기 때문에 미술수업에 참여하는 것이 별 의미가 없다고 생각한다. 가족들이 가치를 두고 있는 일도 아니며, 자신이 잘한다고 생각하는 것도 아니기 때문이다. 교사는 계속 과제를 하라고 독려하지만, 잭은 미술을 하는 것보다 친구들을 웃기는 게 더 재미있다. 만약 작품을 완성하더라도 집으로 가져가지 않고 쓰레기통에 버린다.

학생이 작품 제작 과정에 참여하게 되기를 원한다면, 하지 않는 활동에 초점을 두는 대신에 학생이 잘하는 일부터 시작할 수 있다. 잭은 뛰어난 미식축구 선수여서 팀워크나 전략적 플레이에 대해 이해하고 있다. 또한 꽤 웃긴 편이어서 유머가 잠재적 지렛대 역할을 할 수도 있다. 또 어떤 것을 잘하는가? 경기 시즌 외에는 무엇을 하는가? 이러한 분야에서 잭의 기능과 관심이 어떻게 미술수업 참여에 도움을 줄 수 있는가? 위에 언급한 리스트를 보면서, 다음과 같이 교사가 잭을 위해 할 수 있는 것들에 대해 생각하라.

잭이 미술수업에서 유용할지 모를 기능(팀워크, 전략, 유머)을 가지고 있다는 것을 인식하라. 그런 다음, 당신의 교실 활동에 대해 성찰하라. 잭이 주제에서 틈을 찾을 수 있도록 하는 충분한 자유가 주어지는가? 만약, 미식축구 같은 흥미로운 주제에 관한 작품을 만들 수 있다면 참여하게 될지도 모른다. 잭에게 진솔하게 다가가야 함을 기억하라. 더 재미있는 미술수업을 위해 함께하고 싶다는 것을 알려주어라. 그가 가장 좋아하는 재료는 무엇인가? 다른 아이들이 모두 다른 것을 하고 있더라도 그 재료로 작업할 수 있는가? 잭과 친구들, 혹은 3~4명의 팀과 함께 짝지어줄 수도 있다. 미식축구에서처럼 그의 역할은 그룹이 정해지지 않았을 때 결정을 내리는 쿼터백*이 될 수도 있다. 혹은 가능성을 제시하는 감독일 수도 있다(만약 우리가 …한다면? 우리가 …할 수 있다고 생각해?). 아니면 공을 잡아 함께 달리는 타이트 엔드**일 수도 있다(이 아이디어를 시도해보고, 5분 후에 보여줄게). 그리고 마지막으로, 많은 미술가가 유머를 활용하여 자신을 표현한다는 것을 잊어서는 안 된다. 린다 배리Lynda Barry나 레드 그룸스Red Grooms 같은 미술가들을 보여주어라. 만약 별로 재미있어하지 않는다면, 학생이 공감할 수 있는 미술가들을 계속해서 찾아야 한다. 미술가를 찾으면, 그 미술가의 작품들을 천천히 보게 하고 어떤 점이 좋은지 말하게 하라. 자신의 작업에 적용해보고 싶은 아이디어들을 나열해보게 하라.

* 쿼터백quarterback: 미식축구에서 감독의 전술 지시에 따라 공격 전반을 책임지는 포지션.

** 타이트 엔드tight end: 미식축구에서 쿼터백을 보호하거나 공을 받는 역할을 하는 포지션.

✚ 외재적으로 동기부여된 학생들

외재적으로 동기부여된 학생은 과제를 성실하게 수행하며 학습하는 것보다 규칙에 반응한다. 이 수준의 학생들은 "괜찮아요?", "끝내도 돼요?", "이거 맞아요?"와 "이거 A예요?" 같은 질문을 한다. 교사가 무엇을 하라고 말하면 수행하고 교사가 잘했다고 말하면 된다는 원칙에 따라 행동하는 듯하다. 자기 작품의 질에 대해 궁금해하거나 스스로 판단하지 않는다. 이 학생들은 자신의 자연스러운 관심을 희생시키면서 외부의 인정에 사로잡혀 있는 것으로 보인다. 이런 학생들에 대한 교사의 첫 번째 목표는 외재적 동기를 내재적 동기로 변환하도록 돕는 것이다. 교수 전략은 다음과 같다.

- 내재적 동기에 가치를 두는 이유를 학생들에게 명확히 말하라. "저(교사)에게 가장 중요한 것은 여러분(학생) 자신에게 의미 있는 미술을 창작하는 거예요. 그렇게 학습이 일어나는 거죠. 여러분이 무엇에 흥미가 있는지 말해주면, 우리는 그걸 가지고 미술을 창작할 수 있는 방식을 찾아볼 거예요."
- 움직이는 것만으로는 학습이 일어날 수 없다는 것을 명확히 하라. 미술가들은 손, 생각, 마음을 함께 사용해야 한다.
- 개별화를 강조하고 재료나 접근법에 선택지를 제공하는 수업과 단원을 계획하라.
- 최종 작품만 평가하지 말고 최종 작품으로 이끄는 단계들을 평가하라. 최종 결과물에 확신을 갖지 못하는 완벽주의자 학생들에게 자신감을 심어줄 수 있다. 중요한 관람자(학부모, 학교 운영위원회, 공공 도서관의 사람들)와 함께 작품에 대한 대규모 공개 발표회를 여는 것은 좋은 점수를 받기 위해서만이 아니다. 실제 관람자가 최종 작품을 감상할 수 있도록 미술가는 온전히 과정을 밟아간다는 점을 강조한 것이다.

- 미술가들이 작업에 관한 아이디어를 찾는 방법에 대해 명확한 수업을 계획하라. 작품을 만드는 과정에서 아이디어를 찾는 방법을 학생들에게 시범 보여라.
- 자신의 작업이 개인적으로 얼마나 의미가 있는지에 대해 이야기하는 동시대 미술가들의 영상을 보여주어라.
- 학생들이 게시판에 영감의 원천들을 게시하게 하라. 자신이 열정을 가지고 있는 것이 다른 사람에게 모델이 될 수 있는 방법을 찾아라.
- 성장 마인드셋*을 독려하기 위해 이전의 초안이나 잘못된 시작점들과 함께 최종 작품을 전시하라.

다음은 외재적 동기가 부여된 그레타에게 교사가 어떻게 내재적 동기를 개발하게 했는지 보여주는 예다.

저학년 시기(유치원부터 2학년), 그레타는 선택 기반 미술수업에서 그다지 눈에 띄지 않았다. 모둠에서 원만하게 활동했고 두드러지거나 특별히 무엇에 몰입하지도 않았다. 미술에 관심 있어 보이지는 않았다. 친구들과 함께 있는 것을 좋아했고, 다른 친구들이 하니까 함께 미술을 했다.

3학년이 되어 수업하던 어느 날, 그레타의 미술 교사 다이앤 자퀴스는 학생들을 '접착 테스트 챌린지'에 참여하게 했다(Douglas & Jaquith, 2009, 2018). 이는 재료들을 풀이나 테이프 없이 함께 잘 붙여 입체작품을 만드는 것이었다. 교사 다이앤은 접착을 위해 특별한 재료 상자를 준비했다. 모루, 색고무판, 스프링, 철사, 할핀, 나무, 구슬, 깃털[기능 개발: 기술]. 그레타는 열심히 살펴보더니 정사각형 색고무판, 모루, 구슬, 깃털을 선택했다. 이 재료들을 가지고 놀았고[도전과 탐구], 깃털과 모루를 색고무판에 찔러 넣고 모루를 사용하여 구슬을 눈처럼 붙였다[기능 개발: 기술]. 자신이 만든 창작물에 기뻐하면서[성찰: 평가] 그레타는 두 개를 더 만들어 가족을 완성했다[참여와 끈기](그림 5.3A 참조). 그러면서 갑자기 그레타는 단순히 친구들과 함께하

* 성장 마인드셋mindset: 내가 성장할 수 있음을 믿고, 그 믿음에 따라 생각하고 행동하는 것.

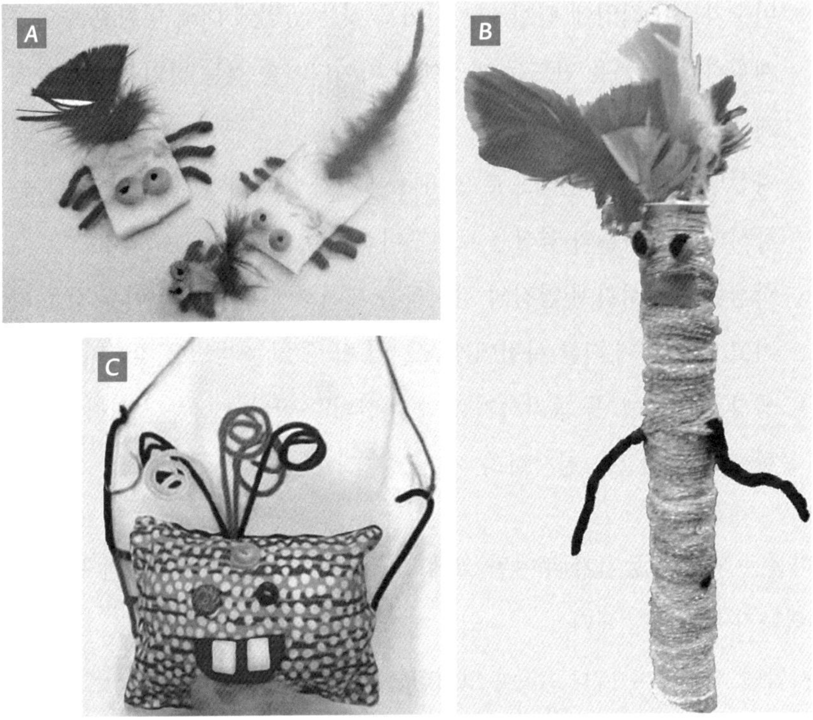

그림 5.3 그레타의 작품. A 접착 테스트 결과물인 생명체 가족, B 막대 캐릭터에 재료를 붙이기 위해 털실로 감싸는 것 탐구하기, C 베개 캐릭터를 만들기 위해 바느질 같은 섬유 미술 기능 확장.

기 위함이 아니라 미술 자체에 몰두하게 되었다.

그레타는 재미있는 탐색[도전과 탐구]을 통해 자신이 추구하고자 하는 방향을 찾았다[표현]. 이는 그레타의 동기가 외재적 동기에서 내재적 동기로 전환되었음을 나타낸다. 다이앤의 '접착 테스트 챌린지'는 3학년 아이들에게 발달론적으로 적절하고 참신했다. 또한 그레타가 개인적으로 의미 있는 미술을 하도록 이끄는 알맞은 유인책이 되었다[참여와 끈기].

그레타는 모루를 사용하여 사람과 환경을 포함한 다양한 생명체를 만드는 방법을 탐구하기 시작했다[도전과 탐구; 표현]. 섬유로 만든 베개 얼굴이나 연필 사람 같은 캐릭터를 탐구하기 시작했다[도전과 탐구; 표현](그림 5.3B 참조). 5학년이 되자, 니들 펠트를 배웠고, 섬유에 완전히 집중하게 되었다[참여와 끈기; 기능 개발: 기술]. 생명체와 그 가족들을 만들어 이름을 써서 온 방에 붙였다[참여와 끈기](그림 5.3C 참조).

교사가 새로운 기술과 재료를 소개한 덕분에 그레타가 친구들과 함께하려는 외재적 동기를 뛰어넘어 자기 스스로 미술작품을 제작하려는 내재적 동기가 생겼다. 이제 교사는 그레타의 성장에서 강점과 격차를 확인하고 지원하는 관점으로서의 스튜디오 습관으로 돌아갈 수 있다.

습관의 가시화: 스튜디오 습관 프로필 만들기 교사는 그레타가 집중해야 할 영역을 확인하기 위해 스튜디오 습관 프로필을 만든다. 표 5.1은 그레타에게 생명체를 발명하고자 하는 열정이 생긴 후 스튜디오 습관을 사용하는 방식을 설명한다. 그레타가 사용한 모든 스튜디오 습관을 여기에 적는다. 그러나 학생들에게 특별한 강점 혹은 약점이 되는 몇 가지 습관만 선택하여 적을 수도 있다.

아이들은 스튜디오 습관에 대해 지속적으로 성찰하는 교실에서 자신의 상대적 강점과 약점을 매우 잘 인식하게 된다. 최소 3학년이 되면 학생들은 스스로 자기성찰이나 친구 혹은 교사와 함께하는 회의를 통해 자신만의 습관 프로필을 만들기 시작할 수 있다.

이 프로필은 학생과 학부모에게 대화의 기초를 제공할 수 있다. 학생과 교사가 어떤 스튜디오 습관을 개발해야 하는지 알도록 하고, 각 습관에 대해 어떻게 더 잘 이해할 수 있을지를 알게 한다. 또한 특정 작품을 창작하는 데 어떤 스튜디오 습관이 사용되었는지를 성찰하는 데 활용될 수 있다. 1년에 단 두 번이라도 가능하다면 언제나 학생들에게 작품을 완성한 후에는 이러한 프로필들을 작성하도록 하라. 각 학생이 스튜디오 습관으로 생각할 수 있는 전체 세트를 개발하는 것이 목표이며, 이는 어떤 습관이 이미 강점이고 어떤 부분에서 더 성장해야 하는지 인식하는 데서 시작한다. 교사는 프로필을 만들거나 학생들에게 종종 프로필을 만들도록 하기만 해도 외재적 동기를 가진 학생들을 충분히 추적할 수 있다.

한 가지 습관에 초점 맞추기 때때로 학생들은 이런저런 이유로 더 많은 관심을 필요로 한다. 아이들은 틀에 박혀 있거나 좌절할 수도 있다. 이미 놀이에서 모든 스튜디오 습관을 사용하고 있을 수도 있다. 교사는 이러한 습관 안팎에서 더 깊은 발달을 도울 수 있는 방법을 알고 싶어 한다. 시간이 있을 때, 학생의 강점과 성장 가능 영역에 대해 깊이 생각하는 방법에 대해 표 5.1을 참고하기 바란다.

표 5.1 그레타의 습관 프로필

스튜디오 습관	평가(강점 또는 성장 가능 영역)	근거
기능 개발: 기술	강점	그레타는 주로 섬유 재료를 이용하는 데 필요한 기능을 잘 개발했다.
기능 개발: 미술실 실습	강점	그레타는 항상 적절한 장소에서 재료를 빌리고 반납한다.
참여와 끈기	강점	그레타는 다양한 재료를 사용하여 많은 캐릭터를 만들고자 하는 내재적 동기를 가지고 있다.
구상	강점	그레타는 새로운 캐릭터와 그 성격, 가족을 상상하는 것을 즐긴다.
표현	성장 가능 영역	그레타는 캐릭터를 풍부하게 표현한다. 캐릭터를 통해 자신만의 관점과 아이디어를 의도적으로 표현하기 시작할 수 있다.
관찰	성장 가능 영역	학교 밖에서 그레타가 보는 것에 영향을 주는 것이 있다면 무엇인가? 이러한 영향력에 대해 경각심을 가질 수 있도록 인식을 심어줄 수 있다.
성찰: 평가	성장 가능 영역	그레타는 자기 작품에 만족하는 것처럼 보인다. 개선하기 위한 비판적 시각으로 검토하지는 않는다.
성찰: 질문과 설명	성장 가능 영역	그레타는 모든 사람과 자신의 캐릭터에 대해 논의하고 싶어 하지만 분석하지는 않는다.
도전과 탐구	강점	그레타는 노는 것을 매우 좋아하고 재료를 다루는 데 능숙하다.

미술계 이해: 공동체	성장 가능 영역	그레타는 작품 제작에서 자기만족을 추구한다. 학급의 비평 소모둠 같은 친구들과 더 자주 소통함으로써 좋은 기회를 얻을 수 있을 것이다.
미술계 이해: 영역	성장 가능 영역	그레타에게는 무라카미 다카시*처럼 캐릭터를 개발하는 미술가의 작품을 보는 것이 도움이 될 것이다.

습관 프로필을 작성하는 데 따르면, 교사들은 사고 성향 요소(기능, 의향, 기민성) 세 가지를 사용하여 학생들의 성장에 필요한 습관을 사용해 어떻게 작업할지, 또는 강점을 더 잘 이용할지 도울 수 있다. 표 5.2는 이러한 요소들이다. 만약, 특히 강하거나 약하다면 교사들은 초점 습관으로 선택하고, 그 구성 요소를 이해하기 위해

표 5.2 초점 습관 분석을 위한 성향적 요소

기능 그것을 '할 수 있는'가?	이 질문은 교사들에게 학생이 특정 습관에 얼마나 숙련되어 있는지 확인하도록 한다. 어떤 습관이든 덜 혹은 더 숙련된 형태로 나타난다. 예를 들어, 빠르고 피상적으로 관찰할 수도 있고, 주의 깊게 관찰할 수도 있다. 형식적으로, 혹은 깊이 성찰할 수 있다. 세부적인 것들을 상상하지만, 전체의 구성이 어떠할지 고려하지 않기도 한다.
의향 그것을 '하려고 할 것'인가?	이 질문은 동기부여로 되돌아간다. 그러나 이번에는 특정 스튜디오 습관을 사용하게 된 동기에 대해 묻는다. 학생이 특정 습관을 사용하도록 어떻게 동기부여가 되는지, 그 습관을 사용하는 것이 외재적 동기에 의한 것인지 내재적 동기에 의한 것인지 생각하라. 예를 들면, 학생이 난관(setback)에 대한 새로운 해결책을 찾기 위해 기꺼이 도전하고 탐구할 의향이 있는가? 아니면, 시키는 대로 하고 싶어 하거나 이미 알고 있는 것에 만족하는가?
기민성 그것을 '언제, 왜' 하는지 알고 있는가?	이 질문은 학생이 습관을 활용할 기회를 얼마나 잘 알아차리는지와 관련된다. 다양한 습관에 능하고, 동기부여가 있는 학생들에게 중요하다. 예컨대, 구상에 능숙하고 이를 활용하려는 의지가 있는 학생도 때로는 뒤로 물러나, 다음 단계를 상상할 기회를 놓칠 수 있다. 이처럼 학생이 직접적인 지시 없이도 스튜디오 습관의 맥락에서 자신의 능력을 발휘하도록 한다.

* 무라카미 다카시Murakami Takashi: 일본의 팝 아티스트. 일본의 '오타쿠' 문화에 대해 관심을 갖고 이것을 상위 예술로 끌어올리는 개념인 '슈퍼 플랫'을 고안함.

성향적 요소를 분석할 수 있다. 강점 또는 성장 가능 영역은 '기능' 개발의 문제일 수도 있지만, 태도 요인일 수도 있다. 학생들이 능력 개발을 '원하는지'(성향), 또는 그 능력을 확인하거나 사용하기 위해 적절한 '맥락'을 이해하고 있는지 아닌지(기민성) 같은 것들이다.

초점 습관을 선택하라 교사들에게는 학생의 습관 프로필에서 모든 습관 성향의 요소를 분석할 시간이 없다. 그러므로 당신을 힘들게 하는 학생이 지닌 한두 가지 초점 습관을 분석할 수 있는 두 가지 방법을 살펴보자.

1. 더 약한 습관을 선택하라. 학생이 더 발전시켜야 할 습관을 선택하라. 표 5.3의 예와 같이 그레타의 성장 가능 습관 영역을 선택(성찰: 질문과 설명)하고, 세 가지 성향적 요소를 사용하여 분석할 수 있다. 이를 통해 교사는 그레타가 이 습관을 더 잘 사용하도록 돕기 위한 개별적 교수 전략을 발전시킬 수 있다.

표 5.3 그레타에 대한 초점 습관의 성향 분석: '성찰: 질문과 설명'

'성찰: 질문과 설명'의 성향적 요소	근거
기능 그것을 '할 수 있는'가?	교사 다이앤은 그레타가 작품 제작에 대해 이야기할 때 이미 '성찰: 질문과 설명'이라는 기술을 보여주고 있다고 작성했다. 그러나 작품이 그레타 자신에게 의미하는 바는 명확하지 않다. 자신의 표현 의도에 대해 이야기할 때 '성찰: 질문과 설명' 기능까지 보여주지는 못한다. 이는 교사가 그레타에게 짚어줄 수 있는 지점이다. 의미에 관해 성찰하는 미술가의 영상 예시를 보여주며 도울 수 있다(예: 표현 습관과 관련한 1장의 미술가 영상 참조).

의향 그것을 **'하려고 할 것'**인가?	그레타는 교사가 지시하거나 도울 때만 성찰한다. "재료를 어떻게 사용하고 다루었는지 설명하세요"라는 성찰 활동지나 "왜 그렇게 말했나요?"라는 교사의 질문, 미술 토론 활동에서 "가장 좋다고 생각하는 작품은 어떤 거야?"라는 친구의 질문 등 직접적인 질문에 대해서만 성찰한다. 교사는 그레타가 작품에 대한 성찰을 통합하는 데 스스로 충분한 관심을 기울이고 있다는 근거를 찾지 못한다. 교사는 그레타가 자신에게 도움이 된다는 것을 느끼고 충분히 연습할 때까지 성찰 과제를 주어야 할 필요가 있다.
기민성 그것을 **'언제, 왜'** 하는지 알고 있는가?	교사는 그레타가 언제, 왜 성찰해야 하는가를 스스로 알고 있다는 근거를 찾아볼 수 없다. 그레타는 습관을 연결하여 성찰하지 않는다. 가능성에 대해 더 유연하게 생각하지도, 자기 작품을 체계적으로 바라보지도 않는다. 다시 말하지만, 교사는 그레타에게 도움이 될 만한 성찰하는 미술가의 영상을 제공할 수 있다(예를 들어, 성찰, 질문과 설명과 평가 습관과 관련하여 1장의 미술가 영상 참조).

2. 더 약한 습관의 진입점으로서 더 강한 습관을 선택하라. 약한 습관을 성장시키기 위한 진입점으로써 학생이 지닌 강한 습관 사용을 선택하라. 예컨대 **기능 개발: 기술**에 있는 강점은 표현을 개선하기 위해 활용할 수 있다.

✚ 내재적으로 동기부여된 학생들

교수 전략 내재적으로 동기부여된 학생들은 호기심이 많고, 각자 자신만의 이유로 미술작품 만드는 일에 즐겁게 참여한다. 또한 미술에 열정을 갖고 있고 독립적이고 생산적으로 작업한다. 이런 학생을 돕기는 쉬운데, 순수하게 호기심이 많기 때문이다. 하지만 풍부한 관심과 열정을 가진 학생에게는 특별한 관심과 집중이 필요하다. 내재적으로 동기부여된 학생을 가르치기 위한 전략은 다음과 같다.

- 미술적 사고는 언제나 개선되고 확장된다는 것을 명확히 하라. 쉽게 만족하고 안주하는 것은 충분하지 않다!
- 습관 프로필을 사용하여 학생의 많은 강점 중 상대적인 약점을 짚어주

어라. 한 가지 습관이나 성향적 요소를 개선하기 위한 계획을 세워 학생을 지원하라.

- 기능, 의향 또는 기민성의 관점에서 발전시킬 필요가 있는 습관을 분석하라. 그리고 어떤 요소가 강화될 수 있는지 인지하도록 학생에게 설명하라.
- 높은 동기와 성취욕을 지닌 학생들에게 개별화 수업을 하라. 특별한 재료에 대해 스스로 공부해보거나 특정 주제에 대해 탐색하고, 학생들이 도전하기 적정한 수준을 찾도록 확장된 과제를 선택하게 하라(Byrd, 2017).
- 내재적으로 동기부여된 학생들에게 '교사의 도우미'나 '모둠장'으로서의 역할을 부여할 때는 신중하라. 학생의 능력과 적정 수준에서의 학습이 계속해서 이루어지도록 잘 조정해야 한다.

스튜디오 습관 프로필 내재적으로 동기가 부여된 학생들은 스튜디오 습관 프로필을 만드는 것이 도움이 된다. 외재적 동기가 부여된 학생들에게 했던 것 그대로 이러한 분석을 하라. 이에 대한 사례로 미술에 내재적으로 동기부여된 카이Kai를 소개한다. 카이의 습관 프로필(표 5.4 참조)은 그레타의 습관 프로필과 대조적이다. 카이는 유치원 때부터 스스로 드로잉에 대해 강하고 내적인 의지가 있었다[참여와 끈기]. 연상되는 지형, 날씨, 자연사 이야기를 그리고[표현], 오일파스텔이나 수채화 물감으로 강렬한 색 패턴을 작업했다[기능 개발: 기술]. 1학년 때 그린 풍경화(그림 5.4A)에서는 선사시대, 공룡, 기상이변과 관련한 복잡한 내러티브가 보인다[표현]. 카이는 교실에서 볼 수 있는 플라스틱 공룡을 선택하여 그리고[관찰], 주변의 날씨를 추가해서 그리기로 결정했다[구상; 표현]

2학년이 되자, 카이는 지형 요소와 색을 겹쳐 그리면서[기능 개발: 기술] 지리학적 내러티브를 계속했다[표현](그림 5.4B 참조). 수채화 물감과 크레용의 저항성을 통해 2학년 학생의 **기능 개발: 기술**이 정교화되는 것을 볼 수 있다. 카이는 여러 수업

표 5.4 카이의 습관 프로필

스튜디오 습관	평가(강점 또는 성장 가능 영역)	근거
기능 개발: 기술	강점	카이는 선호하는 재료를 사용하여 드로잉하는 기술적 기능을 배우는 데 열정적이다.
기능 개발: 미술실 실습	강점	카이는 미술실 관리를 성실하고 믿음직스럽게 해낸다.
참여와 끈기	강점	카이는 어려움에도 작품에 매우 집중하고 제작에 열성적으로 참여한다.
구상	강점	카이는 머릿속에 있는 아이디어를 그리면서 구상해보거나 주요 요소들의 배치를 변경해본다.
표현	강점	카이는 자연에 대한 자신의 해석을 표현하기 위해 다양한 기술을 사용한다.
관찰	강점	카이의 풍경화는 자연을 예민하게 관찰하고 자연 현상에 대한 책들을 읽고 있음을 나타낸다.
성찰: 평가	강점	카이는 작품 소개글을 통해 아이디어를 정교화한다.
성찰: 질문과 설명	강점	카이는 작품에 변화를 준 이유를 이야기할 수 있다.
도전과 탐구	성장 가능 영역	카이는 드로잉에서 기술을 잘 사용했지만 입체나 시간 기반 매체(애니메이션, 영상) 같은 아이디어나 재료를 더 많이 탐색할 가능성이 있다.
미술계 이해: 공동체	성장 가능 영역	카이는 미술가의 풍경화나 지구과학에 초점을 둔 작품을 보면서 도움을 얻는다. 아이 웨이웨이Ai WeiWei*의 쓰촨성 지진에 관한 작품에 흥미를 가질 수도 있다.
미술계 이해: 영역	성장 가능 영역	카이는 독립적으로 작업하는 것을 좋아한다. 가끔 소모둠에서 함께 작업하고 아이디어를 나눈다면 더 성장할 수 있을 것이다.

* 아이 웨이웨이Ai WeiWei: 사회 문제를 고발하는 작품 활동을 하는 중국의 미술가.

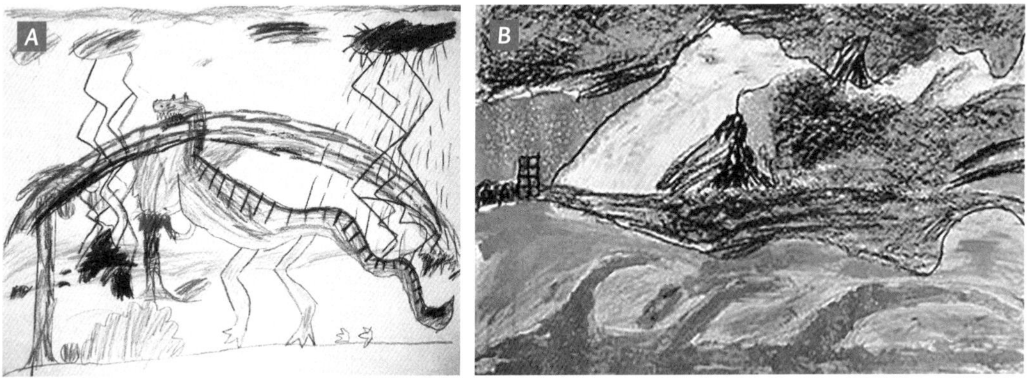

그림 5.4 카이의 작품. A 1학년 때, 관찰한 공룡을 그린 후 날씨 관련 요소들을 추가함.
B 2학년 때, 눈사태를 그리기 위해 복합 매체 드로잉으로 여러 차시 동안 작업함.

에 걸쳐 계속해서 작업했기 때문에 **참여와 끈기**도 보인다. 머릿속에 있는 풍경들을 상상하는 것은 **구상**이다. 마을을 파괴하는 눈사태가 일어날 때의 공간감과 힘을 작품에 불어넣어 **표현**하고 있다. 저항성을 사용하여 질감을 다룬 것은 **도전과 탐구**다. 또한 그림을 어떻게 구상하고 무엇을 표현했는지를 설명하는 데 **성찰**을 사용하고 있다. "눈사태와 큰 폭풍우 구름 때문에 끔찍한 아침이에요. 분홍색 산호와 해초가 있는 해변에는 거대한 파도가 있어요." 풍경과 푸른 파도는 호쿠사이*를 연상시키기 때문에 그가 일본 목판화를 본 적 있는지 궁금하다[미술계 이해: 영역]. **관찰**에 관해서는 알 수 없지만 교실 바깥에서 읽고 본 것을 참고했다는 것은 명백하다.

카이의 습관 프로필은 그가 많은 습관에서 강점을 지니고 있다는 것을 알려준다. 교사는 개선해야 할 두 가지 영역을 확인했다. **도전과 탐구** 및 **미술계 이해**. 카이에게 구체적인 개입이 필요하지는 않기 때문에 현재 정보로 충분할 것이다. 교사는 학급일지의 리스트에서 상대적으로 미흡한 스튜디오 습관을 적어둘 수 있으며, 카이와 대화할 때 참고할 수 있다. 학년이 올라갈수록 **학생 작업**이나 **미술작품에 관한 대화** 단계 동안 접근할 때 이러한 명확한 목표 중 하나 이상에 초점을 두어야 한다. 만약 교사가 카이에 대한 형성평가를 더 심화하기 원한다면, 초점 습관을 선

* 가쓰시카 호쿠사이Katsushika Hokusai: 일본 에도시대에 활약한 목판화가로 우키요에의 대표적인 미술가.

표 5.5 카이에 대한 초점 습관의 성향 분석: '도전과 탐구'

'도전과 탐구'의 성향적 요소	근거
기능 그것을 '할 수 있는'가?	카이는 교사가 수업에서 소개한 새로운 기술을 작품에 통합했다(그림에서 크레용과 물의 저항성). 평면 작업을 넘어서는 것은 어떨까?
의향 그것을 '하려고 하는'가?	카이는 작품 스케치나 연습을 하지 않는다. 각 작품에 완전히 전념하며, 한번 시작하면 끈기를 가지고 한다. 새로운 재료를 찾거나 작업의 새로운 방식을 찾기 위한 기술을 다루지 않는다. 모든 그림이 같은 주제에 머물러 있다. 선택에 대해 이야기해보고 흥미 있는 다른 주제를 활용하기를 제안해볼 수 있다.
기민성 그것을 '언제, 왜' 해야 하는지 아는가?	카이는 현재 그림 그리는 과정에 만족하는 것처럼 보인다. 아마 다른 미술가의 작품을 보는 것은 같거나 다른 재료를 가지고 자신을 표현하는 새로운 방식을 찾는 데 영감을 줄 것이다.

택하고 성향적 요소 접근을 활용하여 그 습관에서 카이의 행동을 살펴볼 필요가 있다. 표 5.5에서 카이가 **도전과 탐구**에 접근하는 방식을 볼 수 있다.

구체화하기

교사들은 '직접' 평가에 참여한다. 형성평가는 많은 교사에게 어렵게 느껴질 수도 있다. 다음에 설명하는 몇몇 전략이 도움이 되기를 바란다. 학생들이 더 나은 미술적 사고를 할 수 있도록 돕겠다는 목표로 학생의 작품을 문서화하고 검토하고 분석한다면 그 전략들은 쉽고 빠르게 실행될 수 있다.

✚ 수업 시간 중의 기록

- 루틴을 만들어 학생들에게 계획, 작품 소개글, 출구 티켓 같은 정형화된 활동들을 위한 절차를 내면화하게 하라.

- 각 교실에 미니 수첩을 준비하라. 아이들이 하는 흥미로운 말이나 행동을 하는 순간이나 갤러리 워크 시간에 본 것들을 적어라. 교실마다 별도의 수첩을 두는 것을 고려하라.
- 학생들과 나눈 대화를 녹음하거나 영상을 찍어 나중에 다시 볼 수 있도록 핸드폰을 항상 챙겨라.
- 점진적으로 학생들과 함께 글이나 말로 성찰하는 습관을 구축하라. 학년 초에 자주, 일찍 연습하도록 하라. 학생들이 성찰의 기준과 목적에 대해 이해하는지를 확인하라. '친구와 말하기' 활동이나 접착 메모지에 쓰기/그리기처럼 간단히 할 수 있다. 또, 가끔은 갤러리 워크 활동이나 단원을 마친 후 또는 6~8차시마다 자기평가를 쓰게 할 수도 있다.
- 교사는 친구 보고 말하기나 테이블 토론의 모든 내용을 들을 수 없다. 가능하다면 이 시간 동안 관찰할 소수의 학생을 선택하여 메모/녹음하는 전략을 세워라.
- 온라인 포트폴리오를 사용하는 경우, 아이들에게 자기 작품을 사진으로 문서화하고 캡션을 달고 온라인에 업로드하는 방법을 가르쳐라.
- 수업 중에 학생들의 글을 대략적으로 살펴서 모호한 부분이 있다면 바로 확인할 수 있도록 하라.
- 아직 쓰지 못하는 학생들을 위해 다른 어른들에게 글을 써달라고 요청하라. 어린아이의 경우, 학부모 봉사자가 작품 소개글을 도울 수 있다.

✚ 작업 검토하고 해석하기

- 내용을 잊게 될 수 있으므로 쉬는 시간이나 각 수업이 끝났을 때 간단한 메모를 작성하라.
- 밀리지 않도록 평가 정보를 분류하여 날마다 학생들의 프로세스폴리오를 작성하라.
- 간단한 체크리스트나 확인 체계를 활용하여 매일 학급당 5~6명의 작

품을 검토하라. 그 학생에 대한 관찰과 질문을 기록하고 다음 수업에서 후속 조치를 취하라. 이는 완전한 포트폴리오 검토라기보다 신속한 대화에 가깝다. 수업 리스트에서 이러한 검토 내용을 따라가며 모든 학생을 돌아가며 여러 번 만날 수 있다.

✚ 검토한 내용을 수업에 활용하기

- 개입을 계획하라. 좀 더 도움이 필요한 학생을 위해 과정과 개념을 간단한 단계로 나누어 글이나 그림으로 작성하여 스캐폴딩을 제공하라. 또는 학생들이 혼자서도 참고할 수 있는 설명을 유튜브 영상으로 만들어라.
- 수업 시간 동안 체크할 각 학급의 몇몇 학생을 확인하라. 학생들을 순회하면서 6~8개 학급의 모든 학생을 살필 수 있다.
- 수업 계획서에 평가를 작성하라(학생 작업 단계 때 특정 목표 영역에서 과정을 체크하라).
- 녹음이나 영상을 검토하고 흥미로운 것들을 메모하라. (예비교사들도 이렇게 요약하면 도움이 될 것이다.)

분기마다 다양한 평가 방식에서 배운 것들을 주기적으로 검토하고 해석하라. 만약 그 방식이 교수-학습에 효과적이지 않다면 수정하라. 정말로 알고 싶은 것이 무엇인지, 다시 시도하고 싶은지 결정하라.

해마다 1년에 적어도 한 번은 아이들과 함께 포트폴리오를 검토하도록 노력하라. 상당한 시간이 걸리며, 규모가 큰 학교에서는 가능하지 않을 수도 있다. 온라인 포트폴리오는 이러한 과정을 쉽게 해준다. 여러 해에 걸친 작품은 작품 소개글이나 다른 문서들도 같이 보아야 하기 때문이다. 준비 과정에서 학생들은 포트폴리오를 검토할 수도 있고, 짝과 성찰하거나 글로 써볼 수도 있다. 시간적인 여유만 있다면, 학생과 교사가 함께 검토하는 것이 더 좋다.

만약 학생이 학습에 대해 이해하고 교사가 학생의 학습을 문서화할 수 있으려면, 시간이 지남에 따라 학생의 작품을 다시 살펴보는 것은 매우 중요하다. 초등학교 미술 교사들은 "이게 중요한 건 알지만, 너무 할 일이 많아요. 이걸 언제 다 하겠어요?"라고 종종 말한다. 초등학교 미술 교사의 현실을 보면, 가르치는 학생들의 숫자가 너무 많고 시간과 스케줄이 제한적이기 때문에 불가능하다고 볼 수도 있다. 우리는 미술 전담 교사가 주당 평균 400명의 학생을 가르치며 시간을 설계하는 것을 이상적인 학습 상황으로 추천한다. 물론, 각자의 학교에 맞추어 무엇이 현실적이고 가능한지에 대한 기대치를 조정할 수도 있다. 첫해에는 우리가 추천한 것을 너무 많이 하지 말고 점차 늘려나갈 수 있다. 예를 들어, 하루에 네 명이라는 명확한 한계를 설정해야 한다는 것을 기억하라. 너무 많은 수를 설정하면 금방 지쳐 그만두게 될 것이다.

결론

미술교육의 '결과물'은 무엇인가? 우리는 학생 사고의 질이라고 생각하며, 학생의 작업은 이를 이해하는 단서가 된다. 교사는 스튜디오 사고 습관 강화를 목적으로 가르침으로써 학생들이 자기평가와 작업 습관에 대한 습관 프로필을 만들도록 한다. 이러한 종류의 평가 목표는 학생들이 세상을 바라보는 일련의 미술적 관점을 발달시키도록 돕는다.

초등학교 미술 교사는 유일하게 학생의 작품이 발전하는 것을 보는 경륜 있는 미술가다. 이는 외로운 여행이 될 수 있지만 대면·비대면 방식으로 미술가, 예비교사나 다른 학교의 미술 교사로부터 도움받을 수 있다. 제3자의 관점은 학생의 작품을 살펴볼 때 유용하다. 목표에 잘 도달하지 못하는 학생에 대해 이야기하거나 생각대로 되지 않은 수업에 대한 문제를 분석할 수 있기 때문이다. 오늘날에는 소셜미디어나 원격학습 플랫폼을 통해 도움을 요청하거나 전문적 학습 공동체를 형성하는 것이 더 쉬워졌다.

학생들의 작업을 평가하는 것 외에도 초등학교 미술 교사는 평가와 관련한 또 다른 잠재적 이점(6장에서 살펴볼 프로그램에 대한 지원)을 활용할 수 있다. 많은 초등학교 미술 교사들은 학교에서 거의 유일한 미술 전문가일 수 있기 때문에 학생 외에 동료, 관리자, 학생의 가족, 지역 공동체 등 학생이 미술 시간에 무엇을 배우는지 이해하도록 모두를 대상으로 강의하기도 한다. 이 관람자들이 어떻게 학습을 볼 수 있는지 안다는 전제로, 교육과정 발표회[전시]는 관람자와 소통하는 것을 가능하게 한다. 가끔은 작품들이 사고와 과정 기반의 교육과정에서 나온 것들이어서 핀터레스트의 게시물처럼 세련되어 보이지 않을 수도 있다. 미술 프로그램 지원을 강화하기 위해서는 관람자가 학생 작품에서 무엇을 찾아야 하는지를 이해해야 한다. 교사는 게시물, 학생의 작품 소개글, 대화, 가정통신문 등을 통해 그러한 이해를 도와야 한다. 또, 관리자에게 메모를 보내 이해시킬 수도 있다. 우리는 미술교육에 대한 지지를 얻기 위해 평가의 엄청난 잠재력을 활용할 수 있다. 복도 전시 및 프로세스폴리오에 학생들이 만들고 성찰한 작품에서 발달시킨 스튜디오 습관을 강조하면 관리자, 동료, 가족들이 이에 관심을 갖고 지원할 가능성이 커진다.

생각해보기

1. 학생이 순응compliance하는 것은 어떤 모습인가? 참여는 어떤 모습인가? 그 차이는 무엇인가?

2. 학생들의 외재적 동기는 무엇인가? 교사로서 학생들의 내재적 동기에 미치는 영향을 최소화하기 위해 무엇을 할 수 있을까?

3. 참여하지 않는 학생 한 명을 생각하라. 스튜디오 습관을 활용하여 그 학생이 자신감이나 흥미를 갖도록 어떻게 접근할 수 있을까?

4. 교육청에서 평가를 어떻게 생각하는지 고려하라. 필요하다면, 교육청의 평가 기준을 기능, 노력, 행동에서 스튜디오 씽킹으로 변화시키기 위한 대화를 어떻게 시작할 수 있는가?

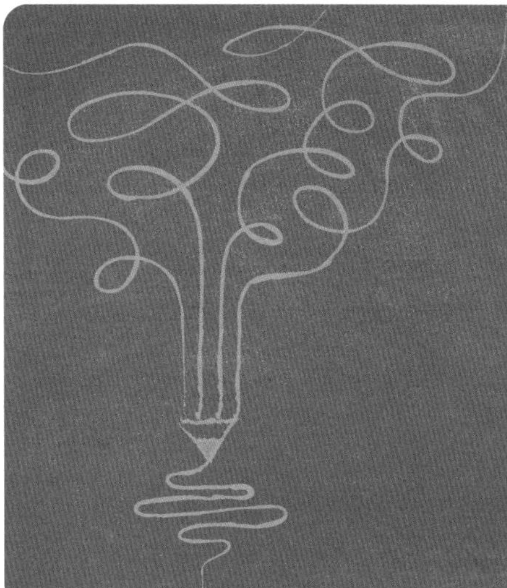

6장 미술실을 넘어 – 지지와 통합을 위한 '스튜디오 씽킹'

지금까지 우리는 미술 교사와 학생이 스튜디오 씽킹 틀을 사용하는 방법에 초점을 두었다. 교실과 기획 과정에서 스튜디오 구조와 스튜디오 사고 습관이 어떤 모습인지 살펴보았으며, 학생이 배운 것을 형성평가하는 방법에 대한 아이디어를 얻었다. 이제 우리는 스튜디오 씽킹 접근법을 사용하여 학부모, 교사, 관리자들에게 미술실에서 일어나는 중요한 사고를 어떻게 인식하고, 미술을 지지하게 할 것인지 알아볼 것이다. 또한 이 장에서는 미술 교사가 교실을 활용하거나 다른 교사와 협력하여 학교 전체에서 스튜디오 습관을 통합하는 방법을 다룬다.

습관의 가시화

모두가 공감하는 언어로 표현하는 것은 언제나 미술교육을 지지하는 데 도움이 된다. 관리자, 학부모, 동료 교사들이 미술실에서 무슨 일이 일어나는지를 인지하도록 하는 것은 장기적으로 미술 교사의 일 처리를 쉽게 한다. 스튜디오 습관은 미술실에서 시작하지만, 미술에만 국한되는 것이 아니라 광범위한 언어를 만들어낸다. 당신의 배경과 상관없이 참여와 끈기가 필요한 경험에 대해 생각할 수 있다. 모두가 프로젝트에 참여하는 것과 지속하는 것의 중요성을 인식한다. 또, 아마도 학생들이 한번 미술에 참여하고 지속하는 것을 배우고 나면, 교실 바깥에서도 이러한 성향을 사용하는 법을 배우게 될 것이다. 이러한 학습 전이는 아직 경험적으로 입증되지 않았으나 교사가 전이를 위한 특별한 지도를 한다면 가능한 것으로 보인다. 스튜디오 습관 용어를 말하고 그것을 언제든 볼 수 있게 만들어야 한다. 이는 미술교육에 대한 지지와 전 교과 영역을 가로지르는 사고를 위한 교량 역할을 한다. 더 넓은 학교 공동체 안에서 스튜디오 습관을 더 명확하게 만들기 위한 방법은 다음과 같다.

- 완성된 작품 없이 미술적 사고에만 초점을 둔 공공 전시를 기획하라. 학생들의 작업 과정[성찰: 질문과 설명]과 자기평가적 판단[성찰: 평가]을 묘사한 인용문을 전시한다. 학생들의 작품 전시는 항상 주목을 받는다. 자기 작품에 대해 무슨 이야기를 했는지 보여줌으로써 작품이 어떻게 보이는지만큼 생각도 중요하다는 것을 강조한다.
- 최종 작품을 초안과 함께 보여주어라. 이렇게 하는 것은 다듬어진 결과물을 위해 작업 과정에서 생각하고 노력한 것들을 강조한다.
- 학생 작품을 전시할 때는 항상 작품 소개글을 함께 전시하라. 또는 작품을 만드는 과정에서 사용한 스튜디오 습관에 대한 참조 글이어도 좋다. 무엇을 보여줄 것인가에 대해 결정할 때, 무엇을 전시하느냐는 곧 가치관을 드러내는 것임을 명심하라. 미술교육의 중점은 미술적 사고를 하는 사람을 만들어내는 것이다. 전시를 통해 어떻게 설명할 수 있을까?
- 공공 전시에서 스튜디오 습관이 중심 역할을 하게 하라. 작품 소개글이나 모든 구두 및 서면 발표에 포함되도록 하라. 하나 이상의 특정 습관에 초점을 두어 기획하고, 강조하려는 스튜디오 습관에 따라 작품을

그룹화하는 것을 고려하라. 또는 하나의 스튜디오 습관에 중점을 두어 보여주어라. "이 모든 작품은 **도전과 탐구**에 초점을 두고 시작했다" 또는 "이 모든 작품은 다른 미술가들에게 영감을 받았으며 미술계를 이해하는 데 도움을 주었다."

- 교육청이나 학교 교육과정, 학습 목표, 교육청이 정한 기준, 총괄평가(경과 보고서와 성적표) 같은 공식화된 문서 안에 스튜디오 습관을 포함하라. 학부모와 관리자에게 미술이 가진 기술적 기능 이상의 가치를 강조할 수 있다.

학부모에게 지속적으로 알리기

학부모는 미술 교사의 가장 큰 동맹군이 될 수 있다. 교실에서 일어나는 중요한 스튜디오 씽킹에 대해 가족들이 지속적으로 알게 하라. 사전 소통(소식지, 이메일, 집으로 보내는 유인물)은 때로 일방적인 것으로 보이기도 한다. 그러나 학부모가 언제 이 정보에 관심을 갖게 될지 모른다. 학교 공동체에 새 가족과 학생이 들어올 때마다 작품 제작은 사고에 관한 것이라는 메시지를 받았는지 확인하라(적어도 한 번 이상 받았는지!). 미술 프로그램에 대한 인식에 변화를 만들 수 있다. 이러한 메시지들은 학교 공동체에 왜 미술교육이 중요한지를 이해하게 하는 데 매우 중요하다. 따라서 반드시 계속하길 바란다!

대부분의 초등학교 어린이들은 미술수업을 좋아하고 왜 중요한지에 대해 말하고 싶어 한다(Hogan, Brownell, & Winner, 출판 예정). 어린이들이 흔히 대답하는 것은 미술이 재미있기 때문이라는 것이다. 완벽하게 훌륭한 이유다. 그러나 어떤 상황에서는 좀 더 학문적·합리적으로 말하는 것이 더 효과적이다. 두 번째 흔한 대답은 미술수업에서 칠하기나 그리기 등의 기술적인 미술 기능을 배울 수 있다는 것이다. 학생들이 부모님에게 미술수업이 얼마나 재미있는지나 미술 관련 기술에 대해서는 이미 이야기했을 것이라고 전제하고, 스튜디오 습관과 미술적 사고에 초점을 두고 시간을 활용하라.

✚ 문 활짝 열어두기

스튜디오 씽킹을 기반으로 하는 미술수업은 학부모들이 자랄 때 접한 미술수업과 꽤 다르게 보일 수 있다. 미술실에서 무엇을 하는지를 보여주는 가장 좋은 방법은 학부모와 보호자를 초대하여 무슨 일이 일어나는지를 보게 하는 것이다. 다음은 미술 교사들이 학부모에게 미술 제작이 사고에 대한 것임을 보여준 방법들의 예시다.

수업 외 자원봉사 기회를 만들어라 에밀리 스튜어트Emily Stewart가 다니던 학교의 학부모들은 한 달에 한 번, 아침에 학생을 데려다준 직후에 미술실에서 필요한 일들을 도왔다. 판지 자르기, 기증된 재료 분류, 미술작품 액자 만들기, 미술실에서 필요한 기타 작업. 학부모는 미술 공동체의 일원이 됨으로써 미술실에 더 많은 투자를 할 수 있다.

수업 중 자원봉사 기회를 만들어라 실리아 나이트의 교실을 보면(3장 참조), 어른들은 어디에나 있다. 어느 날, 자원봉사 공동체의 두 학부모와 은퇴한 과학 교사 한 명이 5학년 학생들의 태양광 패널 작품 만들기를 도왔고, 한 보조 교사는 쉬는 시간을 포기하고 1학년 수업을 도왔다.

학교의 학부모회에는 많은 자원이 있다. 예를 들면 미술가, 기능인, 그리고 전문적이지는 않지만 기꺼이 돕기를 희망하는 사람들. 메리 올슨Mary Olson은 학부모들에게 아이들의 작품 소개글을 써달라고 부탁한다. 그리고 잘 도울 수 있도록 안내문 한 장을 준다(그림 6.1 참조).

학생이 작품 소개글을 완성하도록 돕는 방법

작품 소개글이 무엇인가요?

작품 소개글은 작품에 대해 관람자에게 할 말을 적은 것입니다. 이것은 예술의 밤 행사에서 학생 작품과 함께 모두가 볼 수 있게 전시됩니다.

학생의 사고와 글쓰기를 도울 때 유의할 점

- 목표는 관람자가 아이들이 쓴 것을 이해하는 것입니다. 이해하는 데 지장이 없다면 (특히 유치원~2학년 학생들) 철자가 틀렸더라도 괜찮습니다.
- 아이가 철자를 알려달라고 하면, 보고 쓸 수 있도록 다른 종이에 써서 알려주셔도 됩니다.
- 필요하다면 어린 학생들을 위해 글씨를 써주세요.
- 제목을 쓰는 것은 선택 사항입니다. 빈칸으로 두거나 '무제'라고 쓸 수 있습니다.
- 그림을 그릴 때는 색연필을 사용하도록 말씀해주세요. 필수 사항은 아닙니다.

작품에 대한 세부적인 것을 이야기하도록 도와주세요.

만약 "저는 이게 좋아서 선택했어요", "예뻐요", "멋져요"라고만 이야기한다면, 더 이야기할 수 있게 도와주세요. "더 얘기해줄래? 왜 예뻐 보이니?" 등을 물어봐주세요.

그림 6.1 학생들의 작품 소개글 완성을 돕기 위한 안내문(메리 올슨 개발)

인포먼시스를 개최하라 질 호건, 에밀리 스튜어트와 다른 전문 교사들은 전에 있던 학교에서 학부모들을 인포먼시스*의 아침에 초대했다. 음악교육에서 콘서트의 대안적 접근법에서 영감을 받은 것이다(Reese, 2009). 학부모들은 돌아가면서 미술·음악·무용 수업에서 아이들에게 미술 작업을 하고 안무를 짜고 노래를 작곡하게 했다. 예술수업에서 배우는 것이 무엇인지를 학부모들에게 이해시키는 데는 학부모를 초대하여 스스로 경험하도록 하는 것보다 더 좋은 방법은 없다.

* 인포먼시스informances, information+performances: 정보와 공연의 합성어. 교육적 요소가 있는 무대 또는 예술 공연.

미술 중심 학교 행사를 만들어라 '판지 챌린지'는 줄리 툴이 근무하는 학교의 전통이 되었다(Imagination Foundation, 2017; 3장 참조). 토요일, 여러 가족이 학교에 와서 사전 토의 및 계획한 것을 바탕으로 판지로 대형 입체작품을 만든다. 이를 통해 학부모들은 학생이 미술 제작에 어떻게 참여하게 되는지 확인하고 일부를 경험하게 된다.

학부모 교육을 주도하라 줄리 툴은 또한 학부모들에게 학생이 집에서 미술에 참여하도록 돕는 방법을 이해하도록 한다. 그녀는 집에 작업실을 꾸미는 방법, 미술에 대해 어린이들과 이야기하는 가장 좋은 방법, 미술관 방문 중 대화를 시작하는 방법에 대한 강의를 진행한다(Toole, 2013).

✚ 가정통신문 보내기

때때로 부모들은 최종 성적표가 집으로 올 때에야 미술 교사의 평가 결과를 듣는다. 다른 교사들과 미술 교사가 매긴 성적이나 평가를 본다. 이는 학부모들에게 미술 제작의 중요성을 알리기에 불충분하므로 개인적으로나 학급 혹은 학교 수준에서 가능하면 자주 소통하기를 권장한다.

칭찬 알림장 스티브 쉐프너Steve Schaffner는 칭찬 알림장을 집으로 보내 미술 시간에 일어난 좋은 점들에 주목하도록 한다(그림 6.2 참조). 묘사된 행동(긍정적 행동, 자기조절, 통합, 존중) 옆에 사용한 스튜디오 습관을 체크한다. 코멘트 부분에서 이러한 습관들이 어떻게 나타났는지 이야기하고, 부모들이 원하면 답할 수 있는 부분을 만들었다. 스티브는 칭찬 알림장을 어떻게 사용하는지 설명한다.

> **한 학기 동안 높은 수준에서 '스튜디오 습관'을 설명할 때 학생들에게 칭찬 알림장을 준다. 나는 내가 하는 모든 수업에서 최소한 두 번은 주려고 노력한다. 항상**

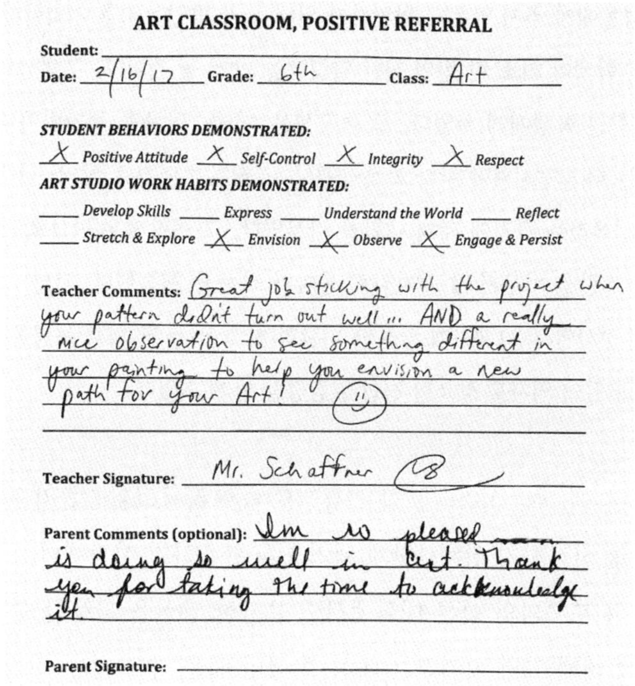

ART CLASSROOM, POSITIVE REFERRAL

Student: ______________________

Date: 2/16/17 Grade: 6th Class: Art

STUDENT BEHAVIORS DEMONSTRATED:

X *Positive Attitude* X *Self-Control* X *Integrity* X *Respect*

ART STUDIO WORK HABITS DEMONSTRATED:

___ *Develop Skills* ___ *Express* ___ *Understand the World* ___ *Reflect*

___ *Stretch & Explore* X *Envision* X *Observe* X *Engage & Persist*

Teacher Comments: Great job sticking with the project when your pattern didn't turn out well... AND a really nice observation to see something different in your painting to help you envision a new path for your Art! (smiley face)

Teacher Signature: Mr. Schaffner

Parent Comments (optional): I'm so pleased [redacted] is doing so well in art. Thank you for taking the time to acknowledge it.

Parent Signature: ______________________

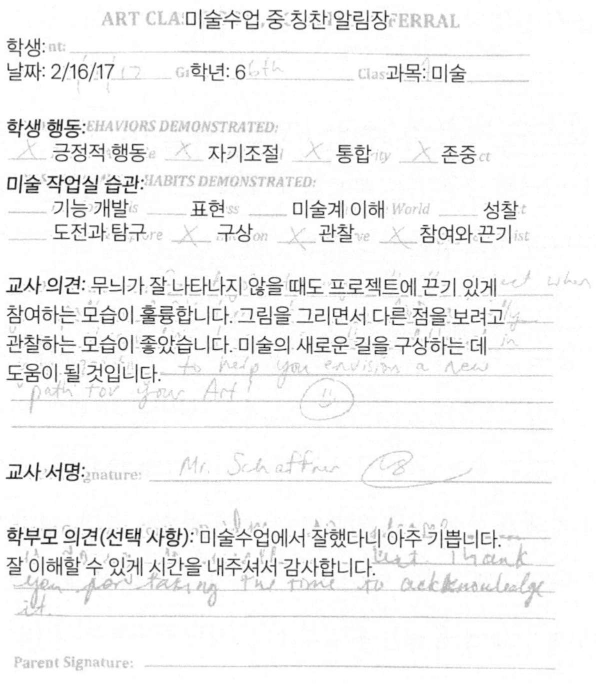

미술수업 중 칭찬 알림장

학생:

날짜: 2/16/17 학년: 6 과목: 미술

학생 행동:

X 긍정적 행동 X 자기조절 X 통합 X 존중

미술 작업실 습관:

___ 기능 개발 ___ 표현 ___ 미술계 이해 ___ 성찰

___ 도전과 탐구 X 구상 X 관찰 X 참여와 끈기

교사 의견: 무늬가 잘 나타나지 않을 때도 프로젝트에 끈기 있게 참여하는 모습이 훌륭합니다. 그림을 그리면서 다른 점을 보려고 관찰하는 모습이 좋았습니다. 미술의 새로운 길을 구상하는 데 도움이 될 것입니다.

교사 서명:

학부모 의견(선택 사항): 미술수업에서 잘했다니 아주 기쁩니다. 잘 이해할 수 있게 시간을 내주셔서 감사합니다.

Parent Signature:

그림 6.2 스티브 쉐프너가 집으로 보낸 칭찬 알림장. 학생들이 달성한 스튜디오 씽킹을 표시함.

같은 학생들에게 주지 않는지 확인하기 위해 누가 받았는지를 기억한다. 한 학기에 '모든' 학생이 최소 한 번의 칭찬 알림장을 받게 될 것이다. 구체적으로, 지난 주에는 7학년 학생에게 주었다. 그 여학생은 '최종' 작품을 평가받기 위해 제출했다. 나는 더 발전시켜야 한다고 생각했다. 스케치가 연필로 빨리, 너무 대충 되어 있었다. 우리는 그것에 대해 대화를 나누었다. 그 여학생은 단 1초도 딴 데 집중하거나 소란을 피우지 않고 자리로 돌아가 작품을 계속했다. 그날, 그 학생은 작품을 수정하면서 21세기에 필요한 비판적 사고와 문제 해결 능력을 보여주었고, 참여와 끈기 의지를 강조한 칭찬 알림장을 받게 되었다.

학생의 수행에 대해 이야기할 때 스튜디오 습관 활용하기 줄리 툴은 학부모 상담 시에 대화를 시작하기 위해 1단계 평가표를 활용하기 시작했다(그림 6.3 참조). 진행 상황 보고나 부모와의 다른 대화에서도 유사한 양식을 활용할 수 있다. 줄리는 학생의 작품에 대해 그냥 얘기하는 대신, 학생이 배운 사고 기능, 강점과 막 발달하기 시작한 성장 가능 영역에 대해 스튜디오 습관을 인용하여 이야기한다.

소식지 많은 교사들은 전통적인 유인물이나 블로그 같은 전자 형식으로 소식지를 내보낸다. 이러한 소식지는 부모들에게 학생들이 기술적인 미술 기능에만 참여하는 것이 아니라 사고 습관의 중요성을 배우는 것이 얼마나 중요한지를 교육할 기회다.

소식지와 블로그에 미술실에서 초점을 두는 스튜디오 습관을 넣어라. 학생 작품의 예시나 인용문, 스튜디오 습관을 소개하는 설명문과 함께 학생이 쓴 작품 소개글을 포함하는 것도 유용하다. 시작은 짧고 간단하게 해야 한다. 시간이 흐르면서 모든 학생에게 차례가 돌아갈 수 있도록 기억해두어야 한다. 마지막에는 학부모와 대화하면서 무엇을 느꼈는지와 미술 프로그램에 대해 더 알고 싶은 것을 묻는 메모를 집으로 보내라. 그들의 응답은 확실히 이를 지속하도록 만들 것이다!

Studio Expectations and Studio Habits of Mind	Area of strength or Area of growth	Comments
Come up with an idea (Envision & Express)	strength!	Always is inspired to create
Select & gather tools & materials (Develop Craft)	Strength	independent and knows the studio
Set up a Workspace (Develop Craft)	Strength	
Create (Develop Craft & stretch & explore)	Strength	Constantly learning and practicing new techniques
Clean up & store artwork (Develop craft, Understand Art World)	Strength	organized
Engage & Persist (work on art over time)	Strength	Does get frustrated at times but works until con
Revise, Edit and Reflect (Observe & Understand Art World)	Growth	I would like to see her take feedback and revise to go deeper with her work
Meet Deadlines and Share (Reflect & Understand Art World)	Strength	Loves to talk about her art and inspire others

미술실에서 할 일과 '스튜디오 사고 습관'	강점 또는 성장 가능 영역	의견
아이디어 떠올리기 (구상과 표현)	강점	항상 창작을 위한 영감을 떠올림.
도구와 재료를 선택하고 모으기 (기능 개발)	강점	독립적이고 작업실을 알고 있음.
작업 공간 준비하기 (기능 개발)	강점	
만들기 (기능 개발, 도전과 탐구)	강점	꾸준히 새로운 기술을 배우고 연습함.
정리하기와 작품 보관 (기능 개발, 미술계 이해)	강점	잘 정리함.
시간이 지나도 계속하기 (참여와 끈기)	강점	좌절할 때도 작업을 계속함.
수정하고 성찰하기 (관찰, 미술계 이해)	성장 가능 영역	피드백을 받고 나서 더 깊이 있게 작업을 수정하는 것을 보고 싶어 함.
기한 맞추고 공유하기 (성찰, 미술계 이해)	강점	작품에 대해 이야기하기를 좋아하고 다른 친구들에게 영감을 줌.

그림 6.3 학생들의 강점과 성장 가능 영역을 확인할 수 있는 줄리 툴의 1단계 평가표

학교 공동체와 협업하기

미술실에서 일어나는 사고에 대해 학부모와 관리자를 교육하는 데서 더 나아가 담임 교사와 다른 교사들 또한 시각예술 수업에서 배우는 사고 습관이 무엇인지 아는 것이 도움이 된다. 학생들이 스튜디오 사고 습관을 내재화하는 가장 좋은 방법은 다양한 교사로부터 다른 맥락에서 경험하고 듣는 것이다. 특히 교사가 각기 다른 수업을 연결하는 것이 좋다. 교사들이 통합의 중심으로 스튜디오 습관 사용을 함께 계획할 때, 학생들은 이해하기 쉬워질 것이다.

✚ 스튜디오 구조 빌리기

스튜디오 구조는 다른 과목을 맡은 교사가 활용할 수 있는 수업 형식이다. 전통적으로 몇몇 교과에서 **교사 시연**은 오랜 시간을 차지했다. 만약 시연 시간이 더 짧은 스튜디오 구조와 비슷한 형식을 활용하면 좀 더 효과적일 수 있다. 미술수업에서 **교사 시연**은 매우 짧게 이루어진다. 학생들은 프로젝트를 수행하고 교사는 관찰하고 개선 가능성을 제안하고자 학생들 사이를 돌아다니므로 **학생 작업** 단계가 수업 시간의 대부분을 차지한다. 이 형식은 모든 수업에서 활용할 수 있다. 학생이 무엇을 해야 하는지 안다면, 교사가 돌아다니면서 대화를 듣고 필요한 개입을 하여 도울 수 있다. 학생들은 개인 혹은 그룹으로 작업을 진행할 수 있다. 자신과 친구의 작품에 대해 비판적으로 생각하는 성찰의 시간인 **미술작품에 관한 대화** 단계는 모든 교과에서 유용한 수업 형식이다. 다른 교과의 교사들은 이 아이디어를 활용하여 학생의 참여와 성공을 북돋울 수 있다.

✚ 통합의 중심으로서 스튜디오 습관

스튜디오 습관은 광범위하며 다양한 상황에서 유용하다. 스튜디오 습관들은 다른 모든 교과에서 활용할 수 있다. 표 6.1에 우리가 가장 좋아하는 공통부분들을 제시했으나 참고만 하기 바란다. 이 외에도 통합 가능성은 무한하다.

교사가 같은 용어를 사용할 때 학생들은 미술과 다른 교과를 연결하게 된다. 미술 교사는 작품을 보는 동안 **관찰**에 대해 이야기하고, 과학 교사는 현미경을 통해 물체를 주의 깊게 탐구하는 토의에서 **관찰**이라는 용어를 사용한다. 통합의 중심은 교사가 교과 영역을 가로지르는 아이디어를 어떻게 연결할지 시간을 들여 토론할 때 유지될 수 있다. 용어를 공유하고 다른 수업에서 이루어지는 내용을 구체적으로 참고하는 것도 포함한다. 예를 들어, 수학 교사는 문제를 풀면서 **관찰**이나 **구상**하는 방법에 대해 이야기하고, 사회과 교사는 특정 교과서가 저자의 태도나 신념을 어떻게 표현하고 있는지를 생각하도록 한다. 작은 것부터 시작할 것을 명심하라. 다른 교사 한 명과 먼저 대화해보고, 둘에게 공통적으로 무엇이 떠오르는지 살펴보라. 거기서부터 대화를 발전시키면 된다. 또는 시카고의 키티 콘드 학교에서처럼(3장 참조) 다른 교사들과 함께하는 독서클럽에서 『스튜디오 씽킹』(Hetland et al., 2013)을 사용해 시작해볼 수 있다. 액턴박스버러 학교 교사들처럼 전공 토론 모임에서 활용해볼 수도 있다(4장 참조).

담임 교사가 미술 주제를 인식하게 하라 미술 프로그램에서 다루는 주제를 살펴보라. 프로젝트를 위해 미술 교사가 선택한 것이든, 학생들이 선택하여 발전시킨 것이든 상관없다. 목록을 만들어 학교 동료들에게 그들이 가르치는 것과 연결되는 게 있는지 질문하라. 아마 너무 많아 놀랄지도 모른다! 이 주제들과 관련하여 교사들이 무엇을 하는지 더 찾아보고, 무엇을 하는지 설명하라. 그러고 나서 학생들에게 이러한 연결을 보여주기 위한 더 좋은 방법이 있는지 확인하라.

담임교사 대상 전문성 개발 연수 캘리포니아주의 동샌프란시스코만에 위치한 앨러미다 카운티는 18개 학구로 이루어져 있다. 이 지역에서는 전문성 개발을 위한 통합 예술 학습 전문가 프로그램Integrated Arts Learning Specialist Program, ILSP을 만들었다. 앨러미다 카운티 교육청 소속 루이스 뮤직의 연구팀이 공동제작한 ILSP는 교사들

표 6.1 스튜디오 습관 통합

기능 개발	과학	학생들은 과학수업에서 현미경, 자석, 장치, 시험관 같은 도구를 사용하는 방법을 배워야 한다. 그리고 체계적인 방법으로 이 도구들을 다루고 정돈하여 보관하는 방법을 배워야 한다.
	도서관	학교 도서관에서 어린이들은 기본적인 기능을 배워야 한다. 예를 들면 책을 찾는 방법, 대출해서 집으로 가져가는 방법, 어디에 원하지 않는 책을 놓아야 하는지 등. 또한 도서관 책들을 다룰 때는 책에 낙서하지 말아야 한다거나 표지를 뒤로 접지 말아야 한다는 것을 배워야 한다.
참여와 끈기	도서관과 국어	학생들은 적절한 책을 찾는 요령을 배운다. 책들은 너무 어렵거나 너무 쉽지 않아야 하고, 계속 흥미를 사로잡아야 한다. 가장 재미있을 것 같은 도서관 분류(예: 소설, 비소설, 과학, 생물)에 대해 배울 수도 있다. 그러면 학생들은 스스로 선택한 책에 사로잡힐 것이다.
	사회적 감정 학습	학생들이 끈기를 발휘해 얼마나 향상되는지를 보면, 노력으로 똑똑해질 수 있음을 알게 된다. 심리학에서는 이를 '성장 마인드셋'이라고 한다(Dweck, 2006). 무엇인가를 잘하거나 못한다는 믿음 대신에 이런 마음가짐을 가지면 자신감과 계속하려는 의지를 지니게 된다.
구상	사회	다른 문화에 대해 배우는 것은 학생들이 그 문화에서 사는 것이 어떨지 구상하는 역사적 상상력을 발달시킨다. 어떤 모습이고, 어떤 소리가 나고, 어떤 냄새가 나고, 어떤 느낌일까?
	과학/기술	아이들에게 부딪혀도 쓰러지지 않는 레고 블록으로 구조물을 만들라고 하면, 가능한 다양한 형태를 구상하게 된다. 작업하면서 구상하는 것은 그들이 하는 작업이 단순 시행착오가 아님을 뜻한다. 오히려 그들은 구상한 구조가 얼마나 잘 서 있을지를 머릿속으로 테스트하고 있다.
표현	국어	학생들의 이야기는 기분, 분위기, 개인적인 목소리를 담아 쓰였을 때 더 설득력이 있다.
	음악	미술가들이 표현적 메시지를 보여주기 위해 조형 요소를 사용하듯이, 음악가들은 이미지와 감정을 전달하기 위해 셈여림, 박자, 악구, 형식 같은 음악의 구성요소들을 사용한다.
관찰	과학	학생들이 과학을 배울 때는 관찰해야 한다. 예컨대 식물을 식별하기 위해 가까이서 보고, 현미경을 통해 세포 구조를 분석하고, 동물의 비교 행동을 관찰하여 행동 기능을 이해한다.
	체육	더 나은 운동선수가 되려면 학생들은 자신의 몸이 어떻게 움직이는지 알아야 한다. 다른 사람들을 면밀히 관찰하고 몸에서 일어나는 일에 주의를 기울임으로써 기능을 향상시킬 수 있다.

성찰	수학	일본의 수학수업에서는 학생들에게 종종 어떻게 문제를 해결했는지 설명하도록 한다. 이는 문제를 해결하고 찾는 접근법에 대한 토론으로 이어진다.
	창의적 글쓰기	학생들이 자신의 이야기를 쓸 때, 첫 번째 초안으로 시작하며 고치고 새 초안을 만들 수 있다. 달성하고자 했던 것, 얼마나 잘 달성했는지, 배운 것들을 포함하는 작가의 말을 쓰도록 하여 추후 작업을 개선하는 데 도움이 될 수 있다.
도전과 탐구	수학	학생들에게 두뇌를 자극하는 수학 문제를 제시하고 해결책을 찾도록 할 수 있다. 정답을 찾는 데 대해 걱정할 필요가 없다. 여러 해결책을 시도함으로써 배운다. 교사는 오류의 가치를 보여주는 이러한 경험을 활용할 수 있다. 오류는 새로운 아이디어가 떠오르게 하고, 잘되지 않는 부분을 찾아내 바꿀 방법을 알려준다.
	음악	학생들에게 자신이나 다른 사람들의 작곡을 기억할 수 있도록 발명된 형식의 기보법을 만들게 할 수 있다. 좋은 방법이 많이 있을 수 있다. 기억하는 데 도움이 되는 무언가를 떠올리거나 전에 그것을 한 번도 들어보지 않은 사람에게 그 소리를 설명할 수 있다.
미술계 이해	과학	질문은 과학 영역의 산물이므로 과학수업에서는 학생들에게 질문한 내용을 보여줄 수 있다(예: 이 곤충이 색을 볼 수 있을까요? 왜 이 동물은 환경에 어울리는 털을 가지고 있나요? 왜 잎은 색이 변할까요?). 이러한 질문은 전문 과학자가 과학적 이해를 만들어내기 위해 노력하여 만든 것과 비슷하다(영역). 또한 학생들은 소그룹에서 실험할 때 다른 역할들을 맡을 수 있다(공동체).
	수학	수학수업에서 학생들은 학습 내용이 실제 상황에서 사용되는 예시를 보면서 전문 수학자가 어떻게 세상과 자신을 연결하는지를 이해할 수 있다. 수학이 다리 건설, 음악 기보법, 달의 주기를 설명하는 데 어떻게 사용되는지 보여주어라.

이 스튜디오 씽킹, 이해를 위한 교육, 학습의 가시화(모두 하버드 교육대학원의 프로젝트 제로[n.d. b]에서 시작함) 같은 수업 형식을 자신의 수업에 통합하도록 도와준다. 다음에서는 유치원~5학년 학생들을 가르치는 모든 교사가 ILSP에 참여하고 있는 마야린 학교에서 일어나는 일들에 대해 살펴본다.

스튜디오 사고에 전념하기: 마야 린 학교에서의 하루

캘리포니아주 앨러미다 카운티에 있는 마야 린 학교에 들어가 보면, 스튜디오 사고 습관이 학교 문화에 매끄럽게 통합되었다는 점을 알 수 있다. 단지 미술실 내부뿐만 아니라 복도 주변과 교실 안에서도 확인할 수 있다. 학부모들을 위해 심지어 학교 현관 가까이에는 스페인어로 번역되어 있기도 하다(그림 6.4 참조).

이 절에서는 마야 린 학교의 여러 교실을 둘러보면서 이 학교 환경에 스튜디오 습관을 얼마나 고심하여 통합했는지 알 수 있다. 그 결과, 학생들은 전 교과와 일상 생활에서 이러한 사고 습관들이 어떻게 나타나는지를 알게 된다.

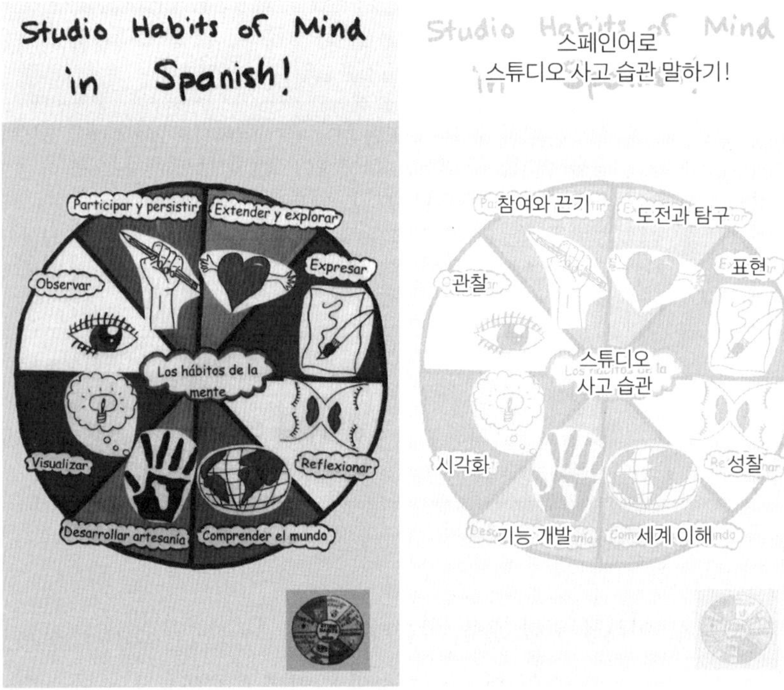

그림 6.4 학부모를 위해 스페인어로 번역된 스튜디오 습관

✚ 아침 미술 시간

콘스턴스 무어Constance Moore와 1학년 학생들이 있는 미술실의 아침이다(그림 6.5 참조). 올해 학생들은 '미술가들이 어떻게 세상을 변화시키는가?'라는 주제에 집중하고 있다. 학교의 모든 학생은 개인적으로 의미 있는 메시지를 전달하는 가면을 만들고 있다. 이 작업은 브레인스토밍을 통한 아이디어 생성, 시각 저널의 메모와 스케치, 학생들이 확장한 아이디어를 선택하도록 돕는 성찰을 포함하는 과정을 거쳤다. 학생들은 종이죽으로 가면의 기본 형태를 만들고, 물감이나 다른 표면 요소들을 추가할 준비를 하게 될 것이다.

그림 6.5 미술 교사 콘스턴스 무어와 1학년 그레이슨이 스케치에 대해 토론하는 모습

몇몇 작품은 '노숙자'와 '지구 온난화' 같은 큰 이슈들을 다루고, 다른 작품들은 1학년 수준의 더 작은 문제들에 중점을 둔다. 교사 콘스턴스는 냉동식품이 어떻게 녹을 수 있는가를 걱정하는 한 학생에 대해 이야기한다. 학생에게 이 문제는 중요하고 관심을 끌기 때문에 이 생각을 선택하도록 조언한다.

학생 작업 단계 동안 1학년 학생인 세라피나Serafina는 작품에 동기를 준 이슈에 대해 이야기하기를 좋아한다. "우리는 무관심하지 않으려고 하지만, 어떤 사람들은 꽃을 너무 많이 꺾어서 이제 꽃이 없어요. 그래서 꿀벌이 죽어요. 문제예요." 세라피나는 작품에서 다양한 요소를 지적하면서 명확하게 전달한다. 눈을 반짝이며 모루로 만든 꽃에 집중한다. "이건 튤립이에요. 빨대들로 만들었어요. 아름다운 보라색 장미예요! 그리고 이건 그냥 크고 거대한 꽃이에요."(그림 6.6 참조)

어린 학생들의 수업이 끝나고, 4학년 학생들의 수업 시간이 되면, 학습 주제는 점차 심화된다. 말라카이Malakai는 신발 상자에 연필로 구멍을 내고 있다. 같은 테이블에 있는 다른 친구들은 하던 것을 멈추고 위를 올려다본다. 한 학생이 뭘 하고 있는지 묻는다. 말라카이는 대답하지 않지만 또 다른 학생이 작업을 살피고는 "총알 자국을 만들고 있는 거야"라고 말한다. 또 다른 학생은 "그건 인종차별에 반대하는 엄청 강력한 선언이야"라고 말하기 시작한다. 마침내 말라카이는 "이건 아무 이유 없이 흑인을 죽이는 경찰에 관한 거야"라고 대답한다. 관람객이 작품을 보면서 어떻게 알 수 있느냐는 질문에 "왜냐면 여기 피가 있잖아. 빨간색"이라고 말한다.

그림 6.6 꿀벌 보호에 관한 자기 작품에 대해 열정적으로 설명하는 세라피나

전교생에게 내주는 가면 숙제는 학생들에게 개인적 의미를 표현하도록 한다. 목적은 작품이 사람들에게 보여질 때 영향을 미칠 수 있게 변화를 주는 것이다. 가면이 완성되면, 콘스턴스의 교실은 선택의 폭이 더 넓어진다. 다른 작업실들을 개방하고 학생들은 다양한 재료로 개인적 작업을 하되, 미술가들이 어떻게 세상을 변화시키는가에 대한 올해의 주제가 중심이 된다. 가면 만들기는 올해 후반에 있을 더 큰 프로젝트를 위한 연습이다.

✚ 2학년의 오후

점심시간 후, 2학년 학생들은 스튜디오 습관을 기반으로 한 세 개의 수업을 듣는다. 학생들은 도서관에서 시작하여 미술가들이 어떻게 세상을 변화시킬 수 있는가에 관한 창의적인 탐구 과정에 도서관의 자료들을 어떻게 활용할지 논의한다

[구상]. 그런 다음, 비닐봉지 반대 캠페인을 만든 동시대 미술가 아이다 술러바Aida Sulova의 영상을 시청한다. 학생들은 미술가가 작품을 사용하여 어떻게 변화에 영향을 미쳤는지와 작품을 만들면서 어떤 스튜디오 습관을 사용했는지에 대해 토론한다[미술계 이해: 영역]. 학생들은 스튜디오 습관에 대해 듣는 것에 익숙하기 때문에 쉽게 아이디어들을 나열한다.

다음으로, 학생들은 미술실로 가서 그전 수업에서 해왔듯이 가면 작업을 계속한다. 학생들의 작업은 방금 본 영상의 아이다 술러바가 한 것 같은 사회적 메시지를 담고 있다[표현]. 학생들이 작업하는 작품에는 많은 주제 가운데서도 그들에게 중요한 오염, 멸종위기에 처한 동물, 전쟁 등의 주제들이 담겨 있다.

미술수업이 끝나고 학생들은 교사 브라이언 닷슨Brian Dodson과 함께 교실로 돌아간다. 브라이언의 교실은 스튜디오 습관의 풍부한 증거들을 보여준다. 교실 사물함 문에는 완성된 교실 활동에 대한 성찰을 위해 뽑아 쓸 수 있는 문장 완성하기 활동지가 있다(미술작품만을 위한 게 아니다!) (그림 6.7 참조). 오늘 학생들은 진행 중인 프로

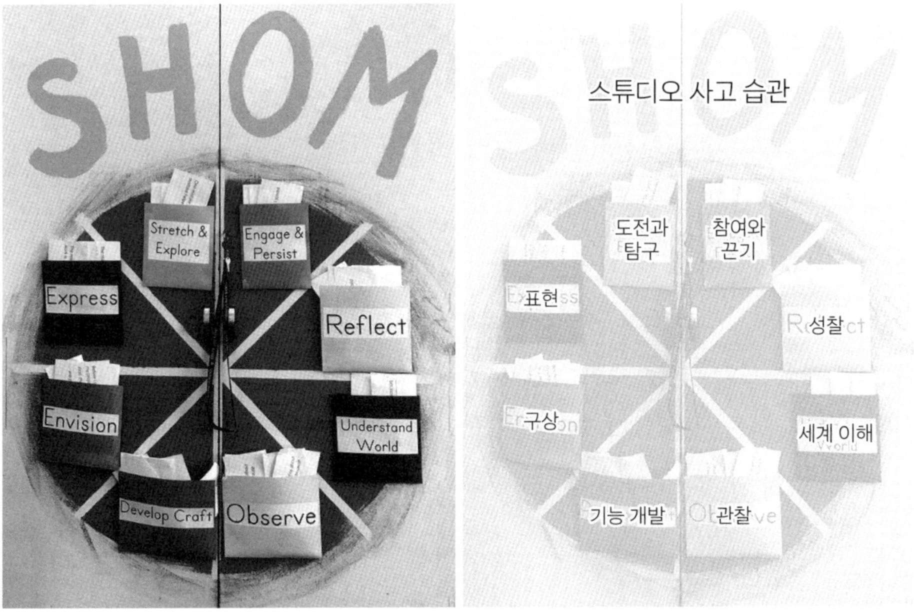

그림 6.7 브라이언 닷슨이 교실 활동 성찰을 위해 사용하는 스튜디오 습관에 대한 문장 완성하기 활동지

젝트의 최종 결과에 대해 답하고 있다. 마야 린 학교에 전학 올 가상의 학생 한 명을 각 모둠별로 생각하게 했다. 여러 가상의 학생들은 독특하고 어려운 부탁을 한다. 마야 린 학교로 옮기고 싶다는 것이다. 이유는 지금 다니는 학교에 돈이 없어 준비물이나 점심을 제공해주지 않아서, 자신이 폭력적이어서, 친구들이 너무 재미없어서 등이다. 학생들은 가상의 학생을 대신하여 편지를 쓰고, 시각적 이미지를 만들고, 학교에 전학을 허가받는 상황에 몰입하게 된다. 오늘 가상의 학생 중 전학을 올 수 있는 한 명이 선택되었다. 학급은 누가 선택되었는지 알려주는 편지를 받았다. 그 소식에 뽑힌 모둠은 기뻤겠지만 다른 많은 모둠은 아쉬웠을 것이다. 이에 대해 브라이언은 스튜디오 습관의 **표현**에 중점을 두고 미술작품, 시, 창의적 글쓰기 중 선택해서 반응하게 했다.

✚ 한편, 1학년 교실 모습

복도를 따라가면, 교사 에밀리 로버츠Emily Roberts가 1학년 수학수업에서 모양과 패턴, 그리고 패턴 사이의 비슷한 점과 차이점을 가르치고 있다. 브라이언의 교실처럼 에밀리의 교실에서도 다양한 장소에서 스튜디오 습관을 볼 수 있다. 수업은 각각 다양한 모양으로 채워진 네 개의 칸을 프로젝터로 보여주면서 시작한다(그림 6.8 참조). 학생들은 관찰하고 알게 된 것을 공유한다.

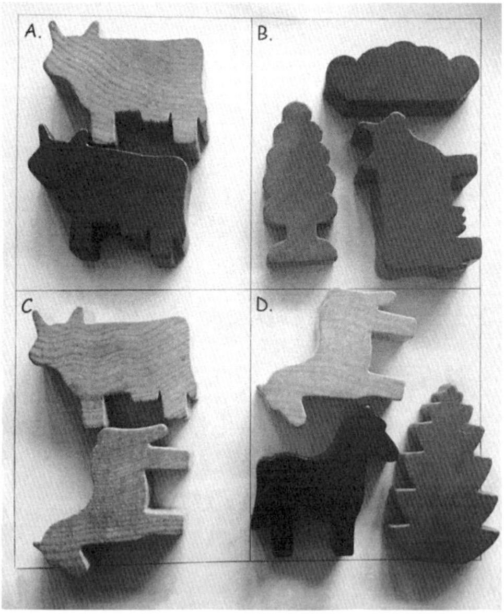

그림 6.8 1학년 학생들의 차이점과 비슷한 점 관찰하기

“그러니까 처음에는 우리가 자세히 보고 있었어요.” 에밀리가 말한다.

“관찰했어요. 손을 대지 않고 그냥 보기만 해요. 사람들에게 볼 시간을 주는 거죠.” 시간이 되면, 에밀리는 관찰한 것에 대해 질문한다.

“D 블록이 다른 것 같아요. 왜냐면 검은색 모양이 있기 때문이에요.”

“저는 A에 같은 모양 2개가 있는 걸 알아냈어요.”

“옆으로 돌려진 모양이 없기 때문에 A라고 생각해요.”

몇 가지 예시와 관찰을 충분히 한 후, 학생들은 책상으로 이동하여 활동한다. 학생들은 물감을 이용해 자신만의 모양, 색, 패턴을 만들어낸다. 에밀리는 방향을 제시한다.

원한다면 이 종이에 간단한 스케치나 그림을 계획할 수 있습니다. 어떤 모습이 될지 머릿속으로 구상만 하고 바로 그리고 싶다면 그려도 괜찮습니다[구상]. … 잠깐 동안 머릿속으로 그림을 그려보세요. 계획을 세우세요. 청록색, 자홍색, 노란색을 사용할 수 있습니다(에밀리는 원색들을 템페라와 섞어 칙칙하고 생기 없는 2차 색을 만들 수 있다는 것을 알고 있으므로 잘 혼합되는 색들을 주황, 녹색, 보라색으로 대체한다[기능 개발: 기술]). 여러분은 이것들을 어떻게 섞는지 알고 있어요. 나는 검은색과 하얀색을 가져올 수도 있습니다[기능 개발: 기술]. 마음속에 구상한 대로 무엇을 사용할 수 있는지 알아야 합니다.

그런 다음 학생들은 종이를 받기 위해 한 명씩 에밀리에게 다가간다. 그들이 오자 에밀리는 주제에 관한 계획에 대해 질문한다. 학생들은 과일, 점, 트럭, 감정, 채소, 자연이라고 대답한다. 에밀리는 “과일 아이디어가 많네요. 여러분은 서로 영감을 주고받는 것 같아요”라고 말한다[미술계 이해: 공동체].

학생들은 앉아서 작업을 시작한다. “젓고, 젓고, 젓고, 훑고, 훑고, 훑고, 톡, 톡, 톡.” 에밀리는 학생들에게 붓에 물감을 충분히 묻히는 적절한 방법을 상기시킨다. “보라색이 보이네요! 여러분은 기능을 발전시키는 데 소질이 있어요. 색의 혼합을 보세요. 친구들이 색을 섞는 것을 서로 도와주는 걸 보고 싶네요"[기능 개발: 기술; 미술계 이해: 공동체].

그림 6.9 자기가 그린 모양에 대해 이야기하는 로넌과 1학년 교사 에밀리 로버츠

학생들은 계속해서 작업하고, 교사는 네 칸 안에 행복한, 슬픈, 당황한, 화난 표정을 만들어 빨리 끝낸 로넌Ronen에게 다가간다. 로넌은 조용히 앉아 작품을 잠시 관찰한다. 그런 다음 추가할 것들을 생각한다. "슬픈 그림에다가 눈물을 더할 거예요." 로넌이 교사에게 말한다. "그리고 행복한 사람에다가 해님을 더 그릴 거예요." 잠시 후, 교사는 다시 다가간다(그림 6.9 참조). 로넌은 긴장한 얼굴 옆에 보라색 얼룩처럼 보이는 것을 추가했고, 교사는 무엇을 추가한 것인지 질문한다. "포도예요. 왜냐면 긴장은 보라색이거든요." 교사는 놓치지 않고 "긴장감이 너에게는 보라색 같니? 색은 감정을 표현하는 굉장한 방법이구나"[표현]라고 말한다.

학생들은 작업을 마친 다음 붓과 팔레트를 씻고 교실 앞 러그로 간다[기능 개발: 미술실 실습]. 모둠이 다시 모이면 어떤 스튜디오 습관을 사용했는지 성찰하고 스스로 다양한 대답을 한다.

"저는 관찰을 사용했어요. 왜냐하면 어떤 걸 바꿔야 하는지 알아야 하기 때문이에요."
"저는 새로운 것을 그리려고 했기 때문에 도전하고 탐구했어요. … 포켓몬요."
"저는 구상을 사용해서 제 작품이 어떻게 될지 상상했습니다."

대화가 끝나자 학생들은 종례를 하기 위해 가방과 외투를 챙기러 간다.

우리는 당신이 미술실 안팎에서 스튜디오 씽킹이 유용하다는 것에 믿음을 갖기를 바란다. 스튜디오 사고 습관은 모든 주제 영역에 통합될 수 있다. 교사들이 미술에서의 사고와 다른 영역에서의 사고를 연결하면 학생들은 학습을 연결할 수 있는 더 많은 기회를 갖게 된다. 또한 스튜디오 사고 습관들의 힘과 범위는 미술교육의 중요성과 진지함을 지지하는 데 활용될 수 있다. 여러분이 스튜디오 씽킹 관점을 통해 미술실을 바라보고, 다른 사람들도 같은 관점으로 바라보도록 도울 수 있기를 바란다.

생각해보기

1. 이 장에서는 교사가 미술실에서 일어나는 사고를 교실 밖의 사람들이 볼 수 있도록 미술 프로그램을 지원하는 다양한 방법을 설명한다. 어떤 것을 실행해볼 것인가? 학교 공동체를 교육하는 데 도움이 되는 다른 어떤 것을 계획할 수 있는가?

2. 공개 전시에 대해 생각하라. 전시회에 일반적으로 어떤 내용을 담는가? 게시판에 걸린 내용이 사람들에게 미술교육의 가장 가치 있는 부분을 나타내 보여주는가? 그렇지 않다면, 미술수업에서 사고와 학습을 더 잘 지지하기 위해 다른 전시물을 어떻게 활용할 수 있는가?

3. 학부모 공동체에 대해 생각해보라. 미술 프로그램에 끌어올 수 있는 자산은 무엇인가? 무엇이 그들과 당신을 가장 편안하게 하는가? 만약 부모들이 아직 미술 프로그램에 참여하지 않고 있다면, 짧은 시간 동안 학부모 소그룹에 초대할 계획을 세우고 어떻게 진행되는지 평가하라. 어떻게, 언제 미술실에서 도움을 줄 수 있는지 선택권을 제공하라. 당신과 학부모 공동체 모두에 도움이 되는 기회를 계속해서 제공하기 위해 학부모 피드백을 활용하라.

4. 당신의 학교에서 어떤 동료가 자신의 수업에 기꺼이 스튜디오 사고 개념을 도입할 것 같은가? 벌써 관심을 갖는 사람은 누구인가? 특히 당신이 관심 있는 교육과정 영역을 가르치는 사람은 누구인가? 이런 동료들에게 어떻게 접근해볼 수 있을지 생각하라. 그들이 스튜디오 씽킹 개념을 수업에 통합하는 게 왜 좋은지 묻는다면, 어떻게 대답할 수 있는가?

RESOURCES FOR TEACHERS

부록
교사를 위한 자료

—

미국 전역의 교사들이 자신의 교실 상황을 위해 만든 자료를 아낌없이 공유해주었다. 물론, 모든 아이디어가 교실에 완벽히 맞지는 않을 것이며, 필요에 따라 조정하거나 재개념화해야 할 수도 있다. 이 자료를 아이디어를 위한 발판으로 활용하기를 바란다. 우리가 이 자료를 만든 것이 아니기 때문에 여기에 명시된 특정 단어 또는 개념에 모두 동의하는 것은 아니다. 추가로 부록 F에 국가 핵심 예술 성취기준과 스튜디오 습관을 연결하는 참고표를 제공한다. 웹사이트 www.studiothinking.org에 있는 추가 자료와 함께 수업 실행에서 이 자료가 스튜디오 씽킹 틀을 통합하는 데 도움이 되기를 바란다.

✚ 게임, 노래 그리고 더 어린 아이들을 위한 루틴

부르고 대답하기 게임 미술 교사 제시카 키츠먼Jessica Kitzman은 스튜디오 씽킹을 처음 도입할 때, 부르고 대답하는 상호작용을 반복하며 수업마다 새로운 습관을 강조한다. "선생님이 '미술가'라고 말하면, 여러분은 '**관찰**'이라고 말하세요!" 그녀의 목표는 스튜디오 습관 용어를 소개하고 학생들이 스스로를 미술가라고 생각하게끔 격려하는 것이다. 스튜디오 습관 부르고 대답하기는 인기가 많아 1년 내내 사용한다.

스튜디오 습관 보물찾기 놀이 제시카 키츠먼은 보물찾기 놀이를 개발했는데, 각 스튜디오 습관을 종이에 인쇄해서 교실 주변 잘 보이는 곳에 숨겨놓는 것이다. 단서들이 적혀있는 쪽지는 보물찾기 놀이의 보물이다. 제시카는 **미술계 이해: 공동체** 쪽지를 동시대 미술가들을 보여주는 게시판 옆에 놓는다. 왜냐하면 그들이 어떻게 함께 작업하는지 보여주기 때문이다. **미술계 이해: 영역** 쪽지는 미술사 책들이 있는 미술 도서관에서 찾을 수 있다. **기능 개발: 기술** 쪽지는 벽에 걸려있는 기술 포스터에 붙어있다. 학생들은 숨겨진 습관을 찾기 위해 여기저기 뒤지고, 선생님이 왜 그 위치에 두었는지를 놓고 서로 토론한다.

스튜디오 습관 책상 카드 **학생 작업** 단계에서, 1장에 소개된 로니 로어는 주변을 돌아다니면서 스튜디오 습관을 사용하는 학생 혹은 스튜디오 습

그림 A.1 학생들에게 습관을 사용하도록 상기시키는 스튜디오 습관 정의가 적힌 책상 카드(로니 로어 제공)

관을 사용할 기회를 보게 되면, 그 학생에게 인쇄된 지시문(그림 A.1 참조)을 주면서 알려준다.

✚ 고학년 학생에게 습관 소개하기

신시아 가우브는 자신이 가르치는 중학교 학생들에게 여섯 가지 스튜디오 습관(1장 참조)을 소개하기 위해 '스튜디오 습관 코너 게임'*을 설계했다. 각 테이블에는 습관을 사용하기 위한 한 가지 방법을 강조하는 활동이 마련되어 있다. 학생들은 각 활동을 한 번에 하나씩 돌아가며 각 테이블에서 10~20분을 보낸다. 표 A.1은 이 게임을 위해 신시아가 개발한 수업 계획이다.

표 A.1 4~8학년을 위한 스튜디오 씽킹 코너 활동 수업 계획(신시아 가우브 제공)

목표: 습관에 기반한 실습 활동을 하면서 학생들에게 스튜디오 사고 습관을 빠르게 소개한다.
국가 핵심 예술 성취기준NCAS 시각예술Visual Arts, VA: **1. 창작하기***Creating, Cr 1*** 학생들은 미술적 아이디어와 작업을 생성하고 개념화할 수 있다. **본질적 질문**: 어떤 조건, 태도, 행동이 창의성과 혁신적 생각을 뒷받침하는가?
재료 • 학생용 스케치북과 연필 • **관찰 코너**: 『너도 보이니I Spy』 시리즈 책들(Marzollo & Wick, 연도 다양), 흥미로운 프레파라트를 갖춘 현미경 • **표현 코너**: 오일파스텔, 4×5″ 크기의 검정 머메이드지, 형용사 카드 • **기능 개발 코너**: 원색 템페라 또는 수채화 물감, 4×4″ 크기 수채화지, 붓, 물컵 • **구상 코너**: 기초 드로잉 용품, 4×5″ 크기의 도화지, 명사 카드 • **탐구 코너**: 포일, 모루, 판지, 실, 마스킹 테이프, 가위같이 신속하게 조각할 수 있는 재료와 활동 지시 회전판

* 스튜디오 습관 코너 게임A Habits Around the Room game: 스튜디오 습관 사용 방법을 강조하는 활동을 교실 각 코너에 마련하여 학생들이 각 코너를 돌며 참여하는 게임.

** 국가 핵심 예술 성취기준의 시각예술은 창작하기Creating, 발표하기Presenting, 반응하기Responding, 연결하기Connecting의 4영역으로 이루어짐.

<table>
<tr><td colspan="2">동기: 정의 및 안내 질문으로 스튜디오 습관을 설명한다. 아이들에게 각 질문에 대해 생각하고 짝짓고 공유하게 하여 미술가들이 각 습관을 어떻게 사용할지를 목록화하게 한다. 여러 미술 활동을 탐구하는 동안 이러한 습관들을 시도해볼 것이라고 말한다.</td></tr>
<tr><td colspan="2">각 코너 살펴보기: 학생들에게 각 코너의 절차와 기대치를 안내한다. 교사는 학생들이 활동하기 전에 잘 이해할 수 있도록 해당 코너의 활동사진으로 만든 파워포인트와 지시문이 있는 게시판을 활용한다.</td></tr>
<tr><td colspan="2">각 코너 돌기: 코너마다 10~20분씩 돌아다니며 활동한다. 활동 후, 학생들이 관찰하거나 발견한 것을 각자 스케치북이나 노트에 적게 한다.</td></tr>
<tr><td colspan="2">성찰하기: 다른 수업 시간에 새로운 코너에서 활동을 이어가려면, 이전 시간에 관찰하고 발견한 것을 빠르게 이야기하면서 다음 수업을 시작한다.</td></tr>
<tr><td colspan="2">총괄평가: 학생들이 짧은 장면에 사용된 미술적 습관을 맞히는지 퀴즈를 내면서 단원을 마친다. 신시아는 수업 중 토의에서 이야기한 것들을 활용한다.</td></tr>
<tr><td>습관</td><td>학습 활동</td></tr>
<tr><td>기능 개발</td><td>준비: 수채화, 붓, 종이
지시: 수채화 물감으로 최소 세 가지 색을 섞어 모둠 색상환에 추가한다.</td></tr>
<tr><td>구상</td><td>준비: 학생들은 단어 목록을 만들어 인쇄한 후, 작은 조각으로 잘라 가방에 넣는다.
지시: 가방에서 단어 카드 2개를 뽑는다. 두 단어를 결합하여 스케치북에 하나의 그림으로 그린다. 단어 카드를 가방 안에 다시 넣는다.</td></tr>
<tr><td>표현</td><td>준비: 다음과 같은 지시어를 가방에 넣는다.
정치적인 / 적극적인 / 마음을 사로잡는 / 모험적인 / 흐르는 / 활기찬 / 슬픈 / 날렵한 / 소용돌이치는 / 차분한
지시: 가방에서 하나의 지시어를 선택한다. 오일파스텔로 그린다. 가방 안에 지시어를 다시 넣는다.</td></tr>
<tr><td>참여와 끈기</td><td>준비: 블록을 모은다.
지시: 모둠별로 무너지지 않는 가장 높은 블록 건물을 만든다. 블록을 모두 사용한다.</td></tr>
<tr><td>관찰</td><td>준비: 『너도 보이니I Spy』 책들을 모은다(Marzollo & Wick, 연도 다양).
지시: 한 페이지에서 찾은 모든 것을 목록으로 만든다. 그중에서 최소한 하나의 물건을 스케치북에 그린다.</td></tr>
<tr><td>도전과 탐구</td><td>준비: 지시문이 있는 회전판을 만든다.
입는 것 / 기괴하거나 섬뜩한 것 / 가지고 노는 것 / 음악과 관련된 것 / 실제로 있는 것 / 움직이는 것
지시: 회전판을 돌려서 지시문에 따라 입체작품을 만든다. 탁자 위에 있는 재료들만 사용해야 한다.</td></tr>
</table>

부록 B. 학생 계획과 성찰

✚ 워크북 계획하기

어거스타 어거스트슨(1장 참조)은 학생들이 미술작품을 구상하고 나중에 성찰할 수 있도록 안내하는 계획 워크북을 만들었다. 그녀는 종이를 접어 작은 책을 만들었다. 그림 B.1은 학생들이 읽고 (그림 또는 쓰기로) 반응하는 것을 보여준다. 그녀는 워크북 매 페이지 표 안에 각 열의 내용을 넣어두었다.

상상	여러분의 생각을 어떻게 표현할 건가요? 평면인가요, 입체인가요? 어떤 재료가 필요한가요?	
스케치	여기에 아이디어를 스케치하세요.	
영감	어디에서 아이디어를 얻었나요? 작품 주제에 대해 여러 아이디어를 브레인스토밍해보세요.	
창조	여러분의 아이디어를 창조하기 위해 어떤 기능이 필요한가요? 다른 친구들과 협동할 건가요?	
체크리스트 (완성 작품에 포함되어야 할 기준에 대해 학생들에게 상기시키기 위함)	☐ 개인적임 ☐ 독창적임 ☐ 정교하게 만듦 ☐ 피드백을 받음	☐ 소요 시간(최소 3회 수업) ☐ 작품 사진을 잘 찍음 ☐ 성찰문을 씀 ☐ 구글 클래스룸에 업로드함
성찰	어떻게 하면 아이디어를 더 좋게 만들 수 있을까요? 작품을 만들면서 친구들로부터 받은 몇몇 피드백을 써보세요.	
공유	어떻게, 누구와 아이디어를 공유할 건가요? 전시할 건가요? 가장 잘 보일 수 있게 해보세요.	

그림 B.1 계획 워크북(어거스타 어거스트슨 제공)

✚ 출구 티켓

출구 티켓은 학생들에게 수업 시간에 잘되었던 것들, 직면한 어려움 또는 놀라운 발견에 대해 즉각적으로 성찰하게 한다. 학생들은 수업 후반부에 그림 B.2에서 보이는 것과 같은 질문이나 교사가 모아둔 접착 메모지에 답한다.

이러한 성찰로 여러 요소를 성취하게 된다. 학생들은 성찰을 연습하고, 교사들은 다음 수업을 계획하기 위해 즉시 이 티켓을 읽어본다. 그리고 학생들은 1년에 여러 번 이것들을 검토하면서 당시 자신이 어떤 과정에 있었는지 기억하고, 어떻게 발전했는지 깨달을 수 있다.

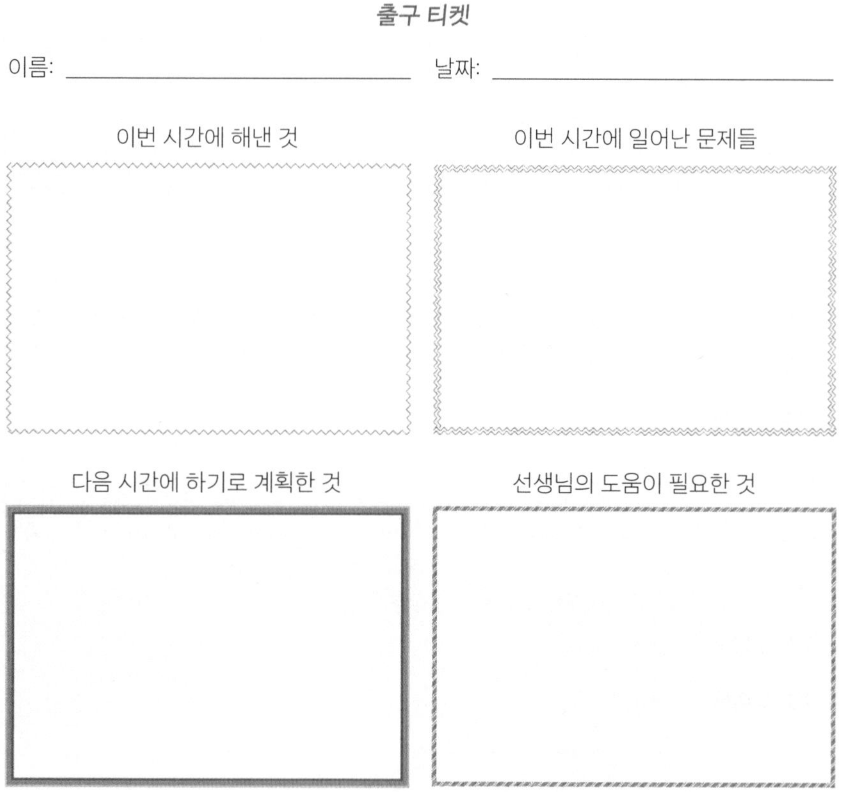

그림 B.2 출구 티켓(줄리 툴 개발)

부록 C. 완성된 작품 성찰하기

✚ 학생 평가표

때때로 교사들은 학생들이 과정과 결과물에 대해 성찰하도록 돕기 위해 평가표를 사용한다. 그림 C.1과 표 C.1에 두 교사가 만든 예시가 있다.

다이앤 자퀴스는 학생들이 작품 활동에서 '망친 것'을 묘사하고, 스튜디오 습관을 이용하여 그것을 어떻게 해결했는지 혹은 작품에서 잘된 부분에 대해 설명하고, 성공에 도움을 준 스튜디오 습관을 명명하고, 어떻게 도움이 됐는지 설명할 수 있는 양식을 개발했다(그림 C.1 참조). 데일 잘므스트라Dale Zalmstra는 스튜디오 습관들을 살펴보는 평가표를 사용한다(표 C.1 참조).

<table>
<tr><td colspan="2">지시사항: A 또는 B에 답하세요. 잘된 점이나 문제를 해결하는 데 도움을 주었던 스튜디오 습관 중 하나를 선택해서 동그라미 표시를 하고, 그 습관이 여러분을 어떻게 도와주었는지 설명하세요.</td></tr>
<tr><td rowspan="2">기능 개발
구상
참여와 끈기
표현
관찰
성찰
도전과 탐구
미술계 이해</td><td>A. 스튜디오 습관을 이용해 오늘 작품 활동에서 문제점이나 망친 점을 어떻게 해결했는지 설명하세요. 왼쪽 목록에 있는 스튜디오 습관에 동그라미 표시하고, 그 습관이 어떻게 여러분을 도왔는지 설명하세요.</td></tr>
<tr><td>B. 오늘 정말 잘된 여러분의 작품 한 부분을 설명하세요. 왼쪽 목록에 있는 스튜디오 습관에 동그라미 표시하고, 그 습관이 어떻게 여러분을 도왔는지 설명하세요.</td></tr>
</table>

그림 C.1 잘된 점과 어려운 점(다이앤 자퀴스 개발)

표 C.1 스튜디오 사고 습관 3단계 평가표(데일 잘므스트라 개발)

	전문가	중급자	초보자
도전과 탐구	실험하고 질문하고 위험을 감수하고 스스로에게 도전한다.	작품에 대해 실험하고 질문한다.	실험하기가 어렵다.
참여와 끈기	작업을 선택하고 집중하고 문제를 해결하고 작업을 꾸준히 한다.	작업을 선택하고 집중하고 작업을 꾸준히 한다. 주로 기술 증진을 위해 애쓴다.	집중하기가 어렵다.
관찰	작품을 세심하게 살피는 데 시간을 할애한다. 본 것을 독특한 방식으로 작품에 활용한다.	작품을 세심하게 살피는 데 시간을 할애하고, 본 것을 작품에 활용한다.	작품에서 보이는 것을 살펴보고 활용하는 데 도움이 필요하다.
기능 개발	미술 기능 향상을 위해 지속적으로 노력한다. 솜씨가 좋다.	기초적인 미술 기능과 솜씨를 가지고 있다.	기초적인 기능을 사용하는 데 도움이 필요하다.
아이디어와 느낌 표현	관심 있는 복합적 예술 아이디어를 명확하게 의사소통하기 위해 여러 재료를 사용한다.	관심 있는 복합적 예술 아이디어를 의사소통하기 위해 여러 재료를 사용한다.	아이디어를 의사소통하기 위해 도움이 필요하다.
구상	계획부터 세운다(그림/글). 시간이 흐르면서 그 계획이 어떻게 발전되는지 설명할 수 있다.	계획부터 세운다(그림/글).	구상 중인 계획이 있다.
성찰 (쓰기)	미술 용어를 사용하여 작품 소개글을 쓸 수 있다.	미술 용어를 사용하여 내 작품에 관해 적힌 질문들에 대해 구체적인 대답을 할 수 있다.	질문에 전혀 답변할 수 없다. 이해할 수 없다.
미술가 대 미술가 (비평)	미술 용어를 사용하여 내 작품과 다른 사람들의 작품 안에 있는 아이디어들을 주제로 토론할 수 있다.	미술 용어를 사용하여 내 작품과 다른 사람들의 작품을 토론할 수 있다.	내 작품과 다른 사람들의 작품을 토론하는 데 도움이 필요하다. 미술 용어를 사용하는 데 도움이 필요하다.
미술계의 미술가: 연결	고전과 동시대 미술가들을 찾아서 그들을 내 작품과 어떻게 연결 짓는지 보여줄 수 있다.	미술계에 있는 미술가들을 찾아서 그들을 내 작품과 어떻게 연결 짓는지 보여줄 수 있다.	미술계에 있는 미술가들을 찾고 그들을 내 작품과 연결 짓는 데 도움이 필요하다.
작업실에서의 미술가: 공동체	나 자신, 학급 친구, 재료와 도구를 존중하고 책임감이 있다. 교실 전체가 하나가 되어 작업을 잘할 수 있도록 돕는다.	나 자신, 학급 친구, 내가 사용하는 재료와 도구를 존중하고 책임감이 있다.	작업을 계속 수행하기 위해서는 도움이 필요하다. 나 자신 또는 재료를 존중하지 않고 책임감도 없다.

✚ 작품 소개글

많은 교사들은 전시 기간 동안 전시되는 학생들의 작품들에 대한 작품 소개글을 쓰도록 하고, 소개글을 완성할 수 있도록 양식을 만들어준다. 그림 C.2, C.3, C.4 양식과 같이 교사가 만든 다양한 방식을 소개한다.

작품 소개글 지침

작품 소개글이란 보는 사람들에게 당신의 작품에 대해 말해주는 글귀입니다.
예술의 밤 전시회에 모두가 볼 수 있도록 작품 옆에 게시됩니다.

생각을 잘하기 위해 아래 질문들을 사용하세요.

- 이 작품을 만들면서 어떠한 점들을 배웠습니까?
- 관람자가 당신의 작품에 대해 알거나 알아차렸으면 하는 것들은 무엇입니까?
- 어디에서 아이디어를 얻었습니까?
- 경험했던 문제 또는 어려웠던 점을 이야기해보세요.

조언

- 여러분 학년에 맞는 예를 보세요.
- 설명에 미술 용어를 포함해보세요.
- 진심으로 하고 싶은 이야기를 하세요.
- 네모 안에 작품을 스케치합니다. 강조하고 싶은 곳에는 색연필을 사용해보세요.

그림 C.2 3~6학년 학생들이 작품 소개글을 쓰는 데 도움이 되는 지침(메리 올슨 개발)

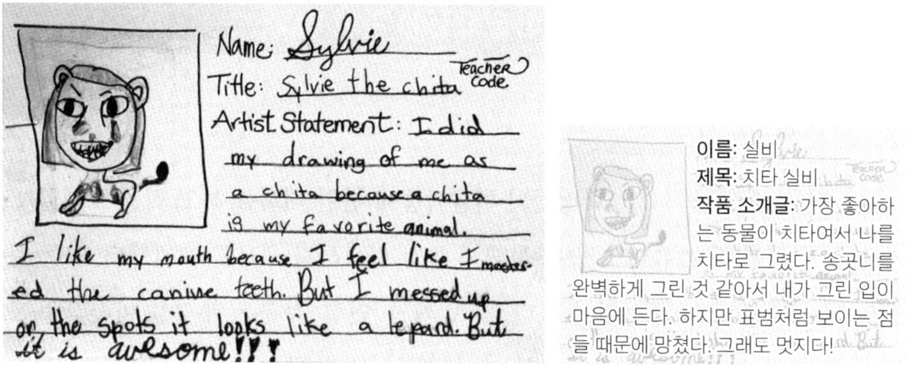

그림 C.3 3학년 실비 Sylvie**의 작품 소개글.**
잘한 부분(송곳니)과 아쉬운 부분(치타가 아니라 표범처럼 보이는 점들)을 설명함.

작품 소개글 양식

이름: ____________________ 날짜: ____________________

내가 만든 작품은 (   )이다.

드로잉 콜라주 회화
입체작품 섬유예술 작품 판화

내 미술작품은 (   )이다.

초상화 자화상 집단 초상화 추상화
상상화 풍경화 내가 관찰한 어떤 것

작품을 만들기 위해 내가 사용한 것들은 (   )이다.

종이 물감 마커 크레용 연필 판지
테이프 풀 가위 파스텔 나무 기타

내 아이디어가 나에게 중요했던 이유는

그림 C.4 1학년과 2학년을 위한 작품 소개글 양식(이안테 잭슨 Ianthe Jackson **제공)**

부록 D. 미술작품에 관한 대화

✚ 문장 완성하기

스티브 헤일Steve Heil은 학생들이 **미술작품에 관한 대화**를 하고 작품 소개글 쓰기를 돕기 위해 각 스튜디오 습관에 대해 문장 완성하기 세트를 개발했다. 모든 문장은 세 가지 요소로 구성되어 있다. 첫 번째인 '연결' 부분은 문장을 미술작품 또는 미술 과정과 연결 지어준다. 가운데 부분은 '문장 내용'으로, 『스튜디오 씽킹』(Hetland et al., 2007)으로부터 중요 언어를 발췌해 개발한 어구다. 세 번째 부분인 '문장 서술부'는 문장을 완성하도록 한다. 학생들이 작업 중이거나 작품 소개글을 쓰거나 **미술작품에 관한 대화**에 참여하는 동안 문장 내용은 교실 벽에 게시되고 표에도 나타나 있다. 표 D.1은 학생들이 친구들의 작품에 대해 말하기 위해 위 세 가지 구성요소를 어떻게 조합하는지 **기능 개발** 습관을 위한 관찰 및 해석과 함께 보여준다. 같은 연결 부분과 문장 서술부가 모든 스튜디오 습관에 쓰일 수 있다. 다른 개별 스튜디오 습관에 관한 문장 완성하기는 표 D.2 목록에 나와 있다.

표 D.1 미술작품에 관한 대화에서 '문장 완성하기' 사용하기: 기능 개발(스티브 헤일 개발)

미술 또는 작품으로의 연결	'기능 개발' 문장 내용	문장 서술부
• (　　)할 때, 네가 • (　　)에 있을 때, 네가	• 여러 방법으로 다양한 도구 사용 • 숙련되고 사려 깊은 방법으로 도구 사용 • 만들고 싶었던 것을 창조하는 데 가장 적합한 도구 선택 • 미술적 관습에 대해 배운 것 적용 • 명암, 교차 평행선의 음영, 원근법 등 사용 • 큐비즘, 추상화, 색채 배합, 비대칭적 균형 등과 같은 아이디어 사용 • 도구와 재료 관리	• …해서 좋다. • …하는 것을 본다. • …하는 것을 안다. • …한다고 말할 수 있다. • …한 것처럼 보인다. • …할 수 있을까? • …하는지 궁금하다. • …할 거니? • 만약 …했다면?

표 D.2 미술작품에 관한 대화에 사용할 수 있는 추가 문장 내용(스티브 헤일 개발)

'참여와 끈기' 문장 내용 • 작업에 개인적으로 연결 • 어려움을 이겨내며 작업 지속 • 계속해서 미술작품에 전념 • 틀과 방해 요소에서 벗어난 것 • 새로운 아이디어들과 예상치 못한 해결책들에 대해 열린 자세를 보인 것 *'구상' 문장 내용* • 너 자신의 미술작품이 어떻게 보일지 계획 • 너 자신이 원하는 바를 더 잘 표현하기 위한 가능성과 변화 구상	*'관찰' 문장 내용* • 자세히 관찰하여 겉모습을 나타낸 것 • 자세히 관찰하여 이면의 구조를 나타낸 것 • 자세히 관찰하여 상상하지만 볼 수는 없는 것을 나타낸 것 • 미술작품 속에 있는 것뿐만 아니라 이면의 과정을 본 것 • 미술작품 속에 있는 것뿐만 아니라 암시된 것이나 양식, 숨겨진 의미를 본 것
'표현' 문장 내용 • 아이디어와 느낌 표현 • 기분의 느낌 표현 • 소리의 느낌 표현 • 시간의 느낌 표현 • 감정의 느낌 표현	*'성찰' 문장 내용* • 작품 의도 설명 • 해결하려고 하는 문제 설명 • 미술작품에 담긴 창조 과정과 의사결정 설명 • 미술작품의 효용성 평가 • 다른 미술작품들과 공정하게 비교
'도전과 탐구' 문장 내용 • 미술에서 문제를 해결하는 데 예상치 못했던 방법들 환영 • 놀이를 통해 새로운 기술 발견 • "만약 …라면 어떤 일이 발생할까?"라고 질문 • 실패의 두려움에 용감하게 대처 • 실수에 대한 두려움에 용감하게 대처 • 친숙한 아이디어, 도구 또는 미술 기술 초월	*'미술계 이해' 문장 내용* • 미술사와 현재 관행 학습 • 미술가로서 다른 미술가들과 교류 • 미술가로서 미술시장, 갤러리, 미술관 같은 지역 예술 단체들과 교류 • 미술가로서 관람자와 교류 • 너의 미술작품이 어떻게 받아들여질지 인지

✚ 미술가 인터뷰

베서니 헤이즐렛 나라즈카Bethany Haizlett Narajka는 단원 후반부에 4, 5학년을 위한 대화 시간을 구조화해두었다. 학생들을 인터뷰 진행자와 미술가로 나눈 후, 인터뷰 진행자가 먼저 질문을 하고 3분 후에 서로 역할을 바꾸는 것이다. 베서니는 "미술 토론에 부담을 느끼는 학생은 이 활동을 매우 좋아했다"고 기록했다.

부록 E. 기록 - 모든 것을 함께 수집하고 보관하기

✚ 프로세스폴리오

학습한 것을 시각적으로 보이게 하거나 작업한 것들을 쉽게 찾아볼 수 있도록 하려면 학생들의 작품을 어떻게 문서화해야 할까? 하버드 프로젝트 제로의 아츠 프로펠 프로젝트Arts PROPEL Project at Project Zero(Winner & Simmons, 1993)는 프로세스폴리오(수업 중, 그 외 시간에 쓴 학생 성찰문뿐 아니라 초안, 수정안, 최종 작품 같은 과정 중의 작품들을 모두 수집한 포트폴리오)를 사용할 것을 제안한다. 전통적인 포트폴리오는 한 학생의 '최우수 작품'을 보관하지만, 프로세스폴리오는 최종 작품에 선행하는 모든 초안을 시간 순서에 따라 보관한다. 이로써 일련의 과정을 기록할 수 있게 된다. 샌프란시스코 프렌즈 학교의 미술 교사 캐런 앤드루스와 제니퍼 스튜어트(4장 참조)는 모든 학생의 프로세스폴리오를 보관한다. 여기에는 스케치, 접착 메모지, 대화 내용, 사진, 성찰문, 예술 기반 연구 공책, 미술적 과정에서의 모든 문서가 포함된다.

학년 초에 학생들의 과정 작업들(스케치, 입구/출구 티켓, 자기평가)을 모아놓을 수 있는 프로세스폴리오 체계를 만들 것을 추천한다. 어떤 것들은 작아서 쉽게 분실될 수 있으니 가장자리를 스테이플러로 집어 서류 봉투에 넣거나 서류철을 하는 것도 좋다. 온라인에 저장하거나 간단한 상자에 넣어둘 수도 있다. 당신에게 가장 잘 맞는 방법을 찾길 바란다.

✚ 습관 카드 수첩

3학년부터 데일 잘므트스라의 미술수업에 참여하는 학생들은 배운 것을 작은 습관 카드 수첩(마분지 3분의 1 조각으로 만든 종이들을 고리로 묶어놓은 것)에 모아둔다(그림 E.1 참조). 교사 데일은 750명의 학생과 1주일 동안 매일 만나지만, 이후 6주 동안은 만나지 않기 때문에 학생들 스스로 작업을 문서화해두어야 한다. 학생들은 자기 작품에 적절한 카드를 사용하여 목표를 정하여 계획하고 아이디어와 정보를 저장하

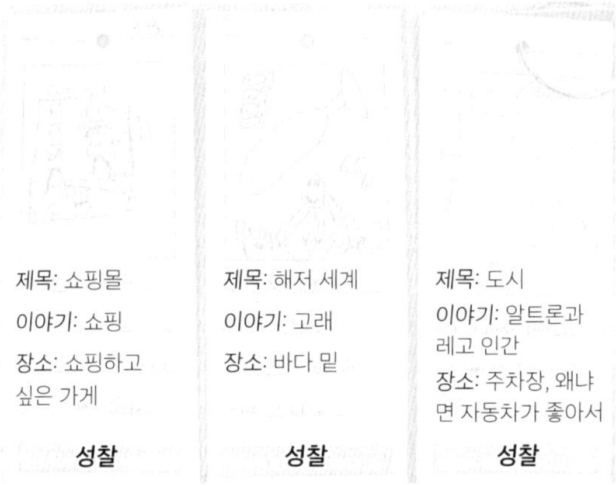

그림 E.1 고리로 묶은 습관 카드 수첩. 데일 잘므트스라와 캣 포터가 고안하여 수년간 유지되고 있음.

고 성찰할 수 있다. 미술수업을 하는 주마다 몇몇 카드를 추가해 3년 동안 모아놓는다. 학생들은 스스로 과정, 개념, 기술을 떠올리기 위해 전년도에 배웠던 것들을 다시 볼 수 있다. 습관 카드 수첩은 데일과 동료 교사 캣 포터Kat Potter에 의해 계속 다듬어지고 있다. 캣 포터는 이 수첩을 1학년 중반의 학생들에게 소개한다. 그들은 각각의 카드에 대한 아이디어를 다음과 같이 공유한다.

- 참조 카드: 초보자/중급자/전문가 평가표에 있는 스튜디오 습관들
- 그 주의 중점 영역인 스튜디오 습관 1개(5차시)
- 과정에서 사용된 스튜디오 습관 용어
- 아이디어/구상/목표/계획
- 아이디어 카드: 빈칸이 있는 아이디어 카드 또는 지시문 카드(예: 가장 좋아하는 장난감, 게임 등)
- 시점 카드: 아이디어를 구도에 적용하기(아주 가까이서, 멀리서, 위에서 등)
- 브레인스토밍을 위한 씽킹 맵
- 재료 카드: 드로잉(음영, 초상화, 겹치기 등), 회화(색 이론, 예: 미니 색상환, 색조, 그림자), 콜라주, 도예, 바느질, 직조, 종이접기, 입체작품(부착), 종이죽(파피에 마셰), 판화
- 비교/대조: 예를 들어, 다양한 미술가들이 사용하는 조형 요소와 원리, 양식, 문화, 시대
- 미술계 이해: 미술가, 양식, 문화 이미지가 있는 정보 카드
- 스튜디오 습관 평가표
- 다시 그리기 카드: 작업한 것을 네모 안에 그리고, 제목을 붙이고, 문장으로 쓰기
- 성찰 카드: 빈칸이 있는 성찰 카드 또는 성찰 관련 질문이 적혀 있는 카드
- 작품 소개글 카드

부록 F. '스튜디오 씽킹' 틀과 국가 핵심 예술 성취기준의 연결

스튜디오 씽킹 틀은 국가 핵심 예술 성취기준 위원회National Coalition of Core Arts Standards(2014)와 놀랍게도 유사하다. 실제로 『스튜디오 씽킹: 시각예술교육의 실제 효과』(Hetland et al., 2007)는 성취기준을 만들었던 위원회가 활용한 자료 중 하나다. 우리는 시각예술을 위한 국가 핵심 예술 성취기준에서 스튜디오 사고 습관으로 넘어가는 '건널목' 역할을 하는 표를 만들었다. 교사들은 이 표를 이용하여 성취기준 또는 스튜디오 습관 중 가장 편안하면서도 친숙한 접근법으로 시작할 수 있다. 우리는 표에서 스튜디오 구조를 직접 제시하지는 않는다. 모든 구조는 어떤 성취기준을 다루더라도 사용할 수 있기 때문이다. 표는 tcpress.com/studiothinking와 www.studiothinking.org에서 무료 다운로드 및 인쇄할 수 있다.

참고문헌

Arnheim, R. (2006). The genesis of a painting: Picasso's Guernica. Oakland, CA: University of California Press.

Art 21 (2005, September 23). Memory [Video file]. Available at https://art21.org/watch/art-in-the-twenty-first-century/s3/memory/

_______ (2008, September 25). On museums [Video file]. Available at https://art21.org/watch/extended-play/kerry-james-marshall -on-museums-short/

_______ (2010, May 14). Mural [Video file]. Available at https://art21.org/watch/extended-play/julie-mehretu-mural-short/

_______ (2011). Chaman. Shahzia Sikander. Available at https://art21.org/read/shahzia-sikander-chaman/

_______ (2014, May 23). A subtlety, or the marvelous sugar baby [Video file]. Available at https://art21.org/watch/extended-play/kara-walker-a-subtlety-or-the-marvelous-sugar-baby -short/

_______ (2015, May 1). Diana Al-Hadid plays the classics. Available at https://art21.org/watch/new-york-close-up/diana-al-hadid-plays-the-classics/

Barrett, J. (1978). Cloudy with a chance of meatballs. New York, NY: Aladdin Paperbacks.

Berry, B. (2007, October 13). What is WOW work? Message posted to https://groups.yahoo.com/neo/groups/TAB-ChoiceArtEd/conversations/messages/28288

Boone, L. E. (1992). Quotable business: Over 2,500 funny, irreverent, and insightful quotations about corporate life. New York, NY: Random House.

Blythe, T., & the Teachers and Researchers of the Teaching for Understanding Project (1998). The teaching for understanding guide. San Francisco, CA: Jossey-Bass.

Byrd, I. (2017). Offer choice with extension menus [Blog post]. Available at http://www.byrdseed.com/offer-choice-with-extension-menus/

Calkins, L., & Mermelstein, L. (2003). Launching the writing workshop. Portsmouth, NH: First Hand.

Center for Responsive Schools (2016). Responsive classroom for music, art, PE, and other special areas. Turners Falls, MA: Center for Responsive Schools.

Council of Arts Accrediting Associations (2007). Achievement and quality:

Higher education in the arts. Council of Arts Accrediting Associations. Available at https://www.arts-accredit.org/ wp-content/uploads/2016/04/AchievementandQuality-2007 SepDoc.pdf

Cyran, P., & Gaylord, C. (2012, October 5). The 20 most fascinating accidental inventions. Available at https://www.csmonitor.com/Technology/2012/1005/The-20-most-fascinating-accidental -inventions/Post-its

Douglas, K. M., & Jaquith, D. B. (2009). Engaging learners through artmaking: Choice-based art education in the classroom. NewYork, NY: Teachers College Press.

______ (2018). Engaging learners through artmaking: Choice-based art education in the classroom (2nd ed.). New York, NY: Teachers College Press.

Dweck, C. (2006). Mindset: The new psychology of success. New York, NY: Random House.

EL Education (2017). Praise, question, suggest critique protocol. EL25. Available at https://eleducation.org/resources/praise-question-suggest-critique-protocol

Exploratorium (2018). Strandbeest: The dream machines of Theo Jansen. Available at https://www.exploratorium.edu/strandbeest

Farago, J. (2015, April 9). Hokusai and the wave that swept the world. BBC Culture. Available at http://www.bbc.com/culture/story/20150409-the-wave-that-swept-the-world

Gaub, C. (2016). Printmaking around the room [Blog post]. Available at http://www.artechtivity.com/printmaking-around-the-room/

______ (2017). Artistic habits video [Blog post]. Available at http://www.artechtivity.com/artistic-habits-video/

Godrèche, D. (2013, November 26). Speaking with clay, mud and clowns: Pueblo potter Roxanne Swentzell. Indian Country Today. Available at https://indiancountrymedianetwork.com/culture/arts-entertainment/speaking-with-clay-mud-and-clowns -pueblo-potter-roxanne-swentzell/

Gunther, R. (2012). Faith Ringgold on Tar Beach quilt [Television series episode]. In C. Sauvion & P. Bischetti (Producers), Craft in America. Los Angeles, CA: PBS.

Harmon, W. (2016). Artists stretch and explore [Blog post]. Available at http://huffmanart.squarespace.com/blog/2016/9/25/artists -stretch-explore

Hench, J., & Van Pelt, P. (2009). Designing Disney (A Walt Disney Imagineering Book). New York, NY: Disney Editions.

Hetland, L., Winner, E., Veenema, S., & Sheridan, K. (2007). Studio thinking: The real benefits of visual art education. New York, NY: Teachers College Press.

______ (2013). Studio thinking 2: The real benefits of visual art education. New York, NY: Teachers College Press.

Hogan, J., Brownell, H., & Winner, E. (in preparation). Fourth grad ers' rationales for keeping art, music, and physical education in the school day.

Howitt, S. (2013). Cornelia Parker [Television series episode]. In R. Bright (Producer), What do artists do all day? BBC.

Imagination Foundation (2017). Cardboard challenge. Available at http://

cardboardchallenge.com/

Kerzner, H. (2013). Industry specific: Disney theme parks. In Project management: A systems approach to planning, scheduling, and controlling. Hoboken, NJ: John Wiley & Sons.

Krechevsky, M., Mardell, B., Rivard, M., & Wilson, D. (2013). Visible learners: Promoting Reggio-inspired approaches in all schools. Hoboken, NJ: John Wiley & Sons.

Lavache, C. (2017, July 28). 10 things every true J. K. Rowling fan should know by now. Available at http://www.cosmopolitan.com/entertainment/books/a10372546/jk-rowling-facts/

Marshall, J., & D'Adamo, K. (2011). Art practice as research in the classroom: A new paradigm in art education. Art Education, 64(5), 12-18.

Marzollo, J., & Wick, W. (various dates). I Spy [Series of books). New York, NY: Scholastic. Available at http://www.scholastic .com/ispy/books/

McDonnell, B. (2017, July 2). Interview, photos and video: Kehinde Wiley's A New Republic' makes its final stop at the Oklahoma City Museum of Art. NewsOK. Available at http://newsok.com/article/5554966

MOMA (2017). Instant Photography: 2003-Today. Notes from exhibition of Stephen Shore.

Moore, G. (1891). Impressions and opinions. London, UK: David Nutt.

Naghshineh, S., Hafler, J. P., Miller, A. R., Blanco, M. A., Lipsitz, S. R., Dubroff, R. P., et al. (2008). Formal art observation training improves medical students' visual diagnostic skills. Journal of General Internal Medicine, 23(7), 991-997.

National Coalition of Core Arts Standards (2014). National Core Arts Standards. Available at http://www.nationalartsstandards.org/

Patterson, F. (2008). The Guild: Publishers & Distributors of Fine Art Limited. Available at http://theguildpublishing.com/fp_statement.htm

Perkins, D. N., Jay, E., & Tishman, S. (1993). Beyond abilities: A dispositional theory of thinking. Merrill-Palmer Quarterly(1982-), 1-21.

Pogrebin, R. (2015). Sarah Sze aims for precise randomness in installing her gallery show. New York Times. Available at https://www.nytimes.com/2015/08/24/arts/design/sarah-sze-aims-for -precise-randomness-in-installing-her-gallery-show.html?_r=0

Pollack, B. (2012, November 14). Diana Al-Hadid makes a sculpture. ArtNews. Available at http://www.artnews.com/2012/11/14/diana-al-hadid-makes-a-sculpture/

Project Zero (n.d. a). Artful thinking. Available at www.pzartful thinking.org

______ (n.d. b). Thinking routines. Available at http://www visiblethinkingpz.org/Visible Thinking_html_files/03 ThinkingRoutines/03a_Thinking Routines.html

Reese, J. (2009). Lift the hood and get dirty! A closer look at informances. Music Educators Journal, 96(2), 27-29.

Reynolds, P. (2003). The dot. Nottingham, UK: Candlewick Press.

Ritchhart, R., & Perkins, D. N. (2005). Learning to think: The challenges of teaching thinking. The Cambridge Handbook of Thinking and Reasoning, 775-802.

Rog, L., & Kropp, P. (2004). The write genre: Classroom activities and mini-lessons that promote writing with clarity, style and flashes of brilliance. Ontario, Canada: Pembroke Publishers.

Rutherford, P. (2012). Instruction for all students. Alexandria VA: Just ASK Publications.

Saltzberg, B. (2010). Beautiful oops! New York. NY: Workman Publishing Company.

State Education Agency Directors of Arts Education (2015). National Core Arts Standards. Available at http://www.national artsstandards.org/

Studio tour with Betye Saar (2017). Los Angeles Times. Available at http://www.betyesaar.net/media.html or http://www.latimes.com/visuals/video/86980912-132.html

Texas Education Agency (2013). Texas Essential Knowledge and Skills for Fine Arts. Available at http://ritter.tea.state.tx.us/rules/ tac/chapter117/index.html

The Be Like Brit Foundation (2017). [Home page]. Available at https://belikebrit.org/

Toole, J. (2013). The home-school connection. Arts & Activities, 154(4), 7.

van Gogh, V. (1882). To Theo van Gogh. The Hague, Saturday 9 September 1882. Available at http://vangoghletters.org/vg/letters/let261/letter.html

______ (1884). Letter to Theo van Gogh. Written early June 1884 in Nuenen. Translated by Mrs. Johanna van Gogh-Bonger, edited by Robert Harrison, number 370. Available at http://webexhibits.org/vangogh/letter/14/370.htm

Wiggins, G. (2010, June 10). What is a big idea? [Blog post]. Available at http://www.authenticeducation.org/ae_bigideas/article.lasso?artid=99

Wiggins, G. P., & McTighe, J. (2005). Understanding by design. Alexandria. VA: ASCD.

Winner, E., Goldstein, T. R., & Vincent-Lancrin, S. (2013). Art for art's sake? The impact of arts education. Educational Research and Innovation. Paris: OECD Publishing.

Winner, E., & Simmons, S. (Eds.) (1993). Arts PROPEL: A handbook for visual arts. Cambridge. MA: Project Zero at the Harvard Graduate School of Education and Educational Testing Service.

Wiske, S. W. (Ed) (1998). Teaching for understanding: Linking research with practice. San Francisco, CA: Jossey Bass.

용어 찾아보기

ㅅ

인명 찾아보기

저자 소개

질리안 호건 *Jillian Hogan*

보스턴대학교의 예술과사고연구소 발달심리학 박사과정 학생이다. 보스턴예술학교에서 음악교육 및 클라리넷 연주 학사와 석사 학위를 취득했으며, 몬테소리와 오르프 슐베르크 접근법에 대한 추가 훈련을 받았다. 연구에서 예술교육을 통해 우리가 배우는 것과 이러한 발견을 대중적 인식에 어떻게 맞출 수 있는지 탐구하기 위해 혼합 연구방법을 사용한다. 영재, 통합교육 그리고 자폐스펙트럼장애에 특화된 학교에서 6년 동안 가르친 것으로 알 수 있듯이 주요 관심사는 시각예술과 음악교육의 사고 습관 교수법이다. 내성적인 성향이면서도 유쾌한 그녀는 두 고양이와 함께 이 책을 썼다.

www.jillhoganinboston.com

로이스 헤틀랜드 *Lois Hetland (2000년 하버드 교육학 박사)*

매사추세츠 예술디자인대학교 교수이며, 하버드 프로젝트 제로(연구원 1992~2000; 연구책임자 2001~2010; 선임 연구원 2010~현재) 소속이다. 음악과 시각예술 대학 학위를 가지고 17년 동안 초등학생과 중학생을 가르쳤다. 인지 및 발달 심리학자로서 그녀의 연구는 예술과 다른 과목들에 대한 학습, 가르침과 평가에 중점을 두고 있다. 현재 Abt연합회와 함께 위스콘신과 알래스카 지역사회의 예술 단체, 대학, 학교 간 9개의 파트너십에 대한 평가를 컨설팅한다. 이전 연구들은 다음과 같다. 학문에서 교수의 이해(1989~1998), 비예술 학습에 미치는 예술의 영향에 대한 메타 분석적 재검토(1997~2000), 캘리포니아주 앨러미다 카운티에 지원되는 US DOE 3회(2003~2010), 〈질(質)의 특징: 예술교육에 있어 우수성의 이해(Qualities of Quality: Understanding Excellence in Arts Education)〉(2005~2008), Art 21 교육자들의 평가(2010~2013) 등이 이에 해당한다. 5권의 책 『스튜디오 씽킹』, 『스튜디오 씽킹 2』, 『이해를 위한 교육(*Educating for Understanding*)』, 『프로젝트 제로 교실 1, 2(*The Project Zero Classroom, 1, 2*)』, 100개가 넘는 논문을 썼고, 『예술 평가와 시험: 학교와 지역사회에서 프로그램 평가에 관한 사례 연구(*Arts Evaluation and Assessment: Case Studies of Program Evaluation in Schools and Communities*)』(R. S. Rajan, I. C. O'Neal 편집, 2018)의 예술 평가 장을 햄린(J. C. Hamlin)과 공저했다. '스튜디오 씽킹 네트워크'를 공동으로 이끌었는데, 이는 스튜디오 씽킹 틀(2012~2014)을 사용하는 교육자들 사이에서 매달 열리는 온라인 대화의 장이다. '프로젝트 제로'의 연례 여름학교를 설립하고 교육 의장으로 취임했다(1996~2015). 현재도 폭넓게 컨설팅하고 있다.

다이앤 자퀴스 *Diane Jaquith*

매사추세츠 예술디자인대학교의 미술교육 강사이자 그곳에서 '여름교사협회의 미술적 행동을 위한 교육'을 지도한다. 30년간 시각예술 교육자였고, 20년 이상 초등학교 교사로 종사했으며, 선택 기반 교육학에 스튜디오 씽킹을 융합하여 구성했다. 『미술 제작을 통한 학습자 참여: 교실에서의 선택 기반 미술교육(*Engaging Learners through Artmaking: Choice-Based Art Education in the Classroom*)』의 공저자이며, 『학습자 주도 교실: 미술을 통한 창조적 사고 기능 개발하기(*The Learner-Directed Classroom: Developing Creative Thinking Skills Through Art*)』의 공편집자다. 수많은 논문을 썼고, '자기 주도 미술: 선택 기반 미술교육(Self-Directed Art: Choice Based Art Education)'이라는 블로그도 만들었다. 미술적 행동을 위한 교육 단체의 공동 설립자인 그녀는 지역 및 전국 단위 학회에서 선택 기반 미술교육, 스튜디오 씽킹 그리고 창의성 등의 주제로 발표한다.

엘런 위너 *Ellen Winner*

보스턴대학교 심리학 교수이며, 보스턴대학교 예술과심리연구소 소장 및 하버드 프로젝트 제로의 선임연구 협회원이다. 1978년 하버드대학교에서 심리학 박사학위를 취득했다. 연구는 일반 아이들과 영재 아이들의 예술 분야 인지와 학습 과정에 중점을 두고 있다. 100개가 넘는 논문, 공저, 4권의 책을 발표했다. 『발명된 세계: 예술의 심리학(*Invented Worlds: The Psychology of the Arts*)』(1982), 『말의 요점: 은유와 아이러니에 대한 아이들의 이해(*The Point of Words: Children's Understanding of Metaphor and Irony*)』(1988), 『영재: 신화와 현실(*Gifted Children: Myths and Realities*)』(1997, 6개 언어로 번역, '알파 시그마 누 국가 예수회 도서상 과학 부문' 수상), 『미술이 작동하는 방법(*How Art Works*)』(2018). 공저는 두 권으로 『스튜디오 씽킹: 시각예술교육의 실제 효과』(Teachers College Press, 2007); 『스튜디오 씽킹 2』(Teachers College Press, 2013)가 있다. 미국심리학회로부터 심리학 및 예술 분야에서 우수한 연구에 대해 선임 학자가 수여하는 '루돌프 아른하임상'을 받았다. 현재 '미국심리학회'(부서 10, 심리학과 예술)와 '국제실험미학협회'의 펠로우다.

역자 소개

손지현 서울교육대학교 미술교육과 교수
서울교육대학교 교육전문대학원 박물관미술관교육 전공 주임
펜실베이니아주립대학교 미술교육학 박사
『개인적·문화적 의미로서의 이미지 읽기』,
『이미지로 키우는 사고력 VTS』,
『교실로 간 뮤지엄』 등 다수의 저·역서 출간

이혜선 서울원효초등학교 교사
서울교육대학교 미술교육과 졸업
동 대학원 석사 및 박사

김경훈 전 우촌초등학교 교사
서울교육대학교 미술교육과 석사 졸업
서울교육대학교 미술교육과 박사 수료

류미라 판교초등학교 교사
홍익대학교 미술교육과 석사 졸업
서울교육대학교 미술교육과 박사 수료

신재윤 서울언주초등학교 교사
경인교육대학교 미술교육과 졸업
서울대학교 교육학과 평생교육 석사 졸업
서울교육대학교 미술교육과 박사 재학

심혜경 지동초등학교 교사
경인교육대학교 미술교육과 석사 졸업
서울교육대학교 미술교육과 박사 수료

홍혜영 서울성북초등학교 교사
서울교육대학교 초등미술교육 박사 재학

기능
개발

참여와 끈기

구상

표현

관찰

성찰

도전과 탐구

미술계
이해